가난과 고난을 건넌 삶의 여정과 애환
베이비부머 추억 여행

프롤로그 1

5월의 봄날 행주산성에서 서해의 한강을 바라보며 아장아장 걸음마를 막 시작한 손자와 손잡고 노을이 지는 서녘 하늘 아래서 걷고 있었다(뒤쪽 사진). 그렇게 걷는 뒷모습을 아내가 사진을 찍었던 줄도 몰랐다. 며칠이 지나서야 퉁명스러운 아내가 톡으로 사진을 보내왔다.

뭐지? 하며 보니 사진 속 내 뒤태가 어깨가 구부정한 노인네의 뒷모습이다. 손자가 태어났으니 이미 할아버지가 되었지만 '이제는 노인이 다 되었구나!' 하는 생각을 떨칠 수 없었다. 실망스러운 내 모습이 믿기지 않아 한참을 들여다보고는 멍하니 스스로 실망과 회한에 잠겨본다.

60세 정년으로 따지면 나도 은퇴할 나이가 이미 지났는데 다행히 아직 일을 하고 있다. 1986년부터 약 40년 동안 직장생활을 했다. 우리나라에 연금이 도입되던 해인 1988년부터 시작하여 2025년 현재까지 직장생활을 하고 있다. 연금 수령 예상액은 월 약 170여만 원이다. 국민연금이 자꾸 도망을 가서 2025년에야 받게 되었다. 6월생인 내게 지난해 공단에서 연락이 와 수령 시기를 묻기에 아직은 여력이 있으니 1년 미루어 받겠다고 연기를 해놓은 상태다.

그 연금을 받아도 건강보험 내고 나면 부부가 생활하기에는 한참 못 미치기에 제3의 인생에서도 소득을 위한 노력을 하지 않으면 안 될 것 같아 고민이 된다. 그런데 전날 뉴스에서 나오는 연금 통계치를 들으며 망연자실해졌다. 연금수령자 중 100만 원 이상 받는 사람이 10명 중 1명이라는 뉴스였다. 내가 170을 받으니 적다고 투덜대는 건 배부른 소리였다.

뉴스는 현재 상태이면 50여 년 뒤에는 연금 적립금이 고갈된다며 하루빨리 연금개혁이 필요하다고 한다. 연금개혁이 사회적인 이슈가 된 지는 오래다. 이미 몇 차례 연금개혁이 이루어졌는데도 이 지경이니…. 10여 년 전부터 베이비부머 세대의 은퇴가 본격화하면 문제가 심각하다고 전문가들이 경고해 왔음에도 지금까지 아무런 진전이 없고, 문제는 여전히 현재 진행형이다.

이러한 일들은 개인이 해결할 수 있는 일이 아니다. 당연히 국가가 앞장서서 해결해야 하고 문제가 생기면 그 책임은 정부가 짊어져야 한다. 오래전부터 심각한 문제임을 정부 스스로도 자인했음에도 달라진 게 없으니 평범한 한 시민인 나마저도 걱정되어 지적하는 것이다. 국민 대다수는 묵묵히 본인의 일에 충실하고 하루하루 살아가기에 바쁘다. 그 와중에 세금 잘 내고 있는데, 그 혈세를 쓰는 정치권이나 정부 당국은 도대체 무얼 하기에 이런 사회 문제가 10년이 넘도록 진전이 없단 말인가?

우리 베이비부머 세대는 특히 끼니를 걱정하던 어려운 시기에 태어나 허리띠를 졸라매며 일했다. 열심히 일하여 이 나라 경제가 성장하고 풍요로워지는 데 기여했다. 그렇게 힘들게 일했다고 특별한 대우를 바라는 건 아니다. 하지만 노후를 생각하며 매월 또박또박 냈던 연금이 고갈 위기에 처한다니 자칫 이것마저도 못 받는 건 아닌가 싶어 걱정이 앞선다. 평안한 노후는 나라가 보장하지 못하더라도 연금만큼은 아무 걱정 없이 받아야 하는 것 아닌가? 이런 마음에 베이비부머의 한 사람으로서 화도 나고 국가에 서운함이 드는 것이다.

나라가 가난한 때에 태어나 배곯고 자라면서 지긋지긋한 가난에서 벗어나고자 죽도록 일했는데, 은퇴를 하고 나서도 또다시 허드렛일이라도 해야 할 판이고, 쥐꼬리만 한 연금도 온전히 못 받는 상황이 올 수 있다는 생각에 잠긴다.

찬밥 신세를 면치 못하는 베이비부머 세대이지만 그래도 우리는 부모 형제와 이웃, 친구 간 어려움을 나누며 함께 울고 함께 웃는 삶을 살아왔다. 우리는 물질적으로는 가난했지만 마음만은 따뜻하고 풍요롭게 채우며 그 가난과 고난을 이기고 오늘에 이르렀다.

그런 삶의 애환과 여정을 기록해 보고 싶었다. 60년을 넘게 살아오며 겪은 아픔과 슬픔, 기쁨과 환희도 이제는 모두가 추억의 한 페이지로 남았다. 그 추억이 내 가슴속에만 머무르지 않고 나와 함께했던 가족, 친지는 물론 친구, 동료들과 공유하면 더 좋을 것 같았다. 특히 같은 시대를 살아온 베이비부머 세대에게는 추억을 넘어 격려와 응원의 메시지가 될 것 같았다.

이런 마음으로 여러모로 부족한 글이지만 용기를 내었다. 한편으로는 내가 살아온 길을 교훈으로 남기고자 하는 마음도 있었다. 즉 잘못 살아온 점은 교훈이 될 것이고, 잘 살아왔다면 거울이 될 것이라는 의미를 부여하며 기억을 더듬어 이 글을 완성했다.

내가 지금에 이르기까지 존재하게 한 나의 부모님과 가족, 삶의 여정에서 함께했던 친구와 동료, 그리고 모든 베이비부머 세대에게 이 글을 바친다.

프롤로그 2

이 글을 쓰면서 내 삶의 길에서 특히 기억에 남았던 순간순간의 추억 몇 가지를 정리해 본다.

사춘기 시절 팬티가 해졌다며 어머니께 투덜거렸다. 그리고 사주신 새 팬티는 내가 입었지만, 어느 날 바지를 갈아입으시는 아버지를 보는 순간 내 해진 팬티를 입고 계셨다.

병원에 입원하셔서 시한부 인생을 사시던 장인어른을 모시고, 아내와 셋이서 따스한 봄날 부천의 한적한 추어탕 집에서 추어탕과 미꾸라지 튀김을 시켰다. 식사를 다 마친 장인어른은 미꾸라지 튀김 밑에 깔아둔 휴지로 입을 닦으시려 했다. 내가 얼른 이것으로 닦으시라고 휴지를 드렸더니, '아니, 이것도 좋은데' 하시고는 그 휴지로 입을 닦으셨다. 일생을 절약하며 사시다 보니 휴지 한 장도 아끼는 게 몸에 밴 장인어른 모습에 마음이 아려왔다.

나의 어린 시절 어르신이었던 할머니는 동네 환갑 집이나 생일 집에 초대받곤 했다. 할머니는 잔칫집에서 손자들에게 주려고 사탕이며 먹을 것을 쌈지주머니에 넣어 오시곤 했다. 그걸 아는 나와 형, 여동생 우리 3남매는 할머니가 오시기만을 기다렸다. 할머니가 싸 오신 사탕 등은 먼지와 범벅된 채였지만 우리는 맛있게 먹었다. 그때 그 시절의 할머니가 눈물겹도록 그립다.

2024년도 가을 구순(90세)이 다 되신 장모님이 고구마 수확을 끝낸 남의 고구마밭에서 땅속 깊이 박혀 캐지 못한 고구마를 캐셨다며 서너 상자 보내주셨다. 말은 못 했지만, 그 눈물겨운 고구마를 자식들과 나눠 먹었다. 이제는 안 그러셔도 된다고 말씀드리지만, 자식들에게 뭐라도 하나 주고 싶으신지 그렇게 정을 주고 계신다.

2025년 현재 회사에서 30여 년 근무 중이다. 이제는 2선으로 물러나셨고 잘 알지는 못하지만 당시 수백억(?) 자산가이신 회사 회장님의 20여 년 전 이야기이다.

어느 날, 회사 바로 길 건너 횟집에서 외부손님에게 물메기탕을 접대하고 나왔다. 나는 회장님 뒤에서 신호를 기다리다 회장님 바지 뒤쪽 엉덩이 부분을 보게 되었다. 수십 년은 된 것 같은 바지인데 그 부분이 해졌는지 재봉틀로 박음질한 게 눈에 들어왔다.

나도 모르게 순간적으로 회장님 엉덩이 부분에 손을 대며 물었다.
"회장님 아직 박음질 옷을 입으세요?"
회장님이 멋쩍게 대답했다.
"그래…!"

회장님은 양손으로 얼른 뒤쪽 엉덩이 박음질 부분을 가리고는 신호가 바뀌니까 얼른 가자며 재촉하셨다. 다행히 손님은 멀리 떨어져 있어서 눈치를 채지는 못하였다.

당시 회장님은 중소기업임에도 불구하고 내가 95년 입사 당시 전 임직원들 자녀들에게 고등학교까지 학자금을 주셨고, 1997년 IMF 때는 은행에 돈을 맡기면 이자소득이 어마어마함에도 직원들에게 특별보너스와 퇴직금 중간정산을 해 주셨다.

국가까지 부도가 나서 어수선한 시기에 어느 날 회장님이 회계 총괄담당을 부르셨다.
"어이, 김 전무(회계 담당)! 이리 와 봐요. 우리 직원들 힘들 텐데 필요한 사람들 파악해서 퇴직금 중간정산 해줘요. 나라 경제가 어려우니 모두 힘들 텐데, 외부에는 함구하라 하고."

나만 그랬을까? 존경심이 자연스럽게 우러나왔다.
아내와는 대학교 3학년 때 대전에서 대학교 친구의 소개로 만나 38년여를 살아왔다. 아내는 1남 5녀, 6남매의 장녀로서 삶의 서러움(맏딸은 살림 밑천)을 안고 인생을 살아왔고, 나 역시 2남 1녀의 차남으로 삶의 서러움(장손 우대)을 안고 인생을 살아온 듯하다.

살아보니 장녀는 동생들의 희생물이 되었고, 차남은 장남에게 모든 것(삶의 우선순위, 재산의 우선순위)에서 밀리며 서러움 삶이었던 듯하다. 이젠 행복하고 여유로워도 되는 시기임에도 불구하고 이러한 시대 환경 속에서 살다 보니, 서로 삶의 여정에서 입은 깊은 마음의 상처에 발목 잡혀 좀처럼 행복할 수 있는 간격이 좁혀지지 않는다.

그래서 이혼, 졸혼이 사회적인 이슈가 되는지도 모르겠다. 나 역시도 여기서 자유로울 수는 없는 것일까? 이러한 귀로에 서서 여생을 어떻게 할 것인지 방황하게 된다.

인생에서 중요하지 않은 순간이 있을까마는 특히 강렬했던 몇 가지 일을 정리해 보았다. 이렇게 기억을 더듬다 보니 인간은 누구나 홀로 살 수 없다는 사실이 가슴에 와 닿는다.

조상과 부모님들, 기업을 하는 훌륭한 사업가들이 후대에 쏟은 정성과 희생이 있어 우리는 존재한다. 문득 그분들의 노력과 절약, 배려를 통하여 현재 우리가, 내가 있다는 것을 잊고 살아왔고, 살아가는 것은 아닌지 새삼 되돌아보고 반성의 기회를 갖게 된다.

차례

프롤로그 1 / 2　　　　　　　　　　　　　　　　　　2

1부 베이비부머는 죄가 없다

베이비부머의 삶과 추억　　　　　　　　　　　　　16

위기의 베이비붐 세대　　　　　　　　　　　　　　24

베이비부머의 하소연　　　　　　　　　　　　　　 28

세계 최저 출산율과 초고령사회　　　　　　　　　 33

은퇴한 베이비부머는 어디로 가야 하나?　　　　　 40

2부 배고팠지만 해맑았던 좌충우돌 성장기

늘 배고팠던 유년시절　　　　　　　　　　　　　　48

유기농 논농사　　　　　　　　　　　　　　　　　 51

6·25의 상흔과 통시·DDT의 추억　　　　　　　　 54

내 고향 명전당골　　　　　　　　　　　　　　　　59

명전당골 형성과 유래　　　　　　　　　　　　　　61

엄마의 울부짖음　　　　　　　　　　　　　　　　 65

할머니의 정과 담배 이야기　　　　　　　　　　　 70

잊지 못할 삼막골의 두 사람 76

'시게또' 타다 해 지는 줄 모르고… 80

시게또와 외삼촌 84

화전민과 구황식물(감자, 고구마), 보릿고개 88

국민(초등)학교에 입학하다 97

등하교하는 공포의 오솔길과 무장공비 소동 101

목숨마저 잃을 뻔했던 땅벌의 공포 106

애향단(愛鄕團) 이야기 110

이승복과 "공산당이 싫어요!" 112

벤또 검사와 올갱이국의 행복 119

유행병의 공포와 가재즙 124

아버지의 장작 지게 127

공부에도 악착같았던 초등학생 130

온 가족이 나눠 먹은 배급 빵 132

지우개를 찾아서 136

대머리 교장 선생님에게 혼나다 140

쥐를 잡자! 쥐를 잡자! 142

축제였던 운동회와 참새 잡기 144

부모님과 영영 이별을 생각했던 사춘기의 아픔 147

3부 나의 가족, 나의 고향

할아버지와 아버지 고향으로의 이사와 전학　　152

유서 깊은 서중리와 석전놀이　　156

새마을운동과 프로레슬링　　161

집성촌의 첫 번째 수입원, 벼와 보리농사　　167

집성촌의 두 번째 수입원, 누에농사　　170

집성촌의 세 번째 수입원, 담배농사 1　　176

집성촌의 세 번째 수입원, 담배농사 2　　180

흡연과 금연의 차이　　188

내 인생의 롤모델이었던 혈연들　　191

공부에 몰두할 수 없던 환경과 불효　　199

대학 진학과 삶의 고민　　204

공업경영 전공과 가난한 대학생활　　211

비상계엄 휴교와 입대 준비　　216

4부 나를 단련했던 군대 생활

진해훈련소에 입소하다 — 222

갈수록 힘들어지는 훈련 — 228

얼차려를 위한 얼차려 — 235

인간의 한계에 도전하다 — 240

수료식과 배부름의 고통 — 244

대구통합병원 후반기 교육 — 248

해병대 발령과 해군포항병원 — 254

해병 1사단 기습특공부대의 위생하사 — 258

실전 같은 한미연합군사훈련(팀스피릿)에 참가하다 — 266

해상기동타격대(QRF) 파견 생활 — 277

군대에서 만난 인연 — 285

해군포항병원 내과병동 책임하사로 마무리하다 — 288

부록 '~ 때문에'와 '~불구하고'의 결혼과 삶 1 / 2 — 298

1부

베이비부머는 죄가 없다

베이비부머의 삶과 추억

　KMR(한국경영인증원)의 모 심사원(ISO 9001)과 회사에서 심사 중 점심 후 잠시 휴식시간에 잠실의 롯데타워와 부의 상징인 강남의 타워팰리스가 바라보이는 양재천 야외 벤치(bench)에 앉아 컵에 든 커피를 마시고 있었다.

　벤치 주변을 둘러보니 여러 나물 종류가 보여 어릴 적 엄마의 치마폭을 잡고 나물 뜯던 추억이 떠올랐다. 2~3년 연배인 심사원은 주변의 풀이 먹는 것인지 못 먹는 것인지를 아는지 궁금하여, 짓궂은 생각으로 물었다.
　"위원님! 이 벤치를 기점으로 사방 1m 범위에서 먹을 수 있는 풀(나물)과 못 먹는 풀을 구분할 수 있으세요?"
　갑작스러운 질문에 눈이 휘둥그레진 심사원은 사방을 둘러보고는 오히려 나에게 물었다.
　"저한테는 모두 풀로 보이는데 여기서 먹을 수 있는 풀이 있나요?"

　그의 역질문에 나는 의아하고 당황하기도 했지만, 한편으론 자신 있게 대답할 기회가 왔기에 속으로는 희열이 느껴졌다.
　심사원은 궁금하다는 듯이 맨땅에 몇 포기 안 되는 풀이 궁금한 듯 설명을 해달라는 눈빛으로 나를 바라보았다.
　"위원님! 이건 쑥이고요. 민들레, 씀바귀, 참비름, 쇠비름, 질경이가 보이네요."
　내가 보이는 풀들을 알려주었다.

"아, 그래요. 그렇게 많아요? 내가 보기엔 모두 풀인데요. 쑥은 많이 보긴 했는데 갑자기 물으니 잘 몰랐습니다. 하하하."

심사원은 그나마 쑥 정도는 자기도 안다고 답하였다.

이후 심사원과 30여 분간 양재천을 거닐며 두런두런 이야기를 나눴다.

"저는요, 겨울에도 산에 가면 더덕을 캡니다."

내가 너스레를 떨자 심사원이 놀라 물었다.

"아니 이 겨울에 싹도 없는데 어떻게 더덕을 캐지요?"

그는 내 말이 뻥(거짓)이라는 듯이 의아한 눈빛을 보낸다.

그의 눈빛을 확신으로 바꿔주려고 내가 자신 있게 말했다.

"산행을 하면서도 복사기로 스캔하듯이 휘~이익 둘러보면 자연스럽게 보입니다. 더덕 줄기는 나무를 타고 올라가잖아요. 그 때문에 잎은 없어도 나무를 타고 오른 줄기가 보이면 그 줄기를 따라 땅으로 내려가면 산더덕을 캘 수 있습니다."

"아! 그래요? 요즘 '자연인'을 티브이에서 즐겨보는데 권 전무님이 그렇단 말인가요?"

심사원의 자연인이라는 말에 힘을 얻은 나는 조금은 과장된 표현과 억양으로 한술 더 떠 말했다.

"위원님! 저는 산세만 보면 그 산에 뭐가 있는지 대략 압니다."

"네? 산세만 보고도 그 산에 나는 걸 안다고요?"

그가 더 놀라는 표정으로 눈을 똥그랗게 뜨고 물었다.

"네! 지방으로 가는 길의 시골이라면 산을 보며 상세히 설명드릴 수 있지만,

여기는 도심이라 안 되니 제가 산을 가상해서 설명해 보겠습니다."

나는 손짓을 크게 하며, 설명하기 시작했다.

"7부 능선에 소나무 크기가 적당하고 마사토 흙과 갈참나무 종류가 있으면, 아마 송이버섯과 싸리버섯이 있을 것입니다. 칡넝쿨이 우거진 산에서는 서릉(돌이 쌓인 곳)에 가면 머루, 다래 등을 딸 수 있습니다."

이 정도 설명하자 그는 진짜 자연인 같다며 더욱 놀라워했다.

그와 나는 산책을 계속했다. 산책을 하는 와중에도 나는 보이는 대로 뽕나무와 산수유, 화살나무 등을 알려주었다. 아울러 도심에서도 자주 보는 흔하디흔한 나물과 유익한 약용나무, 식물이 있다는 것을 설명하며 사무실로 들어왔다. 물론 도시에서는 식용 가능한 나무나 나물이 있더라도 공해에 찌들어 먹을 수 없으니 채취해서는 안 된다는 말도 함께 곁들여 알려주었다.

나는 나무나 나물에 대해 배우려고 해서 배운 게 아니다. 유년시절인 5~6살 경부터 어머니 치마폭 잡고 먹고 살려고 나물 캐러 들로, 산으로 다녔다. 또 아버지가 땔감을 하러 산에 가면 따라다녔다. 그러면서 그런 지식을 자연스럽게 습득했다.

나는 심사원에게 이런 이야기를 들려주며 당시 체험·습득한 기억들이 60여 년이 지난 지금도 생생하다고 설명해 주었다.

같은 시대에 태어난 베이비붐 세대일지라도 도시에서 태어나고 자라 문화 혜택과 교육을 받은 사람들도 있다. 그들은 나와는 전혀 다른 경험을 하며 어린 시절의 기억도 다를 것이다.

한편으론 같은 세대로 시골에서 자랐지만 또 다른 경우도 있다. 집안이 경제적으로 여유가 있던 사람들이다. 그들은 부모님이 일은 못 하게 하고 전적으로 공부만 하게 하였다. 그러다 보니 같은 시골 태생이지만 나와는 경험과 기억이 다르다. 이런 부류의 친구들은 공부를 계속하여 교수가 되는 등 또 다른 길을 갔다.

당시는 1차 산업이 중심인 농경사회였다. 기계화 농업이 이뤄지기 전이어서 모든 농사를 사람 손으로 짓던 때였다. 일손이 달릴 수밖에 없었고 아이들이라도 걸을 수만 있으면 일을 해야 하는 시대였다. 농촌의 실상을 겪어보지 않은 사람은 이런 설명만으로 이해하기에 힘든 측면이 있을 것이다.

농사는 봄부터 가을까지 열심히 일을 하고 가을에 추수가 끝나야만 소득이 발생한다. 수확까지 열심히 일한다고 해서 수확량이 많은 것도 아니다. 때로는 한파, 가뭄, 태풍과 우박으로 애써 지은 농사가 한순간에 망가지기도 한다. 이런 일이 발생하면 속상한 아버지께서는 주막집에서 술 드시고 집에 오셔서 술주정을 하시곤 하셨다.

자신들은 감내했지만 농사가 힘들 걸 아는 부모들은 농사일을 자식에게는 물려주지 않으려고 몸부림을 쳤다. 그래서 빠듯한 살림에 허리띠를 졸라매며 어떻게든 자식들은 학교에 보내려 했다. 그런 부모의 마음을 글로써 표현하기 힘들다.

부모들은 자식들을 학교에 보내며 자식들만큼은 공부를 통해 농사에서 벗어나기를 바랐다. 그런 부모들 대부분은 자식들이 매월 꼬박꼬박 나오는 월급을 받는 공무원, 선생님이나 억울한 사람들의 한을 풀어주는 판검사가 되기를 희망했다.

   이런 이유로 부모들의 교육열이 원체 높은 시기였다. 자식들을 도시로 보내서 하숙, 자취를 시키더라도 대학교에 보내야겠다는 부모님들의 열정은 대단했고, 자신의 목숨을 바쳐서라도 가르치겠다고 할 만큼 교육열은 뜨거웠다.
   가르치는 데는 농사만으로 감당이 안 되는 큰돈이 필요했다. 대학에라도 보내려 하면 땅이나 소를 팔아야 했다. 농사짓는 사람에게 땅이나 소는 목숨과도 같은 것인데 자식 교육을 위해 눈물을 머금고 파는 게 당시 부모들이었다. 자식들은 부모가 그렇게 마련한 돈을 받아 등록금을 내고 학교에 다니고 졸업할 수 있었다.
   반세기 전에 일어난 일이지만 기억을 더듬다 보니 이 모든 일이 어제인 것처럼 생생하다.
   나도 남매를 키우고 대학을 보내고 이제 출가까지 시켰다. 그런 부모로서 그 시기 부모님들과 나를 비교해 본다면 자식을 위해 그분들이 쏟았던 고생이나 노력은 물론 정성과 헌신도 한참 못 미친다는 사실을 이야기 하고 싶다.

   나의 어린 시절을 다시 한 번 생각해본다.
   엄마의 치마폭을 부여잡고 따라다니며 밭고랑의 나물을 캐던 어린 시절이 있었다.
   명절이 다가오면 아버지는 자식들에게 먹이고 싶어도 못 먹이며 그동안 아끼고 모아둔 계란과 약초를 팔아 새 검정 고무신이나 새 옷을 사 오셨다. 그날이면 나는 신고 또 신어보고 입고 또 입어 보았다.

떨어진 고무신을 슬리퍼 끌듯이 신고 다니다 새 신을 신고 학교 가는 길이면 고무신이 닳을세라 벗어들고 맨발로 뛴 다음, 학교 근처에 가서야 마치 아무 일 없다는 듯이 고무신을 신고 학교 안으로 들어가던 우리 세대. 이랬던 우리가 검정 고무신 마지막 세대가 아닐까?

 가방이 없던 시절. 책은 보자기에 싸서 남자아이들은 어깨에 가로 묶음하고, 여자아이들은 허리에 질끈 동여매었다. 그렇게 내달리면 필통에서 몽당연필이 달그락, 달그락 소리가 났는데 그 소리가 아련하다. 바로 몽당연필 세대!

 영양실조 탓이었을까?
 머리와 이마에는 헌디(흉터) 자국과 마른버짐을 달고 살았다. 도시락을 못 싸오니 점심때면 우물가로 달려가 물로 배를 채웠던 시절이다. 그렇게 점심을 거르니 늘 허기졌고, 하굣길에는 고들빼기, 잔대, 개구리, 골뱅이, 메뚜기, 뱀딸기, 송구, 머루, 대래, 송이, 참꽃(진달래) 등등, 먹을 수 있는 것은 샅샅이 뒤지며 먹고 다녔다. 그렇게 굶고 자란 우리가 허기진 마지막 세대가 아닐까!

 기성회비를 못 갖고 오면 선생님에게 회초리로 손바닥을 맞아야만 했다. 그러니 기성회비 내야 하는 때가 되면 학교에 가기 싫었고 선생님 눈에 띌까 피해 다니기만 했다. 지금으로선 상상할 수 없는 아동 학대이지만 그때는 선생님께 매 맞는 게 당연한 일이었다. 부모들도 교사의 매를 아이들을 제대로 훈육하는 사랑의 매로 받아들였다.

 지금의 메르스나 코로나처럼 장티푸스, 이질, 콜레라 등이 수시로 유행했던 시절이기도 했다. 당시의 열악했던 위생과 환경이다 보니 이런 감염병이 창궐

했고 병에 걸려도 제대로 치료받을 수도 없었다. 그러니 여럿이 태어난 자식 중 한두 명은 부모보다 먼저 저세상으로 가는 것을 보며 자란 세대였다!

감염병도 문제였지만 몸이 다치고 상처가 나는 등 외상을 입었을 때도 약이 없었다. 상처에 바르는 것이 된장이었고, 소독약으로 호롱불의 석유를 바르기도 했다. 약이라고 해야 빨간약으로 통하는 '아까징끼'였다. 그것이 만병통치약이라도 되는 양 다치고 아픈 데는 그 약을 바르던 세대이다.

봄철 허기져서 미처 익지 않은 보리 서리를 하여 먹었던 보릿고개 세대! 반찬이 없어 찬물에 식은 보리밥을 말아먹었으며, 배가 아프다고 하면 엄마는 만병통치약으로 사카린을 넣은 백비탕을 주시던 것을 먹고 자란 세대!

밥과 먹을 것이 적고 형제가 많은 집안에서는 누룽지도 서로 먹으려고 다투었던 배고픔을 아는 세대! 눈깔사탕이라도 먹고 있는 친구가 있으면 그것 한번 빨아먹고자 가방도 들어주고 온갖 심부름과 아양을 떨어야만 했던 세대! 선물로 껌이라도 하나 생겨서 먹게 되면 며칠씩 씹고 잠잘 때 벽에 붙여놓았다가 다음날 없어지면 형제들과 다투기도 하고, 돌려가며 씹었던 세대!

자식들에게 국수 한 그릇 얻어 먹이기 위해 동네에서 잔칫집이나 상갓집이 생기면 가서 품앗이를 하고 음식을 싸오며, 이웃집의 모심기 일을 도와주며 상부상조하는 부모님들의 생활을 보며 자란 세대! 친척 집에 가서도, 이웃 친구 집에 가서도, 배가 고팠지만 주는 대로 밥 한 그릇을 다 비우지 못하고 꼭 체면치레로 몇 숟가락 남긴 세대!

학교에서 급식으로 빵을 배급받았음에도 먹지 못하고 조금씩 떨어지는 부스러기만으로 입가심하고 1시간이 넘는 길을 걸어 집에 가서 할머니가 맛을 보시고 난 뒤에야 나눠 먹었던 눈물겨웠던 세대!

기억을 더듬으니 아프면서도 아련한 일들이 끝없이 떠오른다.
 내 세대가 이러할진대 조상님들, 부모님들, 형님들 시대는 어떠했을까? 누가 말하지 않아도 그 생활상이 머리에 훤히 그려진다. 그 가운데서도 악착같이 살아내며 후손을 기르고 나라를 지켜낸 그분들이 존경스럽기만 하다. 처절한 삶을 살며 역사를 만들어내고, 오늘 우리가 살아가는 터전을 물려주신 그분들을 기리며 남은 생을 마무리할까 한다.

나이가 들어갈수록 힘들었던 그 어린 시절이 그리워진다. 배고픔에서 하루빨리 벗어나고만 싶었던 그때였는데, 이제 그리워지는 이유가 뭘까? 겪었던 생활의 어려움과는 별개로 그래도 그때는 훈훈한 정과 사람 사는 냄새가 가득했는데, 이런 게 사라져버린 오늘날 각박해진 세상 때문이 아닐까 생각해본다.
 이런 그리움으로 베이비부머 세대라면 누구나 겪었을 아련한 추억들을 더듬어 보려고 한다. 함께 겪었던 그 시절의 경험과 추억을 따라가며 반세기가 훨씬 지나는 동안 덮어놨던 어린 시절을 혼자 슬며시 열어본 기분이 되길 바란다. 그리고 그때의 훈훈함과 따뜻함이 지금 세상에도 가득해지길 바란다.

2025.3.15. 선유도서관에서

위기의 베이비붐 세대

10여 년 전부터 사회적 이슈가 된 베이비부머 세대.

1955~63년생 베이비부머의 추락은 심각했다.

베이비붐 세대는 특히 자영업에 많이 투신해 경기침체 등으로 인한 부침이 다른 연령대에 비해 더 심한 것으로 분석됐다. 정년은퇴 후에도 20~30년을 더 살아야 하는 베이비부머의 고통은 시간이 갈수록 가중될 성싶다.

다음은 세계일보 특별기획 일부를 인용한다.

▶ **실패로 돌아온 베이비부머 자영업의 꿈**

전쟁 뒤 태어나 악착같이 일한 베이비부머가 개인회생까지 오게 된 사연은 다양했다. 그중에서도 자영업 실패 사례가 유독 많았다.

A(57)씨는 굴지의 대기업에 다니던 중 국제통화기금(IMF) 구제금융 사태를 만나 정리해고 당했다. 특별한 기술이 없는 사무직이었던 A씨는 중국 음식점을 열었다가 망했다. 이어 그는 오리 식당을 3번이나 창업했지만, 줄줄이 문을 닫았다. 현재 택시기사로 일하는 A씨의 아파트도 대출을 못 갚아 경매에 들어갔다.

외국계 회사에 다니다 외국 유명 헤어디자이너의 삶을 동경해 퇴직하고 미용실을 차린 B(52)씨의 삶도 고단했다. 한때 분점까지 생기며 잘 나갔던 미용실은 다른 대형 미용실 체인과의 경쟁에서 살아남지 못했다. 그는 아파트 공사 현장에서 벽지 바르는 일용직으로 전전하고 있다. 이마저도 건설경기 한파에 고정적인 수입조차 기대할 수 없는 처지다.

부동산 투자 회사에서 계약직으로 일하는 C(55)씨는 재혼한 부인의 식당 창업자금을 마련하다 빚이 급격히 늘었다. 한의사인 D(51)씨는 한의원 문을 대출로 열었는데 영업이 잘 안 돼 채무 돌려막기로 버티다 개인회생을 택했다. 이미 국민행복기금까지 다녀왔다.

▶ 베이비붐 세대·다른 세대 신상 및 채무 비교

베이비부머	구 분	다른 세대
201만 8,804원	월평균 수입	212만 1,039원
2억 9,499만 5,878원	1인당 채무비	2억 3,754만 5,660원
2,676만 8,203원	1인당 재산보유액	2,038만 6,042원
9.8%	과거 파산, 연체 경험	13.1%
33%	이혼 경험	26.2%
25.9%	자가보유 비율	16.6%
79.5%	남성 비율	67.3%

▶ 꼬리 무는 불운

베이비부머의 사업 실패는 사회에 큰 영향을 끼친 사건과도 맥이 닿아 있다.

김모(55)씨는 기업에 다니다 1999년 IMF 사태로 실직한 뒤 음식점 등을 운영했으나 신통찮았다. 김씨 인생에 결정적인 '한 방'은 2002년 낸 오리 전문점이었다. 식당은 자리를 잡아가는가 싶더니 개업 1년 만에 불어닥친 조류 인플루엔자

파동으로 쫄딱 망했다. 몇 년 쉬다 2007년 오리 식당을 다시 냈지만, 이번엔 건물주와 매장 운영 방식 등을 놓고 갈등을 빚다가 2009년 문을 닫았다.

공무원인 최모(50)씨는 2003년 말 발생한 광우병 파동 때문에 홍역을 치렀다. 당시 축산물전문판매업자인 남편은 설 특수를 맞아 준비했던 35억 원 규모의 미국산 축산제품의 판로가 막혔고 판매 처리됐던 제품마저 환불 처리됐다. 회사는 결국 부도가 나고 말았다. 시부모가 남편의 연대보증을 섰기 때문에 함께 살던 집마저 경매에 넘어갔다. 남편이 새 사업을 벌였지만 빚은 늘어만 갔다. 최씨는 4억 2,570만 원의 빚을 떠안고 개인회생을 신청했다.

1995년 여름 발생했던 삼풍백화점 붕괴 악몽도 아직 가시지 않고 있다. 인테리어 패션 소품매장을 운영하는 주모(52·여)씨는 당시 전 남편 사업 실패 후 이혼을 한 뒤 자녀를 홀로 키우면서 삼풍백화점에 간신히 입점했다. 그러나 입점한 지 한 달도 되지 않아 붕괴 사고가 났다. 아파트를 처분해도 손실을 감당할 수가 없었다. 현재 그의 월수입은 180만 원 남짓이지만 부채는 3억 원에 육박한다.

참여연대 이헌욱 변호사는 "사회·경제여건에 비춰볼 때 자영업자는 갈수록 소득창출이 어려워지고 있다"면서 "중산층 복원을 위해서는 무엇보다 자산가격의 급등락을 막고 가계소득 증대 및 소득분배, 복지 등 종합대책이 긴요하다"고 말했다.

▶ **개인회생 베이비부머는 누구**

취재팀이 분석한 베이비부머 112명은 대부분 퇴직했거나 자영업 실패로 인해 직업 안정도가 매우 떨어지는 특징을 보였다. 직업 대부분이 편의점 점원, 식당 직원, 마트 판매직, 아파트·건물 경비원 등 단순 노동직에 속해 있었다. 대·중소기업 간부나 공무원(퇴직자 포함) 등 상대적으로 소득이 높고, 안정적인 직장에 재직 중인 사람은 29명(6%)에 불과했다.

베이비부머는 채무와 신상의 성격도 다른 연령대와 달랐다.

베이비부머는 개인회생 신청 당시 월평균 소득이 201만 원으로, 이들을 제외한 다른 연령대 평균 수입 212만 원보다 적었다. 수입은 적었지만, 평균 채무액은 다른 연령대가 2억 3,754만 원인 데 비해 2억 9,499만 원으로 월등히 많았다. 불안정한 직장 등으로 수입은 적고 빚은 많은 베이비부머의 실상이 드러난 모양새다.

또 이들은 이혼자가 33%로 다른 연령대 26.2%보다 훨씬 높아 가정 붕괴도 심각한 지경이었다. 자가를 소유한 비율은 25.9%로, 비베이비부머 16.6%보다 매우 높았다. 내 집 마련을 인생 최대 목표로 삼았던 당시 세태가 반영된 결과로 풀이된다. 성별로는 남성의 비율(79.5%)이 다른 연령대의 67.3%보다 높아 당시 남성이 주로 생계를 책임지고 여성은 가정을 돌봤던 시대상도 드러냈다.

세계일보 특별기획 취재팀(2014.01.02.)

베이비부머의 하소연

- KAIST 이병태 교수의 변

국회 국감에 나와 의원들 앞에서 당당하게 소신을 발표하던 이병태 교수!
대한민국의 젊은이들을 향하여 KAIST 이병태 교수의 엄숙한 하소연!
"젊은 당신들이 누리는 그 모든 것들! 풍요와 자유! 그 어떤 것들도 당신들이 이룬 것은 아무것도 없다. 헬조선이라 빈정거리지 마라!" (헬조선: 지옥을 의미하는 '헬(hell)'과 우리나라를 의미하는 '조선'을 결합하여 만든 말로, 열심히 노력해도 살기가 어려운 한국 사회를 부정적으로 이르는 말.)

부모 세대야말로 전부 울고 싶은 심정일 것이다. 청년들에게 앞 세대의 성취와 피땀을 폄하하지 말라는 KAIST 이병태 교수의 호소가 인터넷을 달구고 있다. 다음은 이병태 KAIST 경영대교수가 페이스북(facebook)에 올린 〈젊은이들에게 가슴에서 호소합니다〉라는 글이다.

이 땅을 헬조선이라고 할 때, 이 땅이 살만한 정의가 이루어지지 않았다고 욕할 때, 한 번이라도 당신의 조부모와 부모를 바라보고 그런 이야기를 해주기 바랍니다.

초등학교 때부터 오뉴월 태양 아래 학교 갔다 오자마자 책가방 팽개치고 밭으로 가서 김을 매고, 저녁이면 소먹이를 거두려고 강가로 가고 겨울이면 땔감을 마련하려고 산으로 갔던 그런 분들을 쳐다보면서 그런 이야기를 하라!

초등학교 졸업한 딸을 남의 집 식모로 보내면서 울었던 당신의 할머니를 보면서 그런 이야기를 하라!

대기업이 착취를 한다고요?

한국에 일자리가 없어서 대학을 나오고도 독일에 광산 광부로 갔고, 간호사로 갔던, 그래서 국제 미아가 되었던 당신의 할아버지 할머니 시대의 이야기를 물어보고 그런 이야기를 하라!

지금도 대학을 나오고도 대한민국에 불법취업을 와서 노동자로 일하는 필리핀과 몽골의 젊은이들을 보면서 이야기를 하라!

신혼 초에 아내와 어린 자식을 두고 지하방 한 칸이라도 마련해보려고 중동의 뙤약볕 건설 공사장의 인부로 갔던 당신의 삼촌들을 보고 그런 응석을 부려라!

월남전에 가서 생명을 담보로 돈벌이를 갔던 당신의 할아버지, 삼촌 세대를 생각하면서 그런 이야기를 하라!

고맙고, 미안하고, 그러지 않나?

앞세대의 성취와 피땀을 그렇게 부정하고 폄하하고도 양심의 가책이 느껴지지 않나?

사람들은 내가 미국 가서 박사하고, KAIST 교수하고, 반기업정서에 대응하니까 무척 금수저인 줄 아는가 보다. 나는 위에 적은 일들을 직접 경험했고 보고 자랐기 때문에 당신들처럼 그런 배부른 소리를 못할 뿐이다.

나는 부모 모두 무학으로 농부의 아들이고 그것도 땅 한 평 없던 소작농의 아들로 자랐다. 중학교 때까지 등잔과 호롱불로 공부했다. 나보다 더 영특했던 우리 누이는 중학교를 가지 못하고 초등학교 졸업 후 공장으로 취업했고, 지금까지도 우리 어머니 지워지지 않는 한이다. 나는 대학 4년 내내 아르바이트로 내 생활비를 마련하며 다녔고, 때로는 부모님께 도움을 드리면서 다녔다. 나는 돈 한 푼도 없이 결혼했고, 집 없는 설움을 겪으며 신혼 초에 치솟는 전셋값 때문에 서울 변두리를 전전하며 살았다.

단돈 300만 원으로 가족을 데리고 유학을 가서 배추 살 돈이 없어서 김치를 만들어 먹지 못했고, 내 아내는 남의 애들을 봐주고 딸은 흑인 애들이 받는 사회보장 프로그램의 도움을 받아서 우유와 오렌지 주스를 사 먹이면서 학교에 다녔다. 나는 회사에 취업해서 주 6일을 근무하던 때에 입사 첫해에 크리스마스 날 단 하루 쉬어 봤다. 공장 창고에 재고를 맞추려고 퇴근도 안 하고 팬티만 입고 난방도 안 되는 높다란 창고 위로 기어올라 부품을 세면서 생산을 정상화하려고 했었다. 그렇게 야근하는 날은 세상에서 제일 맛있는 음식이 삼겹살인 줄 알고 살았다.

그렇게 살아왔기에, 무책임한 노조가 망가뜨리는 회사를 보아왔기에, 우리보다 잘사는 것으로 알았던 많은 나라들이 고꾸라지는 것을 보았기 때문에, 그리고 미국과 일본이 어떻게 잘사는 사회인지 보았기 때문에, 나는 당신들처럼 아프다고 못하고, 힐링해야 한다고 응석을 부리지 못한다.

제발, 당신의 고결한 조부모와 부모들을 더 이상 능멸하지 말라!

당신들이 우습게 아는 대한민국 기업들, 가발공장에 납품하는 하청업체부터 시작해서 배워서 지금까지 일군 것이다. 정부의 밴처 지원책도 금융도 없었고, 대학도 없었고, 컨설팅 없이 자유 수출공단에 진출한 일본인들에게 술 사주고 접대하면서 배우고 일군 것들이다. 당신의 이모, 고모가 그렇게 술 따르면서 번 돈으로 동생들을 공부시켰다.

제발 응석 부리고 빈정거릴 시간에 공부하고 넓은 세상을 보라!
우리 사회가 부족하면 부족한 대로 이유가 있는 것이다. 그 이유를 알뜰하게 공부하고 나서 비난해도 늦지 않다. 사람값이 싸다고 투덜대기 전에 누구 한번 월급 줘보고 그런 철없는 소리를 하고 월급보다 더 가치 있는 직원이라고 증명해라! 그런 직원을 기업주들은 눈에 불을 켜고 찾는다. 난 당신들의 그 빈정거림과 무지에 화가 난다. 그러니 나보다 더 고생하고 생존 자체를 위해 발버둥 쳐야만 했던 나의 앞 세대, 내 부모님의 세대는 오죽하겠나!

당신들이 아프다고 할 때 나는 그 유약하고 철없음에 화가 머리끝까지 난다.
당신들이 누리는 그 모든 것들!
스타벅스 커피!
스타크래프트 게임!
해외 배낭여행!

그 어떤 것들도 당신들이 이룬 것은 없다. 당신들은 지금 이 사회를 더 좋은 사회로 만드는 것으로 지금 누리는 것에 보답해야 한다. 우리 세대는 누리지 못했기에 당신들이 누리는 것을 보는 것으로 행복할 따름이고 부러울 따름이다.

그러나, 당신들에게 적용받을 아무런 이유는 없다. 당신들의 앞 세대는 그저 물려받은 것보다 몇십, 몇백 배로 일구어 넘겨준 죄뿐이고, 당신들에게 인생은 원래 고달픈 것이라는 것을 충분히 알려주지 못한 것뿐이다. 사기꾼들이 이 나라 밖에는 어디 천국이 있는 것처럼 거짓을 전파할 때 설마 저런 소리에 속을까 하며, 미리 막지 못한 죄뿐이다.

당신들의 부모들이 침묵하는 것은 어이가 없거나, 말해도 못 알아듣거나, 남보다 더 해주고 싶다는 한없는 자식에 대한 애정의 표현이지 당신들의 의사가 옳아서가 아니다. 그들은 속으로 울화통이 터져서 울고 계실 것이다.

나는 그렇게 생각한다.
헬조선이라 빈정대지 마라!
부모들은 모두 울고 싶은 심정이란다.

출처: [한국경제신문] 2017.7.19. 뜨거운 '헬조선 논쟁' …

세계 최저 출산율과 초고령사회

- 이게, 나라이고 국가인가?

　출근길 뉴스에서 들은 진행자와 경제 전문가와의 대담을 들었다.
　저출산 문제를 잘 안다고 생각했지만 듣다 보니 내가 아는 것 이상 심각했다. 저출산은 우리 사회 전체를 덮치는 만큼 이 문제에서 결코 누구나 예외일 수 없다. 나라의 미래가 달린 일이고 그 위기가 눈앞에 닥쳤는데도, 우리 모두 그 심각성을 방관·회피하고 있는 것은 아닌지 하는 생각마저 든다.

　우리 베이비부머 세대의 문제도 이 출산율과 맞닿아 있다 보니 더 심각하게 다가왔다. 저출산 문제의 심각성을 알리는 마음으로 그들의 대담을 인용한다.

▶ **아나운서와 한 경제연구소 소장과의 대화**

　추락하는 출산율이 바닥이 안 보이는데요.
　통계청이 발표한 2024년 1분기 출생아 수를 보니 6만 명을 간신히 넘겼습니다. 1년 전에 비해서 6.2% 줄었고요.
　반면에 사망자 수는 9만 명이 넘었습니다. 1년 전에 비해서 5.2%가 증가한 겁니다.

　1분기 석 달 만에 인구가 3만 3천여 명이 줄었습니다. 17개 시도 모두 합계 출산율이 줄었고요. 그중 최악은 서울입니다. 서울은 0.59명입니다. 서울에서

2쌍이 결혼을 해도 한 쌍은 아이를 낳지 않는 이른바 딩크족(DINK)*.

합계 출산율이라는 게 만 14세 이상 49세 여성이 평생 낳을 것으로 예상하는 출생아 수인데 1분기 기준(2024년 3월 현재) 0.72명대로 떨어진 것은 이번이 처음입니다. 지난해 1분기(2023년 3월) 0.82명에서 0.72명까지 떨어진 건데요!

3월 월간 데이터는 더 최악입니다. 3월 출생아 수가 2만 명 아래로 떨어져서 통계 작성 이후 처음인데 인구 데드크로스**라고 합니다.

사망자 수가 출생아 수를 추월한 건 지난 2020년부터인데 벌써 53개월째 5년 가까이 한 달도 쉬지 않고 매달 한반도에서 한국인이 사라지고 있습니다.

불길한 학자들의 예언을 뒷받침하는 통계가 실제로도 나오고 있는 건데요!

이렇게 숫자가 이어지면 연간합계 출산율은 더 낮아질 수밖에 없는데요!

지난해(2023년) 우리나라 전체 합계 출산율은 0.72명이었습니다. 1년 전(2022년) 0.78명보다 0.06명이 줄어서 당시에도 OECD 38개국 평균 합계 출산율이 1.58명인데 절반에도 못 미쳤습니다.

유일하게 우리나라가 0명대 출산율이고요! 11년째 꼴찌입니다. 한국 다음으로 출산율이 낮은 국가가 스페인입니다. 스페인 합계 출산율은 1.19명입니다.

---

* Double Income No Kids(DINK), 정상적인 부부생활을 하면서 의도적으로 자녀를 두지 않는 맞벌이 부부.

** 데드크로스(Dead Cross), 출생아 수보다 사망자 수가 많아져 자연적으로 인구가 줄어드는 현상

그래서 정부가 올해 합계 출산율을 0.7명대를 밑돌 것이라고 예상을 했는데 이 역시도 희망 사항이라는 것입니다. 지금(2024년 5월 현재)의 추세로라면 0.68명을 밑돌 가능성도 있습니다.

정부는 그나마 2022년 8월부터 코로나가 해제되어서 그동안 미루었던 혼인이 늘어났기 때문에 하반기가 되면 다소 출산율이 다소 올라갈 가능성이 크다고 하는데 문제는 하늘을 봐야 별을 딸 텐데 지난 2월, 3월 두 달간 혼인 건수가 각각 5% 넘게 줄었습니다.

통상 신혼부부들은 5월의 신부를 원합니다. 2분기에 가장 결혼을 많이 해서 출산율은 그래서 늘 1분기가 가장 높습니다.

이후 점진적으로 낮아지는 추세를 보여왔는데, 지난해 연간 합계 출산율이 0.72명이었는데 1분기 0.82명으로 가장 높았고요. 2, 3분기가 0.71명대, 4분기가 0.69명이었습니다.

올해 남은 기간 지금과 같은 추세가 이어지면 애초 예상보다 더 합계 출산율은 떨어질 것으로 보입니다. 해외에서의 반응은 그래서 이제 한국은 망했다, 이런 이야기가 나오는 형국입니다.

이렇게 저출산 고령화는 고착되고 있는데, 이제 30년이 지나면 도시가 텅 비는 도시 공동화 현상이 심해질 것이라고 합니다.

유럽은 아이를 낳으면 국가가 키워준다는데 이거는 남의 나라 이야기이고요. 태어나자마자 대기해야 한다는 국공립어린이집!

학생은 없어서 문 닫아야 하는 학교가 속출하는데, 용병이라도 투입해야 할

판에 좀처럼 줄지 않고 있는 해외 입양아들!

미혼모, 다문화가정 친구들에게 손가락질하는 사회 분위기!

혹시 나도 의도치 않게 최저 출산국에 일조하는 것을 아닌지, 되돌아보게 됩니다.

700년쯤 한반도에서 한국인이 사라진다는 끔찍한 경고 말고…, 그건 너무 머니까!

30년 후쯤 한반도 인구가 얼마나 줄었을까 궁금해할 텐데요? 결론부터 말하면 540만 명이 줄어듭니다. 10% 넘게 줄어듭니다.

통계청의 장례인구 추계결과 2022년이 고점이었습니다. 5,167만 명, 한반도가 가장 무거웠고요. 30년 후 2052년에 4,627만 명입니다.

540만 명! 현재 서울 인구의 절반 이상이 줄어듭니다.

30년 후 시도별로 보게 되면 세종시, 경기도는 제외하고 15개 시, 도 모두 인구가 줄어듭니다.

서울시의 인구만 따져보면 2022년 942만 명이었습니다. 1,000만 명 밑으로 떨어진 지가 한참 되었고요! 30년 후 800만 명 무너집니다.

793만 명! 150만 명 가까이가 줄어들게 되는데 부산, 대구, 울산은 더욱 심각합니다. 25% 안팎으로 더욱 급감합니다.

무엇보다도 40대 이후에는 '대도시에서 못 살겠다! 서울도 싫다'며 대도시를 떠나는 사람이 더 많아집니다. 그러다 보니 가장 일할 나이, 생산연령 인구인

만 15세부터 64세까지의 인구가 30년 사이 1,300만 명이 줄어듭니다.

그래서 중간연령, 즉 가장 나이가 많은 사람, 가장 나이가 적은 사람을 일렬로 세울 때 중간연령이 얼마냐면 2052년에 환갑에 가까운 58.8세가 우리나라 중간연령이 됩니다.

전북, 경남, 강원은 60세가 넘습니다. 64세가 평균연령입니다.

외국인들은 100m를 10초대에 뛰지만 한국인은?

어휴, 뛰기는커녕 걷기도 숨차서 힘들다는 이야기입니다.

우리나라가 노인국가, 일할 사람이 없어서 경제구조가 활력을 잃는 쇠퇴기에 진입한다는 것인데요.

다이내믹(Dynamic) Korea! 아시아의 4마리용은 옛날이야기고요. 이빨 빠진 이무기로 전락한다는 위기의 이야기입니다.

30년 후면 현재 20대가 50대가 되는데 가까운 미래인데 이렇게 불길한 내용이 현실화가 되고 있다는 것이 걱정되는데….

기업들도 인구감소로 인한 경제위기가 닥칠 게 당연히 우려될 텐데….

IMF 외환 위기가 무서우냐? 인구감소가 무서우냐?

IMF 위기 극복에 2년 걸렸습니다. 그런데 인구위기 극복에 무려 20여 년 소진됐고 못 이겨냈습니다.

2005년부터 정부가 저출산, 고령화 기본계획을 수립해서 무려 380조 원이 넘는 예산을 투입했는데요. '완패'입니다.

30년 후 서울 인구 800만이 무너지고, 대도시 인구가 25% 안팎으로 줄어들면?

도시 공동화 현상이 발생합니다.

어떤 일이 발생할까요?

당장 유령아파트, 흉물아파트가 속출하고요. 일본처럼 부동산침체가 가속화됩니다. 인프라 시설인 서울 지하철 같은 수요가 줄어들게 되면 유지보수비용은 더 늘어나게 됩니다.

빈집이 생기면 범죄율이 더 늘어나게 되고요. 사회 안전문제가 빈번하게 발생합니다.

무엇보다도 경제활동이 줄어들면 국가 전체에 미치는 파장이 만만치가 않습니다. 생산가능인구 1%가 줄어들면 국내 총생산 GDP는 0.59% 줄어들게 됩니다.

돈 냄새 잘 맡는 기업들이 모를 리가 없습니다. 국내기업 10곳 가운데 7곳은 급격한 저출산 고령화로 인해서 11년 안에 경제위기가 올 것이라고 예상하고 있습니다.

IMF 외환 위기보다도 더 무서운 인구위기를 풀어야 하는 과제를 안고 있습니다.

짧게는 1~20년 뒤의 가까운 미래에 여러 가지 심각한 상황이 생길 수밖에 없는 상황입니다.

2024.05.30. / 'MBC 아침 뉴스 류수민입니다' 한국경제연구소 이인철 소장과의 대담

이 뉴스에서 들은 저출산과 인구 감소, 나아가 지방 소멸을 보여주는 통계를 내 모교를 통해 전달한다.

2025년 2월 7일 금요일 모교인 초등학교 졸업식 소식을 접하였다.

면 단위(문경시 산북면 산북 초등학교) 졸업생 수가 8명이다. 반세기 전인 내가 1973년 2월 졸업 때는 3개 반 180여 명이었다.

2025년 2월 현재 모교(문창)의 고등학교 전교 학생 수가 358명이다. 약 46여 년 전 1979년에는 모교의 학생 수는 1,440명이었다.

그리고, 각 지자체는 지원 정책을 쏟아내는 연출을 하느라 호들갑을 떨고들 있다.

AI에게 '대한민국에서 가장 먼저 사라질 위험 도시가 어디일까?' 하고 물어봤다는 이야기를 인터넷에서 살펴보니….

공교롭게도 1순위가 나의 고향 "문경시"란다!

나만이라도 다시 고향으로 가야 하나? 갈등을 느끼며 이 글을 써 내려간다.

은퇴한 베이비부머는 어디로 가야 하나?

　내가 자라던 1960~70년대에는 '둘만 낳아 잘 기르자'며 산아제한 정책을 강력히 추진하던 때였다. 당시 대부분 가정이 둘을 넘었기에 정책적 차원에서 보자면 대부분 아이들이 천덕꾸러기나 마찬가지였다. 그랬던 만큼 친구들 한 명, 한 명이 애틋하고 소중하다. 그 어려움을 겪고 성장하여 각자 살아가는 친구들을 생각하면 한편으론 가슴이 아려오기도 한다.

　둘만 낳자고 온 나라가 떠들썩했는데 그때로부터 반세기도 지나지 않아 정부가, 대통령이 출생과의 전쟁을 선포할 만큼 인구절벽이 이 나라의 심각한 문제로 대두하였다. 시대가 변하면 문화도 바뀌고 사람들 생각도 달라지겠지만, 극과 극을 달리는 모양새가 한마디로 서글프다. 어렵던 시절에 태어난 우리 베이비부머 세대는 구박받는 찬밥 신세로 자라 여기까지 왔는데 인구절벽 앞에 또다시 찬밥 신세로 전락한 건 아닌가 하는 생각마저 든다.

　세상이 바뀌었으니 '어쩔 수 없지' 하면서 그냥 넘어가기에는 뭔가 억울하고 손해 본 느낌이다. 어렵게 자라 힘들게 일하고 나라가 살만해졌다고 특별한 대우를 바라는 건 아니지만 그래도 열심히 산 만큼 노후는 편안해야 하는데 그러지 못해 하는 말이다. 인구절벽으로 당장 일할 사람이 없고 나라의 경제가 축소되는데, 경제활동을 하지 않는 베이비부머만 늘어난다고 아우성이니 마음이 편할 리가 있겠는가. 내가 베이비부머로서 글을 쓰고픈 충동을 일으킨 계기도 여기에서 연유한다. 그냥 열심히 일하고 살아온 베이비부머로서는 '이게 나라이고, 국가인가?'라고 묻고 싶다.

뉴스에서는 베이비부머 세대에 관해 늘 이렇게 이야기한다.

세계적으로도 전무후무한 세대!
우리나라의 경제부흥을 이끈 세대!
지금은 자식을, 부모를 부양해야만 하는 마지막 세대!
농경사회에서 IT시대를 아우르는 유일한 세대!

칭찬인지 비아냥인지 모를 이런 표현들과 함께 최근에는 〈베이비부머가 떠나야 모두가 산다〉(마강래 교수, 2020.3)는 책이 나왔는데, 이 정도로 우리 세대가 찬밥 신세로 전락한 듯해 서글프기만 하다.

마강래 교수는 이 책에서 1,700만 명의 거대인구집단인 베이비부머로 인해 복지문제, 재정문제, 세대 간 갈등 등 사회적 난제들이 대두될 것으로 예상된다고 하였다. 왜? 그 원인을 젊은 친구들이 출생을 꺼리는지에 대한 사회적 병리 현상에서 찾지 않고 만만한 게 또 베이비부머라고 우리를 탓하는지 이해할 수 없다.

마 교수는 또 베이비부머들을 대거 귀향(귀촌) 인구로 흡수하여야 한다고도 했다. 대도시의 인구 과밀을 완화하고 지방 살리기에 이바지할 뿐만 아니라 청년의 미래를 여는데도 필수적 정책이라고…. 이 내용에 공감은 한다. 실제 귀향하는 베이비부머도 꽤 있다. 그러나 또 이용당했다는 생각이다. 귀향이나 귀촌은 본인이 선택할 문제이지, 특정 세대를 겨냥해 정책으로 추진할 일이 아니다. 그러니 내가 더 이상 참을 수 없어 '이건 아니다'라고 할 수밖에 없는 것이다.

마 교수 본인은 베이비부머인지 묻고 싶다. 베이비부머 입장이라면 그렇게 이야기할 수 있는 건지도 묻고 싶다. 한편으론 왜 시골로의 귀향을 꺼리고 있는지, 현재 시골 환경은 베이비부머가 정착할 수 있는 분위기나 환경인지 또 묻고 싶다. 일부 베이비부머가 귀향했다가 적응하지 못하고 되돌아오는 현상은 어떻게 설명하고 이에 대한 대처방안은 가지고 있는지도 따져보고 싶다.

세월이 지나고 환경이 변한 만큼 그런 정책은 실패한다고 할 수밖에 없다. 하기 나름이라고 말할 수 있겠지만, 섣부른 판단이라고 하더라도 참고할만한 내 주변 이야기이니 하지 않을 수 없다.

내게는 나보다 5살 위인 형님이 계신다. 유치원을 운영하시다가 이젠 2선으로 물러나시고 건강하시니까 운동 삼아 유치원이나 학원버스를 운행하신다. 여유가 있으니 노모가 계시는 시골에 자주 가서 부모가 물려주신 땅을 가꾸고 나무도 심고 마을 어르신들을 가끔 시내로 모시고 나가 음식 접대도 해주신다고 자랑을 한다. 노모가 계시고 맏이다 보니 이제 몇 안 계시는 동네 어르신들과 가까이 지내려고 많은 노력을 하고 계셨다.

어느 날 형님께 안부 전화하다가 듣게 된 소식에 의하면 선산에 수십 년 된 나무 몇 그루가 죽어간다고 했다. 심증은 가는데 물증이 없으니 볼 때마다 속상하다고 하소연한다. 안쪽의 커다란 밤나무도 시름시름 죽어가고 있다고 하여 나도 시골에 가 보았다. 나무에 관심이 있는 나로서는 유튜브 등에서 본 내용을 통하여 형님에게 확신에 차서 말씀드렸다.

"형님, 이 나무는요…, 제초제 병에 나무뿌리를 담그고 땅속에 묻으면 이 큰 나무도 고사합니다. 여기 이 큰 소나무는 지 조상 산소에 그늘진다고, 저기 저 논도 나무가 크면 그늘진다고 미리 고사시킨 겁니다. 실제 그늘질 만한 환경이 아닌데 무슨 짓이랍니까?"

나는 확신에 차서 형님에게 얘기하면서 화가 끓어올랐다. 집성촌에서 조카뻘 되는 ○○들의 알량한 피해의식과 이젠 노모 혼자 계신다고 무시하는 세태에 죽이지도, 싸우지도 못하고 울화통이 터진다. 예전의 조상은 한 조상이었음에도 같은 집안에서조차 그런 짓을 하는 것을 보고 실망이 크기도 하다.

한날은 시골 부모님이 물려주신 밭에 어머니가 도라지를 잔뜩 심어 놓으셔서 캐러 갔다. 그런데 어머니께서 밭둑이 무너진 쪽이자 남의 논둑을 향해 호미로 흙에 화풀이라도 하듯이 휙휙 뿌리시는 게 아닌가…? 어머니께 왜 그러시냐고 웃으며 물었더니 아무 말씀이 없으셨다.

이후 형님에게 들었는데 사연은 이랬다.
나는 그 밭에 심었던 감나무를 밭에 작물이나 도라지라도 더 심기 위해서 어머니가 베어낸 줄 알았다. 그런데 그게 아니었다. 밭 밑의 남의 논을 친척 되는 ○○가 빌려 도지로 논농사를 지으면서 그늘진다고 어머니 허락도 없이 감나무를 다 베어낸 것이었다. 내가 아무리 훑어봐도 그 논은 밭의 감나무 때문에 그 늘질 일이 없었다. 그런데도 자기 멋대로 그런 일을 했으니 어머니로서는 화가 치밀만 했다. 아버지 살아계실 때는 꼼짝도 못 하던 인간들이 이젠 어머니를 하찮은 노인네 취급을 하고 있다는데 격분하지 않을 수 없었다.

 더욱이 밭 가에 심어 놓은 밤나무 세 그루를 자기 것이라고까지 했다. 그는 최고 끝에 있는 본인 땅으로 올라가는 길목이어서 본인이 심었다면서 품종이 다르지 않느냐고 끝없이 우겼다. 그 밤나무는 사실 아버지께서 밭에 감나무를 심을 때 밭 가에는 밤나무가 서너 그루 있어야 한다고 심으신 것이다. 그런 엄연한 사실이 있는데도 이젠 아무도 모른다고 정작 내 밭에 그늘지게 하는 밤나무는 자기가 심었다고 우기니 말문이 막힐 뿐이다.

 그렇다고 싸우러 갈 수도 없는 노릇이니 속만 터진다. 내가 시골 가서 살면서 보란 듯이 올바른 방향으로 확 휘어잡을까 하는 생각마저 들기도 한다. 시골 사는 사람이 다 그런 건 아니겠지만 내가 어릴 적 본 순박했던 시골 사람들이 아니다. 형님을 통해서도 시골 인심이 내가 어릴 때와는 달리 변질되었다는 것을 알 수 있었다. 형님은 나에게 가끔 가는 것은 괜찮으나 시골에 가서 살 생각은 하지 말라고 극구 만류하신다. 그래서 요즘 나 역시 은퇴를 앞두고 이리저리 방황을 한다.

 우리 어릴 적 보았던 인심까진 아니더라도 시골 인심이 왜 이렇게 각박하게 변했는지 참 서글프다. 그래도 시골 하면 떠오르는 게 훈훈한 인심인데 도시와 같은 각박함뿐이라면 누가 귀향이나 귀촌을 꿈꾸겠는가? 시골 현실과 환경이 이리 변했는데도 이런 문제에는 눈감고 인구 감소와 지방 소멸 문제를 우리 베이비부머를 통해 해결하려고 하는 세태에 화나는 것이다.

이런 현실 앞에서 내 부모, 내 조상, 내 집과 땅이 있는 나 같은 사람도 꿈이었던 귀향이 망설여진다. 그런데 베이비부머 세대를 싸잡아서 귀향, 귀촌해야 한다고 하면 그 누가 따르겠는가? 설령 그렇게 되더라도 그 부작용은 얼마나 크겠는가?

베이비부머가 이용당한다는 생각에 이에 대응하는 글을 쓰다 보니 개인적인 이야기까지 하게 됐다. 내 생각과 다는 사람도 있겠지만, 나 역시 치열하게 살아오고 노후를 걱정하는 한 베이비부머로서 우리 세대의 이야기를 하다 보니 개인적인 내용까지 언급하게 됐다.

그러나저러나 열심히 사회생활하고 고향으로 귀향해서 옛 친구들과 여생을 마무리하고픈 꿈을 이제는 버려야 하나 고민이 커지고 있다. 이런 고민을 하며 다음의 수많은 생각이 교차한다.

개인의 일인가?
나만의 문제인가?
시대의 흐름인가?
세대의 갈등인가?
아쉬울 게 없는 시대여서 위아래도 없는 시대인가?

생각할수록 고민은 많아지고 시름은 깊어진다.

2부

배고팠지만 해맑았던 좌충우돌 성장기

늘 배고팠던 유년시절

　내가 태어나고 자란 곳은 초가집이었다. 그 집은 싸리와 칡넝쿨을 엮어 담장을 했고 집에 들어서면 우측에는 담배 건조실이 있었다. 바닥을 돌로 쌓고 약 1.5m 높이 위에 집을 지었기 때문에 집이 덩그러니 커 보였고 왼편으로는 소 마구간과 거름으로 이용하기 위한 잿간(부엌에서 땔감으로 쓴 재를 모으는 곳)과 통시(화장실)가 있었다.

　당골 윗마을에서는 우리 집이 맨 윗집이었고 아랫집 네 가구는 내 친구 선동이네, 혜영이네, 종수 형님네와 기억이 나지 않는 어린 아기를 안고 보살피던 당시 젊은 아낙네, 이렇게 다섯 가구가 살았다. 아랫마을은 내 친구 찬옥이네를 포함하여 열댓 가구가 살았던 것 같다.

　마을 뒤로는 산이었고 양옆으로는 밭이 둘러싸고 있었다. 산막골과 뒷산 옆으로 내려오는 청정수의 계곡 물은 생명수와도 같았다. 엄마는 산에서 내려오는 물을 받아 양동이로 물을 머리에 이고 200여m의 거리가 되는 집으로 물을 길어 나르셨다.

　엄마가 물을 길으러 갈 때면 나는 따라가곤 했다. 비가 오면 물이 불어났는데 그때는 강아지풀로 방아깨비를 만들어 띄웠다. 그러면 방아가 돌아갔고 그 모습을 한동안 재미있게 지켜보며 놀았다. 엄마가 물을 다 긷고 가시면 나는 곧 엄마에게로 달려가 치맛자락을 부여잡고는 집으로 오곤 했다.

우리 집은 앵두나무와 고야(자두)나무, 대추나무가 집 뒤꼍으로 참 많이 있었다. 봄에는 앵두를, 가을에는 고야와 대추를 그리 많이 따 먹었던 것 같다. 그러나 그것도 귀한 시절이라 마음대로 따 먹지 못하고 할머니 허락을 받고 따 먹었다.

아랫집 혜영이네 호두나무는 고목이어서 호두가 많이 달렸는데 호두가 열리는 가을이 되면 새벽에 일찍 일어나 호두를 주우러 다녔다. 몇 가구가 되지 않았지만 내 친구 선동이를 포함하여 호두를 주우려는 경쟁이 치열했다. 호두를 하나라도 더 줍기 위해 새벽에 눈만 뜨면 호두나무 아래로 달려갔다

엄마는 꽃을 좋아하셔서 항상 마당과 물길으러 다니는 오솔길에 봉숭아, 맨드라미, 다알리아, 국화 등의 꽃을 가꾸셨다. 봄에는 창꽃(진달래)이 만발하여 잎을 따 먹었고, 여름이면 왕거미의 거미줄로 만든 매미채로 참매미를 잡으러 다녔다. 가을이면 그 어린 나이에 머루랑 다래와 송이버섯을 따러 아버지를 쫓아다니기도 했다.

겨울이면 삼막골 골짜기에서 10대 형님들과 소나무 가지를 꺾어 묶어서 그걸 타고 놀았다. 열댓 명 틈에 나도 옆에 끼어 앉아 있으면, 가파른 얼음계곡을 휘어 감으며 상상하지 못하는 속도로 내려갔다. 그 속도 앞에 대부분이 중간에 나가떨어지고 결국 한두 명만이 아래까지 내려왔다. 그 외에는 제각기 나뒹굴다가 옷가지가 찢어지고, 엉덩이는 물론 몸 곳곳에 상처가 났고 코피가 나는 사람도 있었다. 그때는 그것이 그리 즐거운 놀이였다. 그 일이 이제는 아련한 추억으로 남아 그리움을 불러온다.

형들은 겨울에 얼음을 깨고 개구리와 가재를 잡아 개구리탕을 해먹거나 가재를 구워 먹었다. 나는 그 뒤에서 쭈뼛쭈뼛하며 서 있었고, 그런 나에게 형들은

개구리 다리 한두 개 주곤 하였다. 그때 그 맛은 말로 표현할수 없을만큼 얼마나 맛있었는지 상상이 가지 않는다. 항시 배가 고팠으니 그 개구리 다리가 얼마나 맛있었겠는가.

늘 배가 고프니 먹을 수 있는 건 뭐든지 먹으며 허기를 채우던 시절이었다. 형님은 우리 집은 물론 남의 집 토담 벽의 황토흙을 긁어먹다 들켰고, 내 여동생 기복이는 할머니가 종이로 만든 담배를 피우고 남긴 화로 가의 종이를 먹다가 혼나기도 했다. 나는 화롯가의 꺼진 수껭(숯)을 씹어 먹기도 했다. 숯을 씹으면 빠작빠작 소리가 나는데 그 소리도 재미있고, 식감도 얼마나 좋은지 맛있기만 했다.

배가 고프다 보니 나이를 불문하고 이렇게 아무거나 먹던 시절이었다. 그런 걸 먹다 엄마나 할머니 눈에 띄면 사정없이 혼이 나곤 했지만, 그렇게 혼나고도 어른들의 눈만 돌아가면 또 먹곤 했던 기억이 생생하기만 하다.

유기농 논농사

요즘은 농약이나 비료를 쓰지 않고 자연 친화적으로 농사지은 작물을 유기농이라고 한다. 사실 유기농 농사는 농약과 비료를 써 지은 농사보다 효율도 떨어지고 힘들 수밖에 없다. 그러다 보니 누구나 쉽게 사 먹기가 쉽지 않을 만큼 유기농 농산물이 값이 훨씬 비싸다.

이런 지금과는 다르게 나 어릴 적에는 비료나 농약을 쓰는 게 만만치 않았다. 그러다 보니 지금처럼 퇴비를 이용한 유기농 농사를 지었다. 그때의 방법은 이랬다. 동네 청장년 열댓 명이 봄의 들풀과 새순이 돋은 떡갈나무, 싸리나무를 포함한 새순을 자르고 모아 여기저기 논에다가 넣었다. 모내기 전 쟁기질을 하면 논에 넣어둔 퇴비는 땅 아래로 들어간다. 그다음에 모내기를 한다. 땅 아래서 물과 섞인 나무 순은 차츰 거름(부엽토)이 되어 벼가 자라고 익는 데 양분이 된다. 이를 통해 벼를 잘 자라게 하고 많은 수확을 할 수 있었다.

그때는 십집이 모두 돌아가며 오늘은 우리 집, 내일은 친구 선동이네 집 하면서 상부상조(품앗이)하는 식의 농사 기법이었다. 모두 그 돌처럼 무거운 풋나무의 지게 무게를 감당하며 산에서 내려왔다. 산마루에서 곡예 하듯이 열댓 명이 합창과 장단을 맞추며 앞에서 '우호호호호', 뒤에서도 '우호호호호' 하며 오솔길을 통해 내려왔다.

당시 어린 나의 눈에는 집채만 한 풀덩이들이 굽이굽이 내달려 내려오는 골짜기에서의 모습이 신나는 영화처럼 재미있어 보였다. 마치 긴 기차가 풀숲을 이고 내달리는 모습 같았고 장관이 아닐 수 없었다. 지금 생각하면, 우호호호호 외치던 그 소리는 그 무거운 풋나무의 무게를 견디고 잊으려는 곡소리는 아니었을까…! 그렇게 지게에 실려온 풀과 나무는 집 앞 계단식 논(다랑논)에 들어갔고 썩어 벼를 키우는 거름이 되었다.

집 앞 다랑논에는 요즘 귀하디귀한 땅강아지와 반딧불이 많았다. 초저녁 여름밤이 찾아오면 반딧불이 참으로 많이도 날아다녔고 그것들을 잡고 엉덩이를 잘라 이마에 붙였다. 그렇게 형광 반디가 되어 해영이, 선동이네 친구 집에 찾아가 놀려 주기도 하였다.

논에는 풀과 나무만 들어가지 않았다. 집에서 기르는 소의 똥을 모아 거름으로 썼다. 아버지께서는 지게로 소똥을 논으로 날랐다. 논 군데군데 소똥을 갖다 놓으신 아버지는 그것을 나한테 펼쳐놓으라고 하셨다. 질퍽한 논에 소똥 물마저 흘러나오니 이미 발은 소똥 물에 젖어 있었다. 내키지 않은 상태에서 삽으로 깔짝대니 아버지는 손으로 하라고 하신다. 눈물이 절로 흘렀다. 그리고 발악을 했다. 아버지가 시키시는데 안 할 수 없는 상황에서 손으로, 그리고 온몸으로 악악거리며, 으앙, 으앙 울부짖으며 손으로 소똥을 마구잡이로 휘저었다.

지게로 부어놓은 한 무더기를 마치고 나니 아버지께서 칭찬을 하셨다. 잘했다는 칭찬 한마디에 일순간에 내 마음이 평온해졌고 더 잘하겠다는 의욕이 생겨났다. 몸은 지쳐갔지만 처음과는 달리 의욕이 생기니 일할 맛이 났다. 그 더

럽던 소똥도 더럽다고만 생각되지 않았다. 그렇게 여러 개의 소똥 무더기를 논에다가 골고루 펼쳐놓고서야 일이 마무리됐다.

초등학교 3학년 때 내 키가 118cm(초등학교 3학년 통지표)였다. 내 키보다 더 큰 삽을 들고 일했다는 게 지금 생각하면 기특하기만 하다. 지금 어른이 되어서도 소똥은 여전히 더럽게만 느껴지는데, 3학년 아이가 온몸이 범벅이 된 채 소똥을 펼쳐놓았으니 지금도 상상이 되지 않는다.

아버지도 어렸을 때 할아버지께 그렇게 배우셨을지 모른다. 그걸 그대로 내게 전수해 주신 것 같기도 하다. 그때 아버지는 나중에 세상이 이렇게 변할 것이라 상상이나 하셨을까? 하지만 세상이 제아무리 변해도 우리는 먹어야 살고, 한국인은 특히 밥을 먹어야 한다. 그 밥은 쌀로 만들어지고 쌀 한 톨을 얻는 일은 이렇게 땀과 눈물이 들어가는 일이다.

요즘이야 대부분 기계가 다하고 비료와 농약이 있어 수월하다지만 그래도 사람의 노력과 정성이 들어가지 않고서는 제대로 된 쌀을 얻기 어렵다. 이런 쌀도 그럴진대 유기농이야 말해 무엇하겠는가.

6·25의 상흔과 통시·DDT의 추억

 풍물 엿장수가 질그렁질그렁 가위 소리를 내며 마을 어귀에 들어서면 쇳조각 하나, 고무신 한 짝이라도 들고 쪼르르 가면 엿으로 바꾸어주던 1960년대 중반의 어린 시절이었다.

 바리바리 모아서 그리도 먹고 싶은 엿을 사 먹으려고 6·25 때 묻혀있던 불발탄이 폭탄인 줄도 모르고 마을 어귀에서 가지고 놀다가 폭발하여 동네가 발칵 뒤집히는 사건도 있었다. 불발탄이 신기하기도 하고 거기 붙은 철사를 빼기 위해 돌로 두드리다가 폭발을 한 것이다. 모두를 놀라게 하고 운명을 달리한 아이는 친한 친구 동생이었다. 얼굴 형체도 알아볼 수 없는 자식을 끌어안고 절규하다가 혼절하시던 친구 어머님의 모습이 60여 년이 지난 지금에도 눈에 어린다.

 가난한 집에서 태어나 초등학교도 못 나오고 농사만 짓던 친구들!
 남의 땅에 도지를 주고 1년 농사 후 갚는 소작인 집안의 친구들!
 중학교 갈 나이에 도회지인 부산, 서울로 식모살이 간 친구, 누이들!

 추운 겨울날 서너 명의 마을 누이들을 모아 서울 친척인 조 서방네로 보낼 때 일이 기억난다. 조 서방이라는 분은 용산 미군기지를 대상으로 고물상을 하는 친척이다. 작은집 할아버지의 따님이자 내겐 종고모님 댁이다.

용산 미군기지에서 나오는 고물을 처리하는 일로 제법 돈을 벌었는데 그분 집에 보내서 식모살이를 시키기 위해 누이들을 보냈다. 누이들이 떠나는 날 부모님과 마을 아낙들이 나와서 배웅하며 눈물짓던 모습이 눈에 아른거린다.

물론 어린 누이들을 데려가는 어른이 있었지만, 그때는 모두가 밖으로 나와 팔려가는 자식마냥 객지에 어린 자식을 보내는 부모의 마음을 마을 어르신들도 함께하셨다. 그날을 되뇌어보는 내 마음과 눈에서도 이슬이 맺힌다. 내가 5~6살, 누이들이 14~15살 정도였던 것으로 생각된다.

집안 구석에는 그분을 통해 얻은 미국 아이 모델들의 속옷 홍보용 책자가 있었다. 1960년대인 그때 당시만 하더라도 우리나라는 오직 먹고사는 문제에 치중하던 시절이었다. 그 책자에 실린 아이들의 모습을 우리나라에서는 1980~90년대 백화점 홍보물에서나 볼 수 있었다. 60년대 그 모습은 그때 나에게 충격이었고 꿈에서나 볼 수 있는 일이었다.

어릴 때 우리는 화장실을 변소 또는 통시라 했다. 통시에 가면 볏짚 한 단을 아예 통시 한구석에 갖다 놓고는 온 식구가 볏짚으로 뒤처리를 할 만큼 종이가 귀하디귀했던 시절이다. 혹시라도 야외를 가거나 할 때면 가랑잎으로 해결해야만 했던 시절이기도 했다. 종이 한 장도 귀하던 그 시절에 화려한 속옷을 입은 아이들이라니. 도대체 미국은 어떤 나라일까 궁금해하며 마치 천국처럼 생각되기도 했다.

당시 어린 나는 통시에 가는 게 무섭고 싫었다. 듬성듬성 밑이 다 보이는 나무 널빤지에 걸터앉아 1~2m 되는 곳의 아래를 보면 여름이면 구더기가 이글거리는 공포이기도 했다. 싫고 무서웠지만 그게 생활이니 참으며 차츰 적응을 해왔다. 아버지는 가끔 구더기를 죽이기 위해 할미꽃 뿌리를 캐오셔서 짓이겨 물에 타서 갖다 부으시곤 했다. 어렴풋한 기억이지만 그렇게 독성이 있는 할미꽃 뿌리로 살충제 대체하시는 것을 보며 자랐다.

가끔은 동네 어느 어르신이, 동네 누구누구가 통시에 빠졌다고 했다. 누군가 통시에 빠지면 떡을 해서 집마다 돌려 맛있게 먹을 수 있었다. 통시에 빠지면 액땜을 하여 부자가 된다고 하여 떡을 해서 돌리는 풍습이었다.

우리 가족 중에도 아마 맏이인 기동이 형님이 통시에 빠져서 떡을 해서 동네에 돌린 것으로 어렴풋이 생각난다. 내가 그랬는지는 기억에 없지만, 혹시 모르니 노모에게 한번 물어봐야겠다. 통시에 빠지고 똥독이 올라 피부가 벌겋게 되어 고생한 것이 형님인지? 내가 그랬는지? 확실하지 않으니 자못 궁금해지기도 한다.

한날은 어머니가 여동생한테 칭이(곡식 낱알 고를 때 쓰는 키)를 뒤집어씌우고 작은 바가지 하나를 쥐어주시고는 아랫집 혜영이네 집에 가서 쌀 좀 받아오라고 하신다. 동생은 칭이를 쓰고 아랫집에 갔다. 이미 혜영이네 어머니는 알았다는 듯이 쌀을 한 움큼 쥐어준다. 그리고 돌아서는 동생이 뒤집어쓴 칭이를 두들기며 다시는 오지 말라고 하였다.

칭이를 두드리자 동생은 기겁을 하고는 칭이도, 바가지도 모두 버리고 집으로 줄행랑을 쳤다. 그 모습을 몇몇 어르신들과 우리 가족이 깔깔깔 웃으면서 지켜보았던 추억이 있다. 칭이를 뒤집어씌워 소금이나 쌀을 얻어오게 했던 건 아이들이 밤에 자다가 자꾸 오줌을 쌀 때 썼던 충격요법이자 비방이자 옛 어른들의 지혜가 아니었을까 한다.

또 한 가지 어릴 적의 생각이 난다.
이불과 내가 입는 옷에는 항상 벼룩과 이, 서캐(이의 알)가 바느질한 틈새에 하얗게 있었다. 어머니와 할머니는 저녁마다 호롱불 밑에서 벼룩과 이를 엄지손톱으로 짓이겨서 터트려 잡곤 했다. 지금은 상상할 수도 없지만, 반세기 전에는 흔했던 풍경이 기억 속에 어른거린다.

당시에는 DDT(클로로벤젠과 클로랄에 진한 황산을 작용하여 만든 살충제)를 물에 희석해서 머리에 뿌리고(특히 머리가 긴 여학생, 그래서 당시 남자아이들은 빡빡머리를 하고 다녔음) 학교에서도 소독약인 DDT를 온몸에 뿌려주곤 하였다. 이마저도 귀하디귀했던 시절이었고 DDT가 얼마나 독한 성분이었는지는 성인이 되고 뉴스에서 나오는 것을 보고서야 알게 되었다.

이런 건 우리 집만 특별히 가난해서 겪었던 건 아니다. 모두가 가난했고 모두가 배고프던 시절이었다. 그런 가난을 우리는 찢어지게 가난하다고 표현했다. 참으로 지금 생각해도 눈물 날만큼, 가난한 시절이었다. 지금과 비교하면 격세지감을 느낄 수밖에 없는 시절이다.

짧다면 짧은 불과 반세기 전 일이지만, 바쁘게 살다 보니, 이제는 가난에서 벗어나 풍요로워지다 보니 잊고 지내기 일쑤다. 그러면서도 그 시절을 생각하다 보면 아련한 향수 같은 게 밀려온다. 몇 년 전부터 트로트가 큰 인기를 끌고 있다. 트로트는 어찌 보면 보릿고개의 노래 같은 느낌이 난다. 최근 들어 트로트가 인기를 끄는 이유에는 삶이 풍요로워지면서 반작용으로 옛 시절에 대한 향수나 그리움이 작용하지 않았을까 생각해 본다.

몇 가지 사건을 통해 그때를 돌이켜보았다.
어려움과 가난함도 이제는 아름다운 추억과 기억으로 승화될 만큼 우리는 그때로써는 상상하지 못할 경제 대국이 되기에 이르렀다. 한여름임에도 시원한 도서관에서 최상의 쾌적함을 느끼다 보니 그때의 일이 절로 떠오른다. 그러면서 오십 년 후에는 오늘과 또 어떻게 달라졌을지 궁금해진다.

내 고향 명전당골

- 유아기 할아버지에 대한 기억

내 고향은 월악산 중심의 경상도와 충청도의 경계인 문경이다.

문경 고향 마을 당골(현재는 당곡)의 윗마을 다섯 가구 중에서도 우리 집은 최고로 높은 곳, 언덕 위에 있었다. 나는 그 집에서 1961년 음력으로 제비가 온다는 3월 3일에 태어났다.

어린 시절을 생각하면 소여물을 끓이시고는 나를 등에 업고 떨어질세라, 문지방에 받칠세라, 머리 숙여 사랑방으로 들어가시는 할아버지가 상상이 된다. 구부정하셨던 할아버지 등에 타고 말 타듯이 구르던 네댓 살 때의 내 모습이 진짜의 기억인지, 아니면 이야기를 듣고 머릿속에서 상상해낸 건지는 모르겠다. 하지만 어찌 됐던 이 생생한 기억은 60대 중반으로 치닫는 이 순간에도 어제 같기만 하다.

지나간 추억들이 세월이 갈수록 이다지 생생해질 줄은 몰랐다. 어릴 때의 기억이 잊혀지기는커녕 갈수록 생생해지니 10여 년 전 문득 이 기억을 기록으로 남기자는 생각이 들었다. 10여 년 전부터 마음속에 그리고 있었던 것을 실천하고자 하는 간절함과 지난밤 꿈처럼 지나간 시절이 아쉽다 보니 글을 쓸 수밖에 없다는 마음으로 조금씩 써나가는 중이다.

가장 강렬한 기억 중 하나이다.

추운 겨울날! 사랑방에서 나를 둘러싼 마을 어른, 가족들은 다섯 살이던 내게 숟가락으로 누워계신 할아버지께 미음을 떠드리라고 한다. 절대 잊을 수 없는 기억이다. 내가 미음을 떠드리자 잘한다고 칭찬을 받았고, 그렇게 몇 번을 계속해서 미음을 떠드렸다.

그 일 이후로 할아버지와의 추억이나 기억은 없다.

할아버지가 돌아가신 날은 참으로 눈이 많이 왔던 것으로 기억한다. 계속 눈이 왔었고, 적어도 어른 허리까지 쌓인 눈을 마을 어르신들이 눈길을 만들고 흰 천막을 이리저리 서너 군데 마당에 친 것이 어렴풋이 스쳐 간다. 마을 어르신들이 우리 집에서 많이도 서성이던 모습이 떠오른다. 내가 5살이던 겨울 할아버지는 73세에 그렇게 돌아가셨다.

증조부는 4남매를 두셨다.

할아버지는 현재 집성촌인 근암서원이 있는 문경시 산북면 서중리가 고향이시다. 할아버지 막내 여동생은 조치원으로 시집가시고….

당시 보릿고개라는 시절인 만큼 먹고살기 힘들자 할아버지는 두 동생에게 땅을 물려주고 화전민이 되어 노모(증조할머니)와 당신의 아내(할머니)를 데리고 며칠 먹고살 곡기(그릇, 보리쌀 등 조금의 양식)만을 조금 챙겨 그야말로 산으로, 산골짜기로 들어간 곳이 명전당골이었다.

지금 지도로 거리를 환산하니 집성촌인 산북면 서중리에서 월악산 중심 명전당골까지 승용차로 약 38km(약 58분), 도보로 9시간 25분이 걸리는 거리다.

명전당골 형성과 유래

　내 고향 명전당골(명전 1리)은 현재도 네 개 마을로 구성되어 있다. 이곳은 백두대간에 있는 월악산을 중심으로 충북 괴산, 단양과 경계선이 있으며 경상북도 문경시 동로면에 속한다.

　동로면 홈페이지 자연마을(natural village)을 인용하여, 명전 1리를 소개한다.

▶ **본명전(本鳴田), 명전(鳴田)**

　이곳은 밭에서 항시 새가 울고 있었다고 하여 명전이라 하고 명전리 전체의 중심인 마을이라 하여 본명전이라고도 한다.

▶ **굴바우, 굴암(窟岩)**

　이 마을 뒷산에 위치한 바위에 큰 구멍이 하나 뚫려있는데 마치 굴과 같이 생겨서 굴바우, 굴암이라 불려지고 있다.

▶ **거느기, 건학(乾鶴)**

　이 마을의 주위에 있는 산의 형상이 학이 하늘로 올라가는 모양을 하고 있어 건학이라 불렀다 한다. 이곳 주민들은 보통 거느기라 부르고 있다.

▶ 당골, 당곡(堂谷)

이 마을의 입구에 마루와 같은 연못이 있었다 하여 당곡이라 전해지고 있다. 전설에 의하면 이 연못의 가장 깊은 곳을 용소라 했고 이 용소에 있던 용이 하늘로 올라가다가 벼락을 맞아 이 연못에 떨어져 죽었다고 한다.

나는 네 마을 중 당골(현 당곡)에서 태어났다.

내가 다닌 명전초등학교는 지금은 비록 폐교가 되었지만 동문들의 소식을 2001년부터 전하고 있는 인터넷 카페가 있다. 그 카페 운영자(옥수동)의 명전의 추억을 읽어보니 그 시절의 추억이 절절히 공감되어 이를 인용해 본다.

명전골티, 왜 골티라고 했을까?

아마도 깊은 산 골짝 골짝 너머에 있는 마을이라서 그랬을 게다.
명전을 가자면 용쏘를 지나야 하는데 그곳은
용이 살다 승천했다 해서 용쏘라 한단다. 그곳은 물이 너무 깊어
푸르다 못해 늘 검은 빛을 띠고 있어 두려움을 느끼게 했다.

외가댁이 있고 친구가 살아서 가끔씩 가보곤 했는데
울창한 숲 때문인지, 해 질 녘이면 도깨비가 나타나 장난을 치기도
한다는 소릴 들었기 때문인지 무섭고 두려운 길로 생각되었다.
가방이 없어 보자기에 책을 싸서 어깨에 메고 다녔는데
먹고 난 빈 양철 도시락은 뛸 때마다 왜 그리 딸그락 소리가 나는지…

어느 여름날 어둠이 내리기 시작하는 어스름한 저녁 무렵
늦은 귀가로 마음이 바빠진 친구는 부지런히 뛰어가고 있었다.
장단이라도 맞추려는 듯 빈 도시락은 딸그락, 딸그락, 딸그락,
요란스레 장단을 맞추고

용쏘라는 곳을 막 지나는데 무언가가 뒤에서 계속 모래를
뿌리며 따라오더라는 것이었다.
해는 기울어 어둠이 내리고, 사람은 그림자도 없고, 온몸이 땀으로
범벅이 되도록 뛰고 또 뛰었다고 놀란 토끼 눈으로 친구가 이야기해
주는 것이었다.
지금도 궁금하다.

진짜 그랬는지
세월이 지난 지금 그 시절을 떠올리다 보면 우스웠던 많은
이야기들이 생각나곤 한다.
그때는 무서운 곳이었지만 아마도 지금은 너무도 아름다운 곳이리라!

온갖 종류의 나무들이 제각각 향기를 내뿜고 맘껏 푸르름을
자랑하겠지만, 맑은 시냇물은 마음의 때까지 씻길 정도로
여전히 맑고 투명할 거야!
오돌토돌했던 흙길은 시멘트로 채워졌겠지만
지금 다시 친구들과 재잘거리며 걸어보고 싶다.

세상에 유명한 명산이 있다 한들 그곳만큼 아름다울까?

지금도 가끔씩 명전골티에서 노는 꿈을 꿀 때가 있다.
명전, 굴바우, 그느기, 당골 살던 친구는 어찌 한 명도 보이지 않는지?
보고 싶다 친구들.

굴바우 복남이네 집에서 송별회 하던 생각나니?

명전의 추억 / 2006.05.20. 품바(장창수)

엄마의 울부짖음

"기동아! 네 동생들 데리고 잘 살아야 해…!"

장대비가 억수로 오던 어느 날.
담배 건조실 헛간 멍석에서 5살 위인 형님은 죽을힘을 다해 나뒹굴고 있었고, 형님의 눈에 티끌이 들어간 것을 찾느라고 마을 아낙, 어르신들이 형을 둘러싸고 부둥켜 잡고 있었다. 나는 어른들이 둘러싼 틈새를 비집고 형의 아파하는 모습을 보고 있었다.

그때 어디선가 엄마의 목소리가 들렸다.
"기동아, 기동아!" 하고 울부짖는 목소리에 되돌아보니 엄마였다.

건장한 청년 넷이서 담가(가마니 2개를 엮어 임시로 만든 들것)를 들고 있었고, 엄마는 그 위에 흰 천과 비닐을 덮은 채 누워계셨다. 곁눈질로 보니 엄마는 아픈 몸으로 누워서도 울부짖듯 외치고 있었다.
"기동아, 기동아! 엄마야. 인제 가면 언제 올지 모르니까 네 동생들 잘 챙기고 잘 살아야 해!"

엄마는 빨리 병원에 가야 했지만, 다시는 못 볼지도 모를 자식을 보기 위해 그 힘든 몸으로 헛간에 가겠다고 하여 들렀던 것으로 생각된다. 그렇게 병원

가는 길에 헛간에 들러 그 말씀을 남기고 병원으로 향했다.

하필 그때 형은 눈에 큰 티끌이 들어가 고통으로 나뒹구느라 듣지 못했지만, 나는 지금도 죽음을 목전에 두신 상황에서 간절하고 절박하며 카랑카랑했던 그때 엄마의 목소리가 생생하다. 엄마는 그 와중에 나는 눈에 안 들어왔는지 장손인 기동이 형만 찾으며 부르짖으셨다.

그때 다섯 살이던 나는 엄마를 따라가려고 발버둥을 친 것으로 기억이 난다. 동네 어른들이 그런 나를 품에 안았고 나는 빠져나오려고 발버둥 치던 모습이 눈에 어른거린다. 엄마는 병원을 향해 실려 가고 어린 아들은 엄마를 따라가려고 하는 모습을 보면서, 동네 어른들도 모두 슬픔에 잠기셨던 것 같다.
이 글을 쓰고 있는 지금도 그때가 떠올라 자꾸 눈물이 흐른다.

엄마는 집에서 막내를 낳다가 병원으로 향했다. 머리가 먼저 나와야 하는데 아무리 해도 팔이 먼저 나오는 바람에 어쩔 수 없이 병원으로 간 것이다. 그 급박한 상황에서 차가 없으니 담가에 태우고 갈 수밖에 없는 시절이었다. 어머니를 태운 담가는 동네 건장한 청년 네 명이 들었다. 청년들은 빠르게 병원으로 가려고 했지만 어머니는 담가에 탄 채 영영 못 볼 수도 있는 자식들을 마지막으로 보고 가겠다고 하셨다. 그렇게 헛간에 들른 어머니는 담가에 누운 채 형님에게 유언하듯 울부짖으신 것이다.

그날따라 장대비가 쏟아지고 있었다. 엄마의 말이 끝나자 걱정스럽게 바라보는 동네 어른들을 뒤로하고 병원을 향해 떠났다. 청년들과 아버지는 장대비가 쏟아지는데도 비리길(소로길, 오솔길)을 그야말로 쏜살같이 단양병원을 향해 달렸다. 그렇게 내달리는 모습이 언덕 위의 우리 집에서는 먼발치 서낭당까지 보였다.

그때 담가로 갔던 길은 당시 오솔길이었다. 지금 지도로 보니 도보거리는 약 29km로서 평균 걸음으로 7시간 6분이 걸리고, 승용차로는 51분을 달려야 하는 거리다.

다행히 어머니는 병원에 도착할 때까지 숨이 붙어있었다. 배를 복개한 의사 선생님은 아버지께 아이는 죽었고 어머니마저 돌아가셨다고 했다 한다. 그다음 의사는 복개하여 나온 내장을 다시 배에 집어넣고 대충 꿰매는데 그때 어머니께서 기침을 하는 것이었다. 그 바람에 다시 내장이 밖으로 튕겨 나오면서 어머니가 숨을 쉬셨다고 한다. 의사가 사망했다고 했는데 살아나는 기적 같은 일이 일어난 것이다. 놀란 의사는 잘 봉합하여 마무리하였고 어머니는 그렇게 살아남으셨다.

아버지는 병원에 도착해서 의사 선생님 바짓가랑이를 부여잡고 살려야 한다고 대성통곡하셨다고 한다. 아버지의 간절한 바람과 자식을 두고 떠날 수 없었던 어머니의 절실함이 그런 기적을 만들지 않았을까 생각한다. 안타깝게 생명으로 태어나지 못한 막냇동생은 병원에서 수습하여 강(현재 단양 남한강)이 내려다보이는 아늑하고 양지바른 곳에 잘 묻어주었다고 한다.

병원에 실려 간 엄마는 한동안 보이지 않으셨다. 엄마가 병원에 살아 계신다는 걸 안 나는 엄마가 빨리 집으로 돌아오기만을 손꼽아 기다렸다. 엄마가 없는 가운데서도 시간은 어떻게 어떻게 흘러갔다.

어느 날, 동네 어른들이 웅성거리는 속으로 핼쑥하고 하얀 얼굴의 엄마가 오셨다. 한 두세 달이 지난 후였던 것 같다. 다섯 살 그 어린 나이에도 하얗고 핼쑥한 얼굴의 어머니는 내겐 예쁜 천사 같았다.

그때 어릴 적 애기집(자궁)을 다 들어내면 1년도 못 사신다는 이야기를 들은 기억이 있다. 그리고 아기도 영원히 못 낳는다는 이야기도 들렸다. 엄마는 형을 19살에 낳으셨고 나를 24살에 낳으셨다. 어머니는 18살에 16살의 아버지에게 시집오셔서 35세가 되기 전에 5남매를 보셨다. 그중 내 위의 누나와 막내를 잃고 3남매가 성장하였다.

당시에는 사람에게 해로운 벼룩, 이, 빈대 등은 보통이었고 최근에 발생하였던 코로나처럼 콜레라, 장티푸스 등 전염병들이 유행병처럼 돌던 시기였다. 내 동생처럼 출산 과정에서 죽는 아이들도 많았다. 어머니가 담가를 타고 30km 병원에 갔던 것에서 알 수 있는 것처럼 병에 걸리면 치료를 받기가 쉽지 않았다. 그러니 아이들이 병에 걸리면 병원에 가보지도 못하고 시름시름 앓다 죽기 일쑤였다.

엄마는 나중에 나에게 바늘로 꿰맨 수술지국이 있는 배의 큰 상처를 보여주셨다. 나는 수술 자국만 보고도 엄마가 대수술을 했음을 알 수 있었다. 엄마가 돌아오지 못했을 수도 있었다는 생각이 들면서 겁이 나기도 했다. 만약 그때 어머니가 돌아오지 않으셨더라면 현재 나의 운명도 달라져 있을 것이다. 나뿐만 아니라 우리 가족 모두가 영향을 받았을 것이다. 기적처럼 살아나신 어머니가 당신뿐만 아니라 나를 비롯하여 우리 가족 모두를 살린 셈이다.

참으로 생명은 위대하다. 죽을 고비를 넘기고 1년을 못 사신다던 어머니는 이후에 큰 병치레 없이 살아오시며 엄마이자 아내 역할을 부족함 없이 해내셨다. 비록 15년 전에 위암 수술을 받긴 하셨지만 이제는 아흔을 바라보신다.

그런 사연을 안고 이제 연로한 어머니지만 여태껏 정정하게 잘 버텨주고 계시는 엄마가 있어 행복하다. 나 자신은 아직 불효자식이지만….

할머니의 정과 담배 이야기

- 상상을 초월한 할머니의 시골생활

나의 할아버지는 4남매 중 첫째이셨다. 집성촌(안동 권씨, 안동 김씨, 밀양 박씨)이었던 문경 서중이라는 곳에서 사셨으나 당시 하도 먹고살기 힘들어 그곳을 벗어나기로 하셨다. 할아버지는 농사짓던 땅을 동생들(소란댁, 금동댁)에게 물려주고 방향을 월악산 동쪽 자락의 중심지로 정하고 떠나셨다. 그렇게 듬(시골 깡촌)으로 들어가 화전민이 되어 정착하신 곳이 명전당골이다.

내가 어릴 때 알던 할머니는 주로 산에서 고사리, 취나물, 버섯, 머루, 다래 등을 채취하셨다. 이것들을 머리와 양쪽 어깨에 올리고 심지어 앞치마에까지 담아오셨는데 이 모습을 먼발치서 보면 마치 거대한 풀숲이 움직이는 것 같았다. 할머니는 그 많은 것들을 가지고 집으로 들어와서는 마루에 펼쳐놓으시곤 했다. 할머니는 새벽녘에 산으로 가서 아침 해가 뜰 때쯤 집으로 왔는데 그 짧은 시간에 그리 많은 먹거리를 채취한 것이다.

할머니는 딸만 7공주(고모가 일곱 분)를 낳고 마지막으로 삼막골에서 백일기도하여 외동아들인 나의 아버지를 낳으셨다. 지금은 전설의 고향에 나올 법한 이야기지만, 어릴 때 귀동냥으로 들은 할머니께서 들려주신 백일기도 이야기는 이렇다.

할머니가 매일 기도하며 100일 되었다. 그 100일째 마지막 날에 꿈에 산신령이 현몽하여 정성이 부족하니 4일 더 기도하라고 하였다. 할머니는 그 말대로 100일 후 4일간 기도를 더 하기로 하고 이어가는데 마지막 날 꿈에 떡시루가 반으로 쪼개졌다고 한다.

할머니의 기도 동안 매일 할아버지 꿈에는 산신령이 나타나 침놓는 것을 가르쳐 주었다고 한다. 그러다가 정성을 들였던 삼막골 바위틈에서 침을 얻으셨고, 그 침으로 골짜기에서 의술을 펼치셨다.

고모들은 6·25 때 몇 분이 돌아가시고 내가 태어나 고모들을 알게 될 나이인 7~8살 때는 인근 명전에 고모 두 분과 단양에 한 분(둘째)이 있었다. 건학의 고모는 6·25 때 돌아가시고 고모부가 후처를 얻어(어릴 때 우리 집에 왕래하시던 두 분) 사셨는데, 나는 그분을 친고모로 알면서 살아왔다.

방학 때 고모 댁에 가면 반갑게 맞이해주시고 맛있는 음식은 물론 옷과 신발도 사주셨다. 옥수수와 감자, 고구마도 듬뿍 삶아 주셔서 몇 날 며칠 동안 배불리 먹고 방학 숙제를 하며 지냈다. 그뿐 아니라 동생, 형들과 소먹이 하러 가고, 개구리, 가재, 물고기 잡으러 들로, 산으로 쏘다니기도 했다. 그때의 추억이 반세기가 지났음에도 새록새록 생각이 난다.

　그 시절은 모두가 어려운 시기인지라 마을 이웃 간에, 가족 간에, 형제 간에 서로 돕고 살며 정이 넘쳐났다. 어린 나에게도 이런 점이 느껴지던 시절이었다. 동냥하러 오는 거지도 많았지만, 그냥 돌려보내지 않았고 6·25 전쟁 상이군인이 절뚝거리며 도와 달라고 와도 뭐라도 주려고 했다. 날이 어두워 풍물 장수가 와도, 스님이 지나가다가 하룻밤 묶어 가자고 해도 반갑게 맞이하여 정성을 다하여 식사를 제공하고, 하룻밤 방을 내어주는 그런 정이 있었다.

　사실, 이런 정을 받고, 보고 자란 나는 한동안 현실과 사회생활에 적응이 안 되었고 힘들게 살아올 수밖에 없었는데 이에 관해 이야기하고자 한다. 아내는 나에게 쥐뿔도 없으면서 남에게 못 줘서 안절부절못하는 모습이 옆에서 보인다고 못마땅해하곤 했는데 이 때문에 아내와 여러 차례 언성을 높이기도 했다. 사회는 이렇게 낮추는 사람을 업신여기거나 무시당하니 걱정된다는 이야기를 나 역시 모를 리 없다고 항변한 것이다. 아내의 말이 일리가 없는 것은 아니다. 일테면, 이 사회는 마치 무엇이 부족한 사람을 아래로 취급하는 경향이 있기 때문에 걱정된다는 이야기 일 것이다.

　내가 그러는데는 몸에 밴 습관과 다음과 같은 사연도 있었다.
　80년 어느 날이었다. 20살에 군에 지원하여 휴가 때 집에 들러 온 식구가 큰 상에 빙 둘러앉아 마루에서 밥을 먹는 중이었다. 그때 4~50대로 보이는 한 사람이 집으로 들어왔다. 그는 아침부터 지팡이를 짚고 절뚝거리며 식구들이 밥 먹는 자리로 와서는 머리를 쑥 들이밀면서 말했다. "할머니, 저기 저 반찬과 여기 이 반찬이 맛있어 보이는데 좀 주세요!" 그의 거침없는 태도와 말에 식구들 모두 위축되며 공포감이 들었다.

당시 밥상에는 할머니, 부모님, 당시 고등학생이던 여동생과 내가 있었다. 나는 군복이 아닌 평복을 입고 있었다. 나는 이거는 아니다 싶어 상륙돌격형 머리(해병대 용어, 정수리에만 머리카락을 조금 남긴 삭발)를 한 젊은 혈기에 '이 양반이 여기가 어디라고' 하며 멱살을 잡으려고 했다. 내가 나서자 온 식구가 일어나서 나의 왼팔, 오른팔을 잡으며 말리는 사이 그 거지는 줄행랑을 치고 있었다. 그가 대문 밖으로 도망가는 모습을 보고는 식구들이 나를 잡은 손을 놓자 나는 맨발로 뛰어나가 '거기 서! 안 서!' 소리 지르며 쫓아가는 시늉을 했다. 그때 그가 멀리 줄행랑을 치는 모습이 수십 년이 지난 지금도 생생하다.

그날 그 일이 벌어진 식사 이후 비가 추적추적 내리고 있었다. 비 오는 날이라 식구 모두 집에 머무르는데 오후에 할머니가 나를 불렀다.
"기원아! 니가 없으이 담배 곰방대가 막혀서 담배를 못 먹겠다(연기를 못 피우겠다는 말씀). 곰방대 좀 뚫어줄래?"
할머니 부탁에 나는 곧바로 가느다란 철사를 구멍에 넣어서 막힌 니코틴을 제거하고 곰방대를 뚫어 연기가 잘 나오도록 하였다. 곰방대는 그 길이가 6~70cm 되는데 할머니는 그 대나무 곰방대로 담배를 피우셨다. 특히, 비 오는 날이면은 삽짝문을 멍하니 내다보며 한시름 놓듯이 긴 담뱃대로 연기를 내뿜으시곤 했다. 그런 할머니가 여전히 그립다.
할머니 곰방대를 뚫는 건 어릴 때부터 내 몫이었다. 담배 니코틴에 의해 막힌 곰방대를 할머니는 늘 손자인 내게 뚫어달라고 하셨다. 나는 늘 정을 주시는 할머니 말씀이라면 말썽부리지 않고 대꾸하지 않고 곧잘 따랐다. 그러다 보니 할머니에게 늘 칭찬을 받으며 자랐다. 이런 이유로 곰방대 뚫는 일도 내 차지가 아니었나 싶다.

그날 할머니는 곰방대를 뚫는 내게 말씀하셨다.

"기원아! 니가 아침에 거지를 그리 쫓아 보내고 나니 내 맘이 하루 종일 편하지가 않구나. 앞으로는 그러지 말아라! 살아가면서 거지한테도 배울 점이 있단다."

이 말씀은 당시 나에게 생각거리(삶의 지표)를 안겨주셨고 오늘날까지 살아오면서 잊은 적이 없다. 나의 삶에도 영향을 끼쳤다는 생각이 든다. 이런 영향으로 남에게 내가 능력이 되면 하나라도 주려고 하지 않았나 생각된다. 남에게 주지 못해 안달복달한다는 아내의 말도 나의 이런 모습에서 나왔을 것이다.

할머니가 내게 들려주고 내가 간직하고 있는 이 말의 의미를 얼마 전 회사에서 1개월간 교육 중인 실습생들 교육시간에 들려주었다. 교육생들은 내가 전한 말을 어떻게 받아들였을지 모르겠지만, 나는 모두가 이 말의 의미를 새긴다면 우리가 살아가는 세상이 더 살만해지지 않을까 생각한다. 사실 그 말을 듣던 당시는 그 뜻을 깊이 새기지 않았다. 하지만 살아갈수록 그 말의 의미는 깊어지고 커진다. 그러면서 할머니께서 그 말을 내게 일러주신 뜻도 알아가는 것 같다.

나는 군대에서 담배를 피우기 시작했다. 담배를 배우고 휴가 때 집에 와서 할머니가 담배 피우시는 모습을 보면서야 할머니 흡연이 통상적으로 담배 연기를 들이마시는 게 아니고 입으로만 빨았다가 내뱉는 뻐끔 담배라는 걸 알게 되었다. 그러면서 다행스럽게도 할머니가 뻐끔 담배여서 건강에는 큰 문제가 없겠다고 생각하기도 했다.

  나는 20살에 군에서 배운 담배를 끊으려 온갖 노력을 했지만 허사였다. 그러다가 22년이 지난 42살에 이빨이 다 망가진 후에야 담배를 끊었다. 담배를 끊고 나니 '이렇게 쉬운 것을!' 하며 빨리 끊지 못한 게 후회가 되기도 했다. 담배를 한번 끊은 이후로 기억이 나지 않을 만큼 술을 마신 적은 있어도 담배를 피운 기억은 없다.

  많은 사람이 담배를 끊었다가도 다시 피우곤 한다. 담배에 쉽게 노출된다는 게 문제다. 여러 사람이 모이면 한두 명의 흡연자는 있기 마련이다. 어울리다 흡연자가 담배 피우는 걸 보며 이번만 하고 다시 담배를 입에 대는 순간 금연은 물 건너간다고 봐야 한다. 짧게는 몇 주, 몇 개월, 심지어는 20여 년이 지나도 '어이, 담배 한 대 줘 봐!' 하며 피운다면 그간의 노력이 도로아미타불이 되고 마는 것이다.

  이걸 아는 나는 담배를 보면 겁이 난다. 20여 년이 지났는데도 한 대를 피우는 순간 그야말로 의지가 사라질 거 같다는 불안함에 담배를 보면 겁이 나는 것이다. 이렇게 겁이 나는 게 내가 20년이 넘도록 금연을 유지하는 비결이다. 담배가 보이면 겁이 날 때 담배를 진정 끊은 것이 아닐까 생각해 본다.

  담배를 끊고 나서 느낀 점은 나만 그런 건지 사람이 다 그런 건지는 알 수 없으나, 마음이 바뀐다는 점이다. 내가 담배를 피울 때는 담배 냄새난다고 너스레 떠는 사람이 그리 밉더니 상황이 바뀐 지금은 내가 담배 연기 냄새만 맡아도 불쾌해질 정도다. 내가 생각하기에도 내가 참 간사한 사람 같기도 하지만 이게 비단 나만의 일은 아닐 것이다. 이것만 봐도 참으로 인생은 아이러니하다.

잊지 못할 삼막골의 두 사람

▶ **종수 형님에게**

종수 형님!

당골 살던 기원이입니다. 아직 이승에 살아는 계시는지요?

당골 살면서 제 나이 예닐곱(6~7) 살 되던 해인 1967~8년쯤으로 기억이 납니다.

어느 날, 나와 기동이 형, 종수 형님과 꼴(안들미/쇠먹이)을 하러 삼막골 쪽으로 갔었습니다. 셋이서 골짜기를 지나 산등성이에 이르렀을 때 꿩이 푸드덕 하면서 날아갔답니다.

당시 셋은 기겁하고 놀랐던 게 생각이 납니다.

그 와중에도 기동이 형은 무의식적으로 꿩 알 "내 것"이라고 맡아 놓는 말로 크게 외쳤습니다. 정작 풀숲에서 꿩 알 12개를 찾은 사람은 종수 형님이셨지요. 꼴(쇠먹이/안들미)을 베러 간 우리는 정작 꼴을 베기는커녕 꿩 알 12개를 들고 산에서 내려왔었습니다. 종수 형님께서는 통 사정을 하며 말했지요!

"야, 친구(기동이)야! 할아버지 드리려고 하니 꿩 알 2개만 주라!"

지금은 메추리알과 계란이 그리도 흔한데 그때는 어이 그리도 귀하고 귀했던지…!

저와 제 형님 뒤를 따라오면서 계속 칭얼거리며 할아버지 드리게 꿩 알 2개만 주라는 목소리의 여운이 나이 60 중반이 지나가는 지금도 귓전에 맴돈답니다.

철부지 시절 철없이 뛰어놀던 산골짜기에서의 여운을 가지고 도시에서 세상이 이렇게 변한 줄도 모르고 오늘도 저와 기동이 형님은 열심히 살아가고 있답니다.

형님 건강하시죠?
오늘은 당골 사시던 종수 형님(60대 후반)이 갑자기 보고 싶어지네요.
지금 뵙는다면 메추리알뿐만 아니라 드시고픈 거는 얼마든지 드시도록 실컷 사 드릴 수 있는데….
어디에 살아는 계신지요?
추억이 현실이 되어 뵙고 싶습니다!

2024년 07월 하순 / 영등포 선유도서관에서

▶ **두옥이 아저씨와의 추억**

같은 마을 당골(현재는 당곡)이라 하더라도 우리 집이 있는 윗마을은 5가구 정도였고, 아랫마을은 15여 가구가 살았던 것으로 기억이 난다.

나의 형님인 기동이 형보다 2~3년 선배인 아랫마을 두옥이 아저씨. 당시 7~8살이었던 나까지 셋이서 소가 제일 좋아하는 먹이인 안들미(소꼴)를 하러 삼막골로 갔던 일이 있다. 친형인 기동이형과 나는 평소에도 두옥이 아저씨를 아저씨라고 부르며 따랐다.

우리는 삼막골 골짜기를 지나 산등성이로 갔다. 산신령의 현몽으로 침을 주셨다는 삼막골 골짜기를 지날 때면 우리는 항상 개울 건너 돌 틈 사이 앞 너럭바위에서 큰절을 하고 지나다녔다.

산등성이에 다다라서 기동이 형과 두옥이 아저씨는 지게를 내려놓고 꼴을 베기 위해 각자 낫을 들고 나에게도 낫 하나를 주었다. 왼손으로 꼴을 잡고, 오른손으로 낫을 들고 베는 순간 내 오른쪽 정강이가 낫에 의해 상처가 났다. 당시 엄청나게 피가 났고 둘이서 당황해하는 모습이 선하다.

두옥이 아저씨는 16~7살 되었지만, 그 당시 집에서 담배농사를 했기 때문에 풍년초라 하여 종이에 말아 피우는 담배를 피우셔서 담뱃가루를 가지고 있었다. 당시 다급했던 두옥이 아저씨는 담뱃가루를 상처에 붙이고 소매의 옷가지를 낫으로 잘라 내 정강이의 상처를 싸맸다. 그다음 두옥이 아저씨가 나를 등에 둘러업고, 기동이 형은 자기 지게에 두옥이 아저씨 지게마저 얹어서 지고, 정작 꼴은 베지도 못한 채 허둥지둥 산에서 내려온 추억이 있다.

지금도 오른쪽 정강이에는 그 당시 다쳤던 상처가 크게 자리 잡고 있다. 이를 볼 때마다 그 또한 지나간 아련한 추억으로 남게 된다.

그 사건 이후 3~4년이 지나갈 무렵 두옥이 아저씨는 그 당시 월남전에 가져서 안타깝게도 산화하셨다는 어른들의 이야기를 들었다. 이제야 생각해보니 추억으로만 남길 것이 아니라 퇴직이 얼마 남지 않았지만 30여 년 매일 아침 출근길에 현충원 앞을 지나가는데 한번 찾아뵙지 못한 죄스러움이 생긴다. 하늘나라에 가면 꼭 뵙고픈 중의 한 분으로 기억에 남긴다.

그 삼막골 계곡은 그 동네의 젖줄이나 마찬가지로 거기에서 겪은 유년 시절의 일이 내 인생의 아름다운 추억으로 자리매김해 왔다. 그 계곡에서 겨울이면 얼음 타기, 가재와 개구리 잡기, 여름이면 물속에 들어가 멱감기(수영) 등을 하며 나의 어린 시절을 보냈다. 이후 내 삶을 지탱한 소중한 추억이 깃든 삼막골은 나에게도 젖줄과도 같은 곳이다.

'시게또' 타다 해 지는 줄 모르고…

어릴 적 무심코 불렀던 시게또, 시게또?

어릴 적 추억을 쓰려고 인터넷에서 시게또라는 말을 검색해 보니 전라도와 경상도 지역의 고유 방언임을 알게 되었다. 발음이 왜지 일본어 같은 생각이 드는데 일본어 잔재로 나오지는 않는다.

내가 자랄 때인 1960년대는 해방 후 20년이 됐는데도 일본말 잔재가 여기저기서 있었다. 대표적으로는 벤또(도시락), 사쿠라(벚꽃) 등이 생각난다. 이후 국민적 노력으로 일본어 잔재가 많이 사라지긴 했지만, 아직 남아 있는 것들도 있다. 당구 용어가 대부분 일본어 그대로 사용했는데 최근에는 이도 우리말로 순화되어 사용된다고 한다.

시게또는 사방 3~40cm 되는 나무판에 좌우에 나무토막을 대고, 나무토막 중간에 굵은 철사를 붙인 앉은뱅이 스케이트다. 요즘에는 썰매라 하지만 어릴 적 우리는 시게또라 불렀다.

서울에서의 생활이 30여 년 되어가는데 20여 년 전쯤 서울에서도 엄청나게 눈이 많이 온 적이 있다. 그때 서울에 30cm 눈이 쌓였는데 이 눈 때문에 올림픽대로에서 여의도 63빌딩으로 가려다가 차가 미끄러져서 조그만 비탈길을 오르지 못할 정도였다. 결국 여의도 적당한 곳에 차를 세우고 퇴근한 적이 있다.

다음 날 차를 가지러 갔더니 여기저기 차들이 도롯가에 즐비하게 서 있던 기억이 난다. 이후 수도권에서는 눈이 많이 오는 것을 본 적이 없다.

지금의 겨울 날씨가 춥다 해도 어릴 적 추위에 비하면 아무것도 아닌 것 같다. 그때는 입는 옷이 시원찮아 그랬는지 매년 엄청 추운 겨울을 보낸 기억뿐이다. 요즘에는 처마 끝에 고드름이 달리는 것을 보기가 힘들다. 덜 춥다는 얘기다. 혹여 달렸다 해도 해가 뜨면 이내 녹아 버리고 지붕 위 눈도 금방 녹아 버리고 없다. 눈 보기도 그리 쉽지 않다.

어릴 적에는 눈사람이라도 만들어 놓으면 며칠은 간 것 같은데, 요즘은 눈이 와서 눈사람을 만들어도 순식간에 녹아 없어진다. 어릴 적 눈이 오면 눈사람을 만들며 놀기 일쑤였다. 사립문 밖 한 귀퉁이에다 마당에서 쓸어 밀어내놓은 눈과 여기저기서 긁어모은 눈으로 만든 미끄럼틀도 신나는 놀이터였다.

겨울이라고 눈발이 휘날릴 때면 이런 생각들을 하며 1960년대 유년 시절의 추억을 그려보곤 한다. 그 당시는 놀이 문화나 놀이터가 없던 시절이었다. 그래도 아이들은 처마 끝 고드름이 커 갈 때면 얼음지치기나, 구슬치기, 자치기 등으로 하루해가 어찌 그리 짧았는지 모른다.

추운 겨울에 하는 여러 놀이 중 시게또 타기는 가장 신났고 추억이 더 다양했다. 집 앞 다랑논의 꽁꽁 언 얼음 위에서 하얀 선을 그리며 미끄러지던 속도감은 짜릿한 전율이었다. 거북이 등처럼 턱턱 갈라진 손등, 변변한 모자 하나 없이 빨갛게 언 볼과 귀, 구멍 난 양말에 밑창이 닳아 구멍 난 까만 고무신이

벗겨질라 새끼줄로 질끈 묶은 채 시게또를 타면서도 추운 줄을 몰랐다. 점심시간이 지나고 해가 질 때까지 배고픈 줄도 모르고 시게또 타는 놀이에 빠졌던 어린 시절, 그렇게 하루하루를 보냈던 어린 시절이 엊그제 같다.

아버지나 형들을 졸라 만든 시게또.
손에 쥐기 알맞은 나무막대기에 굵은 강철철사나 긴 대못을 박고 T자 형태 손잡이까지 붙이면 훌륭한 폴대가 되지 않았던가? 쭉쭉 뻗은 소나무 원순을 댕강 날려 만들었는데 이거 한 세트만 있으면 세상 부러울 것이 없었다.

굵은 철사까지도 귀했던 시절 까꾸리(갈퀴)는 훌륭한 시게또 재료였다. 누구라고 이야기는 못 하겠지만, 멀쩡한 까꾸리까지 부셔 시게또 만들다 혼쭐이 난 적도 있다. 겨울이 다가오면 시게또 만들려고 재료를 모아야 하는데 까꾸리 못 쓰는 거 있으면 천만다행이고, 철사 주우려고 온 동네를 이 잡듯 뒤지는 게 일이었다. 운 좋게 양철 물통 보호대 테두리를 구한다면 초특급 시게또 재료였다.

먹거리가 귀한 시기였고 배를 쫄쫄 굶고 손발이 얼어 터져도 시게또를 타는 당시 우리 또래 친구들의 웃음은 한없이 밝았다. 빡빡 깎은 백구머리에 듬성듬성 헌디(부스럼)가 나서 머리가 쥐 파먹은 머리를 하고도 좋다고들 골짜기에서 떠들고 다녔다.

얼음판 위에서 엉덩방아 찧어도, 고무 얼음 타다가 빠져도, 숨어 있어 잘 안 보이는 숨구멍에 빠져 허우적대고, 옷이 젖어 나뭇가지들 모아 불 지피고 옷 말리다 옷에 구멍 내 혼나도, 쌩쌩 달리다 브레이크 못 잡고 돌멩이 같은 데 걸려 맨바닥이나 얼음 위에 처박혀 코피를 부지기수로 쏟아도 마냥 웃음꽃이 만발했던 시절이었다.

이마빼기에 혹도 사라질 날 없었고, 물에 젖은 신발, 나일론 양말 말리다 양말에 구멍 내고, 젖은 옷 말리다 태우고 혼날까 봐 집에 들어가지 못하고 문밖에서 오돌오돌 떨었어도 다음 날이면 또 얼음판 위였으니 못 말리는 아이들이었다.

그때의 하루해는 아마 24시간이 아니고 12시간이었던 거 같다. 어찌 그래 해가 빨리 지는지, 날마다 밤이 되는 게 아쉽기만 했다. 그때 시게또를 타던 다랑논은 광활한 벌판 같았다. 그렇게나 넓어 보이고 길게 보였던 다랑논은 성인이 되어 보니 수로 수준이었다. 그렇게 물이 많았고 넓은 빙판이었는데…!

아이들이 사라진 농촌에서는 이제 앉은뱅이 시게또 타는 모습은 사라지고 말았다. 시게또만 사라진 것이 아니라 우리의 추억마저 사라진 것 같아 안타깝다. 퇴직해서 시골에 정착하고 그때 손자가 시골에 오면 추억의 시게또를 만들어주고 싶다. 손자가 할아버지가 만들어준 시게또를 탄다면 나 같은 추억 하나 간직하지 않을까?

시세또를 이깨에 메고 줄지어 논둑길을 가던 아이들의 재잘거림. 배고프고 마땅한 놀이도 없던 시절이었지만 그때 얼음판 위에서는 배고픔도 잊었고, 정과 따스함이 있었다. 그랬던 얼음판의 시게또가 이제는 추억 속의 풍경이 되고 말았다. 나보다 다섯 살 위인 형은 외발 시게또 하나로 얼음판을 주름잡으며 휘젓고 다녔던 시절이 엊그제 같은데, 어느덧 나는 60대고 그 형님은 벌써 70이 눈앞이다. 그 시절이 또 그리워진다.

시계또와 외삼촌

어릴 적 우리 집은 윗마을 꼭대기의 언덕 위에 자리하고 있었다. 맨 꼭대기에 덩그러니 있는 집이어서 그랬는지 어릴 적에는 엄청나게 큰 집이었다(성장해서 보니 실제는 작음).

집 뒤로는 복숭아꽃이 피고 밤이면 소쩍새와 부엉이가 울어대는 소리 외에는 적막함만이 감돌았다. 당시의 시골은 그야말로 밤이면 암흑천지였다. 집에서 기르던 닭을 잡아먹기 위해 살쾡이가 내려와 닭들이 퍼덕일 때면 온 식구들이 부리나케 뛰쳐나가 쫓아내던 게 일상적인 생활이었다. 물론, 개도 길렀지만 용의주도한 야생성 동물들에게는 속수무책이었다.

정월 대보름이면 집 앞 다랑논에서 아버지께서 만들어주신 얼음 썰매와 쥐불놀이를 하며 신났다. 쥐불놀이는 어두컴컴한 정월 대보름날 저녁에 논두렁을 태우며 빈 깡통에다가 조그만 장작에 불을 지펴 철삿줄에 매달아 휙휙 돌리는 놀이다. 이 쥐불놀이를 멀리서 보면 당시로써는 환상적일 만큼 마치 불덩이가 빙글빙글 도는 모습이 장관이었다.

깡통을 휙휙 돌리다가 공중으로 휙~이익 던지면 마치 밤하늘로 솟구쳐 오르다가 불똥이 떨어지는 모습은 요즘 보는 불꽃놀이를 연상케 하기도 했다. 특히 아랫동네 친구들과 불꽃놀이 싸움을 할 때면 생사를 걸고 할 정도로 양보가 없었다. 짓궂게도 바짝 마른 닭똥을 넣어서 돌리면 닭똥 불꽃이 튀어 근처에 오지도 못하게 하여 아랫마을의 땅 또는 윗마을 땅을 점령하고는 쾌재를 부르며 즐거움을 만끽하곤 했다.

이런 일은 내가 어릴 적이니 나는 형님들(중고등학생 정도) 틈바구니에서 보고 겪으며 유년 시절을 보냈던 것 같다. 당시 부족한 부분들이 많았음에도 불구하고 이런 일로 즐겁기만 했던 유년 시절은 참으로 아련한 추억과 행복의 시간이었다.

그 시절 모든 어머니들이 그러하듯이 나의 어머니도 어려운 살림에 자식들 키우고 일하시느라 인생을 바친 참으로 불쌍한 분이시다. 어머니는 어릴 때 외할머니가 돌아가시는 바람에 엄마의 사랑을 받지 못했다. 외할아버지가 재혼을 하셨는데 가족들을 남겨두고 홀로 6·25 때 북한으로 가셨다고 한다. 남한에 있을 경우 북한에 부역(북한에서 시키는 일)했다는 이유로 처형받을까 봐 북한이 북으로 철수할 때 따라가셨다. 의지할 외할아버지가 북으로 가면서 어머니는 이종사촌댁에 있다가 중매로 아버지를 만나게 된 것으로 알고 있다.

다행히 외할아버지가 재혼을 하셔서 어머니에겐 재혼한 외할머니와 배다른 동생인 삼촌들이 가족이었다. 내가 어린 시절에는 외삼촌들이 우리 집에 놀러도 오고 그랬는데 어린 내가 그런 복잡한 관계를 알 수는 없었고 나에게는 외삼촌일 뿐이었다. 그 시절 엄마 바로 밑의 배다른 남동생인 복난이 삼촌은 집 앞 다랑논에서 아버지가 만들어주신 시게또에 어린 나를 태우고 얼음을 지치다가 내가 앞으로 고꾸라진 적이 있다.

삼촌은 90도로 허리를 구부려서 양 끝이 못으로 된 지팡이 같은 것으로 썰매를 지치듯이 얼음을 지쳐야 하는데, 시계도 앞에 책상다리를 한 상태에서 지치다 보니 삼촌 다리를 뒤로 잡고 있던 나는 삼촌에 의해 앞으로 고꾸라지면서 얼음판에 코방아를 찌었다. 당시 나는 코가 반(자세히 보면 지금도 흉터가 있음)으로 찢어져서 피를 흘렸고, 외삼촌은 놀라 나를 데리고 다급하게 집으로 갔다.

내 상태를 본 어머니는 삼촌에게 애를 이 지경으로 만들어 왔다고 혼비백산하며 삼촌을 나무라셨다. 그때 놀라던 엄마의 얼굴을 지금도 잊을 수가 없다. 본의 아니게 내가 다쳐 당황하며 어머니에게 혼나던 복난이 삼촌을 보며 나는 그때 아무 말도 못 했다. 이제라도 그때 내가 죄송했다고 말씀드리고 싶은 마음이다. 외숙모는 돌아가시고, 아직 충북 괴산에 계시는 복난이 삼촌을 찾아뵤야겠다는 생각을 해 본다.

나의 아버지는 위로 7명의 누이를 두고 막내로 태어났다. 16살에 18살의 어머니와 결혼을 했으니 신부보다 2살이 어렸다. 어머니도 그렇고 아버지도 초등학교 문턱에도 가지 못하셨으니 못 배운 게 한이라며 자식들 교육열은 참으로 대단하셨다. 그래서인지 그 시절에 나와 형님에게 대학교도 부족하여 소 팔고, 땅 팔아서 대학원까지 공부를 시켜주셨다.

비단 나와 형만 그랬던 건 아니다. 당시 농촌에서 대학에 진학한 이들 모두가 부모의 교육열 덕분에 땅 팔고, 소 팔아 대학교에 다녔다. 그러다 보니 대학이 우골탑이라는 이름으로 불리기도 하였다. 그때 당시 농촌에서 대학교에 보낸다는 것을 소와 땅을 팔고 부모의 의지와 노력만으로 되는 일이 아니었다. 이 모두를 이겨내고 그 당시 부모들은 자식을 대학에 보내 가르쳤다. 부모님의 농사짓는 모습과 시골생활은 지금 생각해도 눈물겨울 만큼 처참하기 그지없는 생활이었다. 그 심정을 글로서 다 표현하지 못하지만, 이 글을 쓰는 이유이기도 하다.

막내 여동생은 여식이라는 이유로 부모님 역시 수수방관한 측면이 있어 여동생에게 미안한 마음이 크다. 철이 들어 무얼 도와주고파도 나 역시 가정을 꾸리고 살아가고 있어 내 어릴 적 감정과 생각보다 처자식이 우선이다 보니 안타까운 마음만 안고 살아가고 있다. 이젠 여동생도 곧 60 환갑이 다 되어 나보다도 월등히 잘살고 행복한 가정을 꾸려가고 있다. 가끔 만날 때면 오빠들은 끝까지 공부시켰는데도, 부모님 봉양은 하지도 못하고 먹고살기 바쁜 양 그리 살고 있다고 원망 아닌 원망을 하기도 한다.

인생은 어쩌면 모두에게 빚을 지는 일이 아닌가 한다. 나 역시도 부모님과 여동생에게뿐만 아니라 아련한 추억의 고향 형님, 친구들, 돌아가신 동네 어르신들과 내 주변의 모두에게 많은 빚을 졌다. 마음만은 그 빚을 어떻게든 갚고 싶지만, 현실은 늘 녹록지 않다. 빚을 지고 살아가는 인생이 서글프기도 하다. 하지만 아직도 기회는 있다. 가까운 시간, 더 늦기 전에 남은 인생을 정리하며 빚진 것을 갚고 봉사 활동하는 마음으로 여생을 마무리하고자 한다.

화전민과 구황식물(감자, 고구마), 보릿고개

할아버지는 4남매 중 맏이셨고 고향인 문경 산북면 서중이라는 곳에서 보릿고개를 넘기기 힘들다고 동생들에게 땅마지기를 넘겨주고 골짜기인 명전당골(현재 당곡)로 들어와 터를 잡으셨다.

내 어릴 적 집 뒤뜰에는 장마가 지고 나면 감자굴에 물이 차서 얼마나 깊었는지, 돌을 던지면 풍덩 하고 소리가 날 만큼 커다란 물웅덩이가 만들어졌다. 커다랗다는 건 내 어릴 적 느낌이기에 어른이 되어 생각해 보면 보잘것없는 조그만 웅덩이였음은 말할 나위가 없다.

그 감자굴에 물이 빠지고 얼마 지나지 않으면 감자 썩은 냄새가 진동을 한다. 할머니는 그 썩은 감자가 아까우셨던지 긁어모으셔서 정성스레 단지에 담으셨다. 쿰쿰하고 역겨운데도 그 썩은 감자를 단지에다가 모아서 으깨셨다. 그리고 한가득 물을 부어 두시고는 한동안 그냥 내버려 두신다.

그리고 매일 물을 갈아주기를 몇 번, 그렇게 며칠이 지나면 시커먼 감자개떡을 맛볼 수 있었다. 가라앉은 녹말가루는 흰색이지만 적당히 반죽을 해서 도넛같이 찌면 시커먼 감자개떡이 된다. 거기에 커다란 완두콩이라도 네댓 개 들어가 있으면 고소하고 쫄깃쫄깃한 게 그리도 맛이 있었다.

이제야 설명을 할 수 있다.

썩은 감자의 녹말가루로 만든 못생긴 것을 감자개떡(아주 진한 검은색)이라 하고, 싱싱한 감자를 갈아서 녹말가루로 만든 것은 감자떡(잿빛 회색)이라 하던가! 아무튼, 둘 다 쫄깃하여서 맛은 좋다. 영양 가치는 알 수는 없으나, 썩은 감자로 만들었다고 해서 썩은 맛이 나지는 않았다.

요즘도 고속도로 휴게소에서 가끔 감자떡을 사 먹고는 어릴 적 먹었던 감자개떡이 그리울 때가 있다. 하지만 감자떡은 먹을 수 있어도 감자개떡은 어디에서도 찾아볼 수가 없다. 갑자기 감자개떡과 할머니가 생각나서 몇 자 적어보았다.

▶ 화전민

화전농사는 그야말로 일정한 구역을 정해서 더 이상 불이 번져나가지 못하도록 한 다음 산비탈에 불을 지피고, 그 땅에서 짓는 농사이다. 산에서 무슨 농사가 되겠냐고 생각하겠지만, 나무나 풀이 타고나면 그 재가 거름이자 영양분 역할을 해서 비옥한 토양으로 바뀌어 곡식이 참 잘되었다.

내가 태어나고 먹고 자란 유년 시절의 명전당골 삼막골에서는 이렇게 감자를 심어 거두었다. 요즘은 마대자루, 비닐괴 포대 등 담을 것들이 여유롭지만, 그때는 담는 것은 오직 볏짚으로 엮은 가마니뿐이었다. 가마니에 감자를 담아 여기저기 비탈길에 놓아두면 아버지께서 지게로 나르셨다. 감자는 그야말로 돌덩이만큼 무겁다. 그런데도 아버지는 그 무거운 감자 가마니를 산비탈을 오르내리며 거뜬하게 나르셨다.

감자를 캘 때면 성인 주먹보다 큰 감자들이 비탈진 곳에서 주렁주렁 참으로 많이도 달려 나온다. 주렁주렁 나오는 게 신기하고 재밌기도 해 어린 나는 감자 캐는 일이 즐겁기도 했다. 고사리손으로 감자를 하나, 둘 가마니에 담으면 할머니, 부모님은 나를 칭찬했고 그 칭찬에 나는 더 열심히 일을 도와드렸던 기억이 있다.

감자는 봄철인 2~3월에 심어 5~6월에 캤고, 고구마는 5월경에 심어서 9~10월 서리가 오기 전에 수확했던 것으로 기억난다. 감자나 고구마, 둘 다 심은 지 거의 100여 일이 지나 영글어서 캔 다음 저장해서 그것을 주식으로 삼았다.

보리농사는 늦가을에 씨를 뿌리고 겨울을 나고 봄이 되어 4~5월 벼를 심을 때쯤 수확을 했다. 보리를 수확하기 전에는 양식이 떨어져 끼니를 걸러야만 되는 시기이기도 하다. 그때가 되면 들로, 산으로 가서 새순이 나오는 고사리, 고비, 참나물, 취나물, 돌나물, 냉이, 쑥, 도라지, 더덕, 다래순, 고들빼기, 민들레 등 흔히 볼 수 있는 봄나물을 채취했다. 봄이 지나면 그때는 열매를 따러 다녔다. 뽕나무 열매인 오디, 살구, 매실, 산복숭아, 앵두, 자두 등을 땄고, 어린 시절 내 눈에는 그 열매들이 주렁주렁 달렸던 것으로 생각된다.

그리고 담배농사와 누에치기(양잠)가 있었다.
담배농사는 여러 농사 중에도 상농사로 가장 힘들다는 농사이다. 부모님은 담배농사도 마다치 않으셨고 나도 큰 도움은 안 되지만 조금이라도 부모님을 도우려 했다. 봄에 또 푼돈이라도 만들려면 누에고치 농사를 지으셨다. 누에고치는 농사가 아닌 누에치기라고 한다. 따스한 아랫목에 좁쌀보다 작은 누에

고치 알을 깨우고 길러서 일정한 온도에 맞춘 방에서 발(칸막이)에다가 누에를 기르게 된다. 그리고 발에 뽕잎을 올려주면 뽕잎을 먹고 누에가 자란다. 누에와 동침했던 일화는 다음 글에서 여유가 있으면 써보고자 한다.

▶ 화전민, 화전농사

앞에서 감자를 화전을 통해 기르고 수확했다고 언급했다. 지금은 사라진 화전농사이지만 과거에는 우리의 한 역사이자 생활인 화전이었던 만큼 여기서 화전에 대해 자세히 소개한다.

다음 내용은 한국민족문화대백과사전을 인용했다.

화전부락(火田部落)이라고도 한다.

화전농업은 극히 원시적인 약탈경제의 한 형태로, 산간지대나 고원(高原)의 초지(草地)를 태우고 난 뒤 그 땅에 밭곡식을 심어 거의 비료를 주지 않고 경작하는 것을 말한다.

화전농업을 하는 지역은 대부분 평야 지대와는 달리 수도작(水稻作)이 불가능한 산간계곡지대에 속한다. 특히 우리나라는 전 국토의 70%가 산악지대이므로 화전농업에 유리한 조건을 갖추고 있다.

우리나라 화전의 기원은 명확하지는 않다. ≪삼국사기≫의 기록에 의하면, <창녕신라진흥왕척경비>에 '백전(白田)'이라는 두 글자가 답(畓)이라는 글자와 구별되어 나타나는데, 이 백전이라는 두 글자를 화전으로 보기도 한다. 또한 함경남도·함경북도 변경지역 산간벽지에서 생활하는 재가승려(在家僧侶)들의 화전농업이 우리나라 화전농업의 기원이라는 설도 있으나 확실하지 않다.

화전이 기록상 분명하고 제도상으로 인정된 것은 고려 시대의 일이다. 즉, 고려 시대의 전제(田制)에는 불역전(不易田, 당시 경작하는 밭)·일역전(一易田, 경작하기도 하고 폐경하기도 하는 밭)·재역전(再易田, 3년마다 경작하는 토지)의 구분이 있었는데, 일역전과 재역전의 경작방법이 근래의 화전 경작방법과 비슷하다는 것이다.

조선 시대에는 제도상 인정(人丁, 인부)뿐만 아니라 화전 소재의 지명록을 작성하여 세금을 부과하기도 하였다. 이때 전국 각 지역에 흩어져 있는 화전의 실제 파악, 다시 말해서 소재지·과세대상자를 파악하는 일과 과세율을 결정하는 일이 어려웠다고 한다. 영조 이전에는 지역에 따라 차등 과세하도록 하였으나, 영조 때에 이르러 화전을 6등전(六等田)으로 일률 과세하게 하고 있다.

한말에는 화전을 2등급으로 구분하여 과세하게 하였다. 일제강점 후에는 비과세지로 하다가 1914년에는 과세지로, 8·15광복 후 농지개혁에 따라 비과세지로 바뀌게 된다.

우리나라의 화전민은 주로 산악지대에 분포되어 있었다. 1928년의 통계에 의하면, 전국의 화전민 수는 화전과 숙전(熟田, 해마다 농사지어 먹는 밭)을 포함하여 120여만 명이고 약 24만 호가 있었으며, 전체 화전 면적은 39만여 정보에 달하는 것으로 알려져 있다.

지역적으로는 개마고원을 중심으로 한 함경남도·함경북도, 낭림산맥을 중심으로 한 평안남도·평안북도 등 북부지방에 전국 화전민의 70%가량이 살고 있었다. 그 밖에 태백산맥을 중심으로 한 강원도와 지리산을 중심으로 한 남부지방에 분포하고 있었다.

1965년 남한만의 화전 농가 호수는 4만7000여 호로 집계되고 있으며, 화전민 수는 강원도가 전체 농업인구의 12%에 해당하는 20여만 명, 충청북도가 2만여 명, 경기도가 8,000여 명, 경상북도가 6,000여 명 등 27만 5,000여 명으로 나타나 있다. 1960년대만 하더라도 화전 농가의 수는 매년 5,000여 호가 증가하고 있었다고 하나, 현재는 화전 자체가 법령으로 금지되어 있다.

화전부락을 형성하는 데 영향을 끼친 가장 큰 요인은 화전경작에 유리한 지리적 조건을 가지고 있기 때문이다. 수리시설이 충분하지 않고 절대 농지가 부족한 때 토지를 갖지 못한 소작농민들에게 화전농업은 최선의 선택이었는지도 모른다. 특히, 북부지방의 경우 미개간지가 많을 뿐 아니라 대개가 국공유림이고 보니 토지를 매입하지 않고도 쉽사리 경지를 확장, 개간할 수 있었다.

화전민 수의 증가요인은 정치적 요인, 경제적 요인, 종교적 요인 등을 들 수 있다. 국내외의 전쟁, 신분 간의 갈등 등 정치적 불안정과 과중한 과세 부담이나 소작료 납부 등으로 인한 경제적 빈곤 등도 중요하지만 이것들은 배출요인이고, 용이한 경작지 획득 및 확보가 가장 큰 흡인요인이다. 이 두 가지가 어우러져 산간지대의 인구 증가를 가져온 것 같다.

화전은 대부분 산간지대에서 이루어지는 것이 특색이다. 산간의 경사도는 20~30°가 대부분이지만 경우에 따라서는 40°가 넘는 경사지에 화전을 일

구기도 한다. 화전의 최적지로는 토양이 좋은 곳, 경사도가 완만한 곳, 햇볕을 잘 받는 곳, 토층이 깊고 자갈이 적은 곳을 들고 있다. 따라서 화전부락은 최적의 화전이 있는 산간지대의 산기슭에 자리 잡게 마련이다.

그러나 화전 경영형태에 여러 종류가 있기 때문에 일률적으로 이렇게 말할 수는 없다. 이른바 독가촌(獨家村)이라고 하여 경작할 만한 곳이 있기만 하면 마을에서 멀리 떨어진 곳에도 주거를 정할 수 있기 때문이다. 우리나라의 화전부락은 그 생성 시기가 늦을수록 해발고도가 높아져 가고 깊은 산속에 자리 잡고 있다.

경작물에 따라 강원도 화전지역은 보리·옥수수를 주 작물로 하는 저지대와 감자·조·옥수수를 주 작물로 하는 고지대로 나눌 수 있다. 그러나 화전 경작의 특성을 보다 많이 가지고 있는 곳은 고지대이다.

화전농업은 원래 파종에서 수확에 이르기까지 밭매기의 중경(中耕, 사이갈이)이나 제초작업이 없고 비료를 주지 않는 것이 특색이므로, 화전을 약탈경제라고 한다. 그러나 실제로는 지력(地力)이 점차 약해져 중경이나 시비(施肥)를 하는 곳도 많다.

대부분의 화전민은 집과 경작지가 대체로 떨어져 있으므로 평지의 농가보다 수확물 운반에 많은 시간을 필요로 한다. 또한 평지와는 달리 작물을 매년 바꾸는 윤작(輪作)을 하는 것이 특징이다.

화전민의 주 수입원은 보리·옥수수·콩·팥·감자·고구마·조 등 곡물 생산에 있으며, 지역에 따라 약초 재배를 하기도 한다. 이들의 주식은 보리와 감자이며, 옥수수는 주식을 보완하는 간식에 속한다.

화전부락은 산간 고지대에 위치해 있어 산과 밀접한 관련을 가진 신앙이 성행한다. 행정·구역으로보다는 자연마을을 단위로 사회조직이 발달하고 신앙체계가 이어진다. 특히, 산신을 위한 서낭당을 지어 모시며 각 집마다 별도의 당목(堂木)을 모시는 경우도 있다.

화전부락에서 흔히 사용되는 도구는 목제품이 대부분이고, 각종 수목의 뿌리를 이용하여 도구를 만들어 사용하기도 한다. 특히 주거지가 서로 멀리 떨어져 있으므로 가족의 독립성이 높은 것도 또 다른 특징이다.

화전의 가장 큰 폐해는 약탈경제로 인한 산림의 황폐화에 있다. 그 밖에 산지의 유실, 사태, 저수지의 매몰, 한발, 홍수, 수원의 고갈 등을 일으켜 그 폐해는 이루 말할 수 없다. 더욱이 화전민의 증가는 폐해의 가속화를 일으키게 되었다.

본격적으로 화전을 금지하게 된 것은 1960년 화전 정리에 관한 법률이 공포된 이후의 일이다. 조선 시대나 일본강점기에도 화전 정리를 위한 노력이 없지는 않았으나 실효를 보지 못하였다. 이후 1976년에 화전 정리사업이 종결되며, 그간에 산림보호를 목적으로 산림청이 신설되기에 이른다.

특히 1960년대 말의 울진·삼척공비사건 때 적의 침투로를 봉쇄할 목적으로 화전경작 금지에 박차를 가하게 되었고, 주민들을 외딴곳에서 평지로 집단 이주시키기에 이르렀다. 그러니까 제도적인 화전부락의 소멸은 1976년에 종결되었다고 볼 수 있으며, 오늘날에는 화전농업의 관습을 지닌 구 화전민 마을들이 강원도의 산간지대에 산재되어 있을 뿐이다.

학계에 알려진 대표적인 구 화전민 마을은 강원도 삼척군 도계읍 신리이다. 화전부락의 문화는 목기시대문화(木器時代文化)라고 할 수 있다.

대표적 화전민 마을로 꼽히는 강원도 삼척군 도계읍 신리와 내가 태어나고 자란 경상북도 북부지역인 월악산 중심의 명전리를 다음 지도를 통해 대비해본다.

강원도 삼척군 도계읍 신리

문경시 동로면 명전리

국민(초등)학교에 입학하다

추수철인 가을이면 우리 집 앞이자 혜영이네 집 뒤뜰의 고목 호두나무에서 밤새 떨어진 호두를 친구 선동이보다 먼저 줍고자 새벽같이 갔다는 이야기는 앞에서 언급했다. 그때는 눈 뜨자마자 삽짝문을 지나 호두나무 밑으로 가서 풀숲을 헤치며 호두 알맹이를 줍는 것이 하루의 시작이었다.

지금은 상상할 수 없는 그 당시의 부모님들은 먹고사는 문제, 그리고 자식들 잘되라고 공부시키는 문제에 희망을 걸고 악착같이 일하였다. 내 부모님도 그렇게 열심히 일하셨기에 내가 아침에 눈 뜨면 일하러 가시고 집에 없는 적이 흔했다.

어느 날, 그날도 내 기억으로는 아침 일찍 모두 들에 일하러 가시고 집에 아무도 없었다. 정확한 기억은 아니지만 만날 만나 딱지치기, 팽이 돌리기, 자치기, 개구리, 가재 잡고 놀거나 소꿉놀이하며 놀던 선동이 친구가 학교에 간다기에 나도 그냥 따라나선 것 같다. 지금 그때 당시를 추정해보면, 선동이 어머니께선 나에게 '너는 내년에 학교 가야 한다'고 했을 것으로 생각된다.

그날도 나는 선동이와 놀려고 선동이 집에 갔는데 선동이가 학교 입학하러 간다고 왼쪽 가슴에 손수건(콧물을 닦도록 그 당시는 왼쪽 가슴에 손수건과 명찰을 옷핀으로 꽂아 담)을 달고 어머니와 학교 갈 준비를 하고 있던 것으로 기억된다. 자라면서 나중에야 알게 된 사실이지만 선동이와 혜영이는 나보다 한 살이 많았다. 당시 친구로 지내며 함께 놀았지만 어린 우리는 나이 차이에 관심이 없으니 모르는 게 당연했다.

앞집 뒷집이어서 눈만 뜨면 나는 선동이네, 혜영이네 집에서 또 이 친구들은 우리 집에서 공기놀이와 메뚜기와 매미 잡기 놀이를 하며 지내는 사이였다. 그날은 혜영이, 선동이 둘 다 부모님과 같이 학교에 간다기에 나도 그냥 졸졸 따라 학교에 갔다. 당시 오솔길을 따라 걸어갔는데 그리 힘든 줄을 몰랐다. 지금은 큰 도로가 났는데 지도검색을 해보니 현재도 4.7km, 성인 걸음으로 1시간 10분이 걸리는 거리로 나온다.

당시는 명전국민(초등)학교이고 한동안 분교였다가 현재는 폐교된 상태다. 학교에 도착해서 보니 어린 내 눈으로 본 학교는 으리으리하게 컸다. 학교에는 같은 또래 친구들 60여 명이 부모님들과 함께여서 북적이고 있었다. 부모도 없이 친구 따라간 나는 떨어질세라 선동이 뒤에서 옷을 움켜잡고 불안한 눈치만 보고 서 있었다.

한참을 서 있으니 키 큰 순서대로 줄을 서라고 하였다. 그래도 내가 60여 명 중에 다섯 번째다. 선동이는 나보다 조금 커서 여덟 번째 정도에 있었던 것으로 기억된다. 지금 생각해도 땅꼬마였다. 60여 년 전 초등학교 3학년(당시 9살) 때 통지표를 보니 내 몸무게가 21kg, 키가 121cm이다. 지금 5살 손자가 내 초등학교 몸무게와 키이니 상상이 되지 않는다.

선생님이 출석부를 작성하기 위해서 나에게 어디 살고 부모님 존함이 뭔지 묻는데 나는 눈만 멀뚱거리고 있었다. 그때 우리 집 숟가락 숫자까지 아시는 선동이 어머니께서 나에 대해 설명을 해주셨고 그렇게 초등학교에 입학하게 됐다. 친구 따라 강남 간다는데 나는 친구 따라 학교에 갔다가 일곱 살에 입학한 셈이다.

그때 작성됐던 출석부는 내가 초등학교 4학년 때, 면 단위로 전학 올 때까지 선생님이 매일 출석 체크하며 불렀는데, 내 앞의 친구들 이름이 60여 년이 되었는데도 기억난다. 1학년부터 6학년까지 전학 간 친구들이 있다면 빼고 그대로 변함이 없었을 것이다. 차례대로 '장명수, 장응수, 김백현, 서승호, 권기원…'으로 이어졌다. 그래서 같이 입학한 친구로 당골 윗동네는 나, 선동이, 혜영이가 있었고, 아랫동네는 찬옥이 친구가 있었다.

당시 골짜기에는 강줄기를 따라 초등학교를 기점으로 옥수동, 차갓, 당골, 명전, 굴바우, 거내기로 불리는 마을로 형성되었다. 당시 마을별 가구 수와 친구들을 대략 추정해보면 옥수동은 15가구, 친구들은 승호, 백현이, 명수, 응수, 영심이, 기억나지 않는 여자 동창 등 5명이었다. 차갓은 동락이, 춘자, 인효, 상만이 등 4명, 당골은 앞에서 이야기한 나를 포함하여 4명, 명전은 진환이를 포함하여 여자 동창 등 2명, 굴바우는 경무, 영무, 해숙이가 있었고, 거내기는 밀대같이 덩치가 컸던 왕연이 친구가 있었다.

물줄기(냇가)를 기점으로 당시에는 충청북도 단양군과 경상북도 문경군으로 구분되었는데 경상북도에서 운영하는 명전국민학교가 1948년경 설립되었다.

그래서 단양에 속해있는 멍어티, 방곡등 각 골짜기에서 친구들을 합하여 당시 한 학년에 63명 정도였던 것으로 기억한다.

등교하다 보면 각 골짜기에서 등교하는 친구들을 마주하게 되는데 겨울철이면, 누런 코가 입술까지 내려오다가도 훌쩍하면 금방 없어지기를 반복하던 코흘리개 준태 친구, 소아마비로 왼쪽 다리를 절뚝절뚝하며 등교하던 병화 친구, 새촘하니 말없이 논둑길을 아장아장 걷던 진짜 땅꼬마 순자 친구 등등도 생각난다.

등하교하는 공포의 오솔길과 무장공비 소동

학교에 가고 오는 등하굣길은 그야말로 공포 자체였다.

오솔길이었던 등하굣길은 짐승들이 다니며 출몰했고 그 폭도 3~40cm에 불과할 만큼 좁았다. 그 오솔길에 풀이 자라면 풀뿌리에 걸려 수시로 넘어졌다. 그 길을 혼자 가는 건 누구도 엄두를 못 낼 만큼 두려운 길이었다. 여기에 더해 울진삼척 무장공비 침투사건이 터지며 그 길에서 간첩이 나와 이승복처럼 당하지 않을까 하는 걱정이 두려움을 키웠다. 울진삼척 무장공비 침투사건이 있었던 1968년에 나는 1학년(7살)이었다. 이승복은 1959년생이니 제때 입학했다면 그때 나보다 한 학년 선배인 2학년이긴 하나 내 또래인 셈이다.

울진삼척 공비 침투사건으로 사망한 이승복 만화가 학교에 비치되어 사건 전말을 자세히 알 수 있었다. 만화에는 이승복이 공비들한테 입이 찢어지고 돌로 짓이겨져서 처참하게 살해된 장면이 그대로 나왔다. 어린아이들이 보는 만화임에도, 이런 잔혹한 장면이 그대로 묘사됐고, 당시 북한 공비들이 쓰는 말투 '이~ 쌍, 아가리' 등이 그대로 실렸다. 당시 반공과 애국정신을 고취하려는 교육을 목적으로 어린이들에게마저 잔혹하고 선정적 내용을 여과 없이 보여준 것 같은데, 어린 우리들은 공산당에 대한 두려움이 커질 수밖에 없었다.

그때는 어딜 가나 반공방첩이라는 표어가 보였고, 미술 시간에 표어를 쓰거나 포스터를 그릴 때면 여지없이 '때려잡자 공산당, 무찌르자 공산당'이 등장했다. 또 포스터에는 38선을 그어놓고 북한은 빨간색을 칠했으며 그들을 빨갱이라 불렀고, 남한인 우리나라는 푸른색으로 그렸다.

이 시기에 우리 마을 당골에도 커다란 사건이 발생하였다.

해프닝으로 끝난 일이긴 하지만, 당시 그 시기에 명전당골에도 무장공비가 나타났다고 그 작은 동네가 발칵 뒤집힌 적이 있다. 어느 날 아침에 일어나보니 마을 어귀 고목인 버드나무를 중심으로 중무장한 군인 아저씨들이 온 마을에 진(천막)을 치고 있었다. 늠름하고 총을 멘 군인 아저씨들이 있으니 든든하기도 했지만 호기심도 가득 일기도 했다.

마을 입구 첫 집인 숙자네 집에 무장공비가 침입해서 권총을 들이대면서 먹을 것과 돈을 요구해서 줬더니 금방 사라졌다고 하여 군인이 출동한 것이었다. 그 엄중한 시기에 공비가 나타났으니 동네가 발칵 뒤집히지 않는다면 그게 더 이상한 일이었다. 밤 11시경 긴급하게 신고를 받은 경찰과 군인들은 새벽 3~4시경에 마을에 도착했다고 하니 그 당시로써는 지금 생각해도 빠르게 대처했다는 사실을 알 수 있다. 그 당시에는 마을마다 하나밖에 없는 삐삐선으로 연결된 전화기를 돌려 면단위(동로면)에 연결하고, 다시 면단위에서 경찰, 군부대로 연결해주는 전화 교환원이 있던 시절이다. 그런 통신 시스템으로 몇 시간 만에 군인이 출동했으니 발 빠른 대처였던 셈이다.

군인들은 마을 어귀에 엄청나게 큰 텐트를 여러 개 치고는 동네 앞산과 뒷산을 샅샅이 뒤지고 수색했다. 텐트 앞에서 보초를 서는 군인 아저씨를 몇 날 며칠을 보며 학교에 등하교하였다.

숙자네는 딸만 둘로 당시 알짜부자이자 돈이 많은 부잣집으로 소문이 자자한 집이었다. 그래서 당시 나의 형도 그 집에 양자를 가게 되었고 가끔은 학교 가는 길에 그 집에 들러서 형을 따라 문안을 같이 가기도 했다. 가끔은 그 집에 들러 맛있는 음식을 얻어먹기도 했다.

얼마나 어려웠으면 입 하나 덜고자 금쪽같은 자식을 양자로 보냈을까? 그렇게 자식을 보내는 부모의 마음이 얼마나 안타까웠을지를 생각하면 가슴이 미어진다. 열심히 일하지만 온 식구가 먹고살기는 힘들고, 그렇다고 구걸을 할 수도 없는 일이니 고육지책으로 먹고살 만한 집에 양자 보내며 다 살 수 있는 궁리를 하였을 것이다.

이 일뿐만 아니라 아픈 사연의 어린 시절을 생각하면 주체 없이 눈물이 흐르는 이유는 무엇 때문일까? 그 아픔을 딛고 오늘날 풍요로워져서 그런 것일까? 아니면 그때는 비록 힘들고 가난해도 훈훈한 인심이 있었지만 그러지 못하는 오늘날이 안타까워서 그러는 것일까?

일주일 정도 지나 탐문수사를 하던 경찰에 의해 숙자네 집 침입자는 공비가 아닌 것으로 밝혀셨다. 그는 바로 이웃 마을에 사는 젊은 친구(기억나지 않음)였는데 모의권총으로 강도질을 하며 간첩처럼 행세한 것이었다. 결국, 강도질이 무장공비 침투로 둔갑한 해프닝이었음이 확인되자 상황은 종료되었고, 군과 경찰이 철수하면서 마을은 다시 평온을 되찾아 갔다.

당시 등하굣길의 두려움 탓에 학교에 갈 때면 마을 입구에서 마을 학생들이 모두 모인 다음 학교를 향해 출발했다. 친구, 형, 동생들이 모두 모이면 6학년 형들 중 누군가가 흰 깃발을 들었고 깃발이 앞장서면 그 뒤를 따라 합창을 하며 학교로 향하곤 하였다. 무서운 등굣길에 겁먹은 아이들은 누가 시키지도 않았지만 가장 큰 목소리로 온 계곡을 덮을 만큼 쩌렁쩌렁 노래를 불렀다. 큰 노랫소리가 계곡에 울려 퍼지면 자신도 모르게 두려움은 사라졌다.

그렇게 노래로 두려움을 삭였지만, 마치 공비나 우리를 해할 짐승들에서 벗어나고픈 발버둥이었음을 생각하면 당시 어린아이의 마음이 되어 가슴이 아려오기도 한다.

그 이후 마을별로 애향단이 꾸려졌다. 여전히 6학년 형들 중에 누군가 흰 깃발을 들었고, 모두 모이면 학교를 향해 출발하고 노래를 부르며 갔지만, 애향단이란 이름 아래 더 씩씩해졌던 것 같다. 그때 주로 부른 노래는 월남전 노래인 '맹호들은 간다'였다. 많은 세월이 흘렀음에도 일부 노랫말이 기억난다.

만국기 날리는 넓은 운동장
이기고 돌아오라 역전의 용사들아~
(중략)
자유통일 위해 조국을 지키시다
조국의 이름으로 님들은 뽑혔으니
그 이름 맹호부대, 맹호부대 용사들아~

당시 운동회 때 등 학교 행사 때도 이러한 월남전 노래가 한동안 불렸던 것으로 기억된다.

월남전 얘기가 나온 김에 월남전 참전 관련 뉴스를 인용해 본다.

보훈부, 월남전 참전유공자 17만여 명에 제복 지급
29일부터 거주지로 배송… 연말까지 완료

서울경제신문 이현호 기자 / 2024.7.28.

국가보훈부는 월남전 참전 60주년을 맞아 29일부터 생존 월남 참전유공자 17만5000여 명을 대상으로 제복 지급을 시작한다고 28일 밝혔다. 제복은 재킷과 바지, 넥타이로 구성된다.

사진 제공 = 국가보훈부

재킷 색상은 짙은 베이지색으로 밝은 베이지색인 6·25 참전유공자 제복과 차이를 뒀다. 제복은 월남전 참전유공자의 거주지로 배송되며, 보훈부는 연말까지 제복 지급을 완료할 예정이다.

보훈부는 지난 5월 20일부터 제복 신청을 받아 현재까지 약 75%인 13만2000여 명이 신청했다고 전했다. 아직 신청하지 않은 월남전 참전유공자는 9월 말까지 전화나 이메일로 제복을 신청하면 된다.

목숨마저 잃을 뻔했던 땅벌의 공포

　등교할 때면 마지막 마을이자 하교할 때는 첫 마을이 옥수동이다. 혼자 하굣길에 그 옥수동 마을을 지나다 겪은 일이 아직도 생생하다. 그날은 나머지 공부를 했는지, 청소를 하다 늦었는지 기억은 나지 않는다.

　하굣길에 터벅터벅 혼자서 옥수동 마을 앞을 지나가는데 땡삐(땅벌의 경상도 방언)가 갑자기 떼거리로 온몸에 달려드는 일이 벌어졌다. 다급히 팔로 휘저으며 삼십육계 줄행랑으로 5~6m를 뛰어서 얼굴을 풀숲에 파묻고는 땡삐가 도망가기만을 기다렸다.

　그런데 언덕 위에서 친구들 여럿의 까르르, 키득키득하는 웃음소리가 들리는 게 아닌가? 그 친구들이 누군지도 기억이 안 나지만 그 또래 친구들은 언덕 위에서 사람이 지나가는 길목에 있는 땡삐 집에 돌을 던져 나를 곤경에 빠트린 것이었다. 나는 벌집을 건드린 줄도 모른 채 지나가다가 봉변을 당한 것이다. 그들은 장난삼아 누군가 지나가면 쏘일 거라고 예상하고는 장난질을 하였는데, 철이 없는 탓에 그게 얼마나 위험한 장난일 줄을 몰랐다.

　풀숲에 파묻었던 얼굴을 들고 나니 이미 온몸 여기저기 수십 군데를 땡비에 쏘였다. 곧바로 얼굴을 포함해서 온몸에 두드러기가 나기 시작했다. 얼굴은 '밤팅이'가 되고 숨은 가빠오기 시작했다. 빨리 집에 가야 한다고 생각했지만, 초등학교 1학년이었으니 발걸음은 느렸고, 그마저도 갈수록 걷는 게 힘들었다. 겨우겨우 집에 2시간여 만에 도착했는데 집에 들어서자마자 곧바로 기절한 것으로 생각된다. 아버지, 어머니가 놀라셔서 비명을 지르시는 것만 기억이 난다.

아버지는 나를 둘러업고는 궁기동의 당시 한약·양약방(학교 인근)이 있는 곳으로 단숨에 뛰기 시작하셨다. 다부진 체격의 나의 아버지께서는 그 4~5km 거리를 둘러업고는 내달리셨다. 지금 생각해도 1학년 아이를 둘러업고 그 거리를 뛰는 사람은 드물 것이다. 숨을 헐떡일 겨를도 없었을 게 분명하지만, 여태 이런 생각도 못 하고 살다가 인제 와서 생각하니 그런 아버지가 있어 내가 그때 살아나 지금까지 버젓이 살고 있다는 생각이 든다.

아버지께서는 참으로 예뻤다는 내 누이를 여의어 본 적이 있으셨다. 그렇기에 축 늘어진 자식을 둘러업고, 또다시 잃을까 봐 정신없이 뛰었을 그때 아버지 심정은 가늠하기 힘들다.

갑자기 고인이 되신 아버지가 보고 싶은 마음이 가슴 가득 내려온다. 당시 내 상태는 두드러기가 온몸에 퍼져 호흡도 가빠오고, 고추가 커져서 소변도 누지 못하는 싱횡까지 간 것으로 기억한다.

약방에 도착하자 약사는 내 옷을 홀라당 벗기시고는 어떤 약초 물을 온몸에 끼얹었다. 그다음에는 약을 먹였는데 차츰 회복되었던 것으로 기억한다. 몸이 어느 정도 회복됐지만, 집으로 오가지 않고 아마 하룻밤을 그 집에서 잔 것으로 기억하고 있다.

이후 학교에 오가며 땡삐 집 인근은 공포의 장소였고, 근처를 지날 때면 항상 조심하고 조심했다. 그러다가 아버지께서 어머니에게 땡삐 집을 없앴다고 이야기하시는 것을 어렴풋이 들었다. 등굣길에 조심스레 보니 그 땡비 집에 불을 싸지른 흔적이 있었고 땡삐가 없어진 것을 보고 그 이후로는 안심하고 다녔다.

이 일과 함께 옥수동에서의 두려운 또 하나의 추억이 있다.

옥수동에는 나이가 어렸음에도 머리와 얼굴이 하얗던 벙어리가 된 사람이 있었다. 지나고 나서 알게 되었지만, 그는 한 친구의 오빠였는데 그때는 이 사실을 몰랐다. 그는 우리가 학교에 갈 때면 어버~버 소리 지르면서 뒤따라오는 시늉을 했다. 그의 그런 행동에 같이 모여서 등하교하던 또래 친구들은 놀라 각자 도망치기 일쑤였다. 그런 탓에 옥수동은 공포의 마을이자, 집에 그리고 학교에 가려면 어쩔 수 없이 지나야만 하는, 통과의례 같은 곳이었다.

이렇게 놀라는 일이 아니어도 우리는 학교에 오가는 길에 친구를 놀라게 하는 장난을 치곤 했다. 대표적인 게 한센병 환자가 온다는 장난이었다. 친구들과 재잘거리며 함께 가다가 놀래줄 목적으로 거짓으로 '창꽃문디(문둥이/한센병) 온다' 하고 외치곤 하였다. 그 말에 모두 놀라서 혼비백산하며 줄행랑을 치는 일이 다반사였다. 그들이 어린애들 간을 10명 빼먹으면 병이 낫는다는 소문이 있어 그들에게 더욱 겁을 먹으며 등하교를 할 때면 머리가 쭈뼛쭈뼛 서기 일쑤였다.

나중에야 이런 말이 사실이 아니란 걸 알게 되었지만 어린 우리는 그런 소문을 믿고 공포에 떨면서도 이를 이용해 장난질을 하였던 셈이다. 이 소문의 진실은 애들이 학교 끝나고 곧장 집에 오지 않으면 걱정되므로 학교수업 마치면 꾸물대지 말고 일찍 집으로 오도록 하려고 어른들이 만들어낸 이야기였다.

　당시에는 장애인이나 한센병을 앓는 사람도 많았고, 거지, 상이군인(6·25나 월남전에 나가서 한쪽 팔이나 다리를 잃은 탓에 갈고리 같은 것으로 손을 대신 하거나 의족을 사용, 절뚝이며 구걸하는 사람), 풍물 장수, 엿장수들도 참으로 많았다. 여기에 더해 무장공비마저 출현하는 어수선한 시기였다.

애향단(愛鄕團) 이야기

　내가 초등학교 다닐 때는 마을마다 애향단(愛鄕團)이라는 것이 있었다. 내가 사는 마을은 애향단 출범 전에도 마을 학생 모두가 모인 다음 함께 학교에 갔지만, 애향단이 생기면서는 모든 마을이 혼자 등교하는 것이 아니라 마을별로 집합하여 학교에 갔다. 이 애향단이 북한의 붉은청년근위대를 본떠서 만들었다는 소문도 있었다. 물론 이런 이야기는 성장한 다음에 들었다.

　매일 아침밥을 먹으면 마을 입구에 있는 장소에 모여 있다가 시간이 되어 다 모이면 6학년 중 단장을 맡은 사람이 1.5~2m 되는 작대기(막대기)에 단 흰 깃발을 들고 앞장선다. 그 뒤를 따라 두 명씩 짝이 되어 나란히 걸어가고 남자들 뒤에 여자애들이 줄을 서 뒤따른다. 그때 우리 마을이 20여 가구였고, 한 집에 학생 수가 1명부터 많게는 3~4명인 집도 있었으니 전 학년이 모이면 30여 명은 족히 되었다. 대략 20여 분 정도 일찍들 나와 제기차기도 하고 구슬치기도 하며 시간을 보내기도 했다.

　그렇게 가다 보면 명전, 당골, 굴비우, 그느기, 차갓을 지나는데 각 마을 골짜기에서 우리 대열에 합류한다. 합류하는 마을이 늘어나며 대열의 숫자가 늘어나고 그 많은 학생들이 만국기(백기)를 들고 오솔길을 한 줄로 걸어가는 모습은 장관이 아닐 수가 없다. 특히 마을마다 서로 경쟁이라도 하듯 큰소리로 노래하며 등교를 하였다. 만국기 휘날리며….

지금 생각해 보면 마을별 애향단은 장점이 많았던 거 같다.

각자 자기 마을(옛 이름/구락부)의 소속이라는 자부심이 있다 보니 애향이라는 말처럼 마을을 사랑하는 마음도 키울 수 있었다. 또 간간이 다른 마을 애들에게 시비를 걸고 돈과 물품을 갈취하는 경우도 있었는데, 떼로 뭉쳐 다니니 저학년을 보호할 수가 있었고, 매일 같은 시각에 등교(출발)하니 조직 단체 생활에 대한 기초를 배울 수 있었다.

그렇게 가다 보면 당시 마을마다 근검, 절약, 상부상조, 협동 정신 등의 표어가 여기저기에 붙어있었던 것이 기억난다. 이런 표어는 당연히 학교에도 넘쳐났다.

이후 애향단은 매주 요일을 정해서 동네 입구에 마을 꾸미기나 꽃 가꾸기를 하였고, 각 구역을 나눠 청소하며 마을을 깨끗하게 유지하는 역할도 하였다. 아침마다 일찍 나와 협동심과 운동을 할 수 있어서 좋기도 했다. 동네에 떨어져 있는 쓰레기를 치우고 마을 도로에 난 잡풀 제거도 매주 애향단에서 하였다. 그러다 보니 우리 스스로 쓰레기 버릴 생각은 아예 못 했고 버리다가 위 학년에 들키면 혼이 나기도 했다.

반공의 시대, 유신의 시대, 군부독재의 시대, 산업과 경제발전의 시대에 태어난 베이비부머 세대인 우리는 보릿고개 후반기를 농촌에서 보내면서 사회적 격동기를 거치고 시대의 변화를 지켜볼 수 있었다. 이 모든 과정을 지켜본 유일한 세대가 아닐까 한다. 특히 당시 박정희라는 독재자가 한반도에 태어나 산업화로 오늘날 대한민국을 만드는 모습을 바라볼 수 있었던 유일한 세대라고 이야기하지 않을 수 없다.

이승복과 "공산당이 싫어요!"

- 이승복 일가 피살을 담은 대한뉴스 705호

이승복(李承福)

- 출생: 1959년 12월 9일
- 주소: 강원도 평창군 진부면[A]
- 사망: 1968년 12월 9일(향년 9세)
- 가족관계: 할머니(강순길), 아버지(이석우), 어머니(주대하),
  형(이학관), 남동생(이승수), 여동생(이승자)

1. 개요

"나는 공산당이 싫어요." – 피살 직전의 이승복이 한 말.

울진삼척 무장공비 침투사건에서 희생된 피해자로, 오랜 기간 동안 반공 교육의 중심에 있던 인물이다.

2. 설명

1959년 12월 9일 강원도 평창군 진부면(현 용평면) 노동리에서 3남 1녀 중 둘째로 태어났고, 사망 시점에서 속사국민학교 계방분교 2학년이었다.

1968년 말 울진삼척 무장공비 침투사건에서 어머니, 남동생, 여동생과 함께 북한 공비에게 살해당했다.

1·21 사태가 일어난 1968년 10월 3차에 걸쳐 울진삼척지구 해상으로 침투했던 북한의 무장공비 잔당 5명이 추격을 피해 강원도를 가로지르며 북으로 도주하던 중 12월 9일 밤 11시 강원도 평창군 노동리 계방산 중턱 이승복의 초가집에 침입했다.

후술할 조선일보 기사에 따르면 가족들은 저녁을 먹고 잠자리에 들려고 했는데 느닷없이 무장공비들이 쳐들어와 어머니 주대하의 이마에 기관단총을 들이대면서 밥을 지어달라고 협박하자 "쌀이 없다"고 답해 이에 "강냉이(옥수수)나 삶으라우"라고 하여 공비 2명의 감시하에 옥수수를 삶아서 줘야 했고 이승복 등 3남매는 공비 3명에게 둘러싸여 감금됐다.

무장공비들은 삶은 옥수수를 먹고 가족 5명을 안방에 몰아넣은 채 "남조선(남한)이 좋으냐, 북조선(북한)이 좋으냐"고 질문하면서 북한 체제 선전을 하자 그는 "나는 공산당이 싫어요"라고 했고 격분한 공비 중 1명이 이승복을 끌고 갔고, 뒤이어 나머지 가족들도 같이 끌고 갔다.

이들은 먼저 모친 주 씨의 머리를 벽돌만 한 돌덩이로 쳐 죽였고 뒤이어 이승복 본인도 공비들의 양 손가락에 입이 찢기고 돌까지 맞아 비참한 죽음을 맞이했으며, 동생 승수와 승자도 같이 살해되어 퇴비 더미에 묻히고 말았다.

▶ 이승복 시신 사진

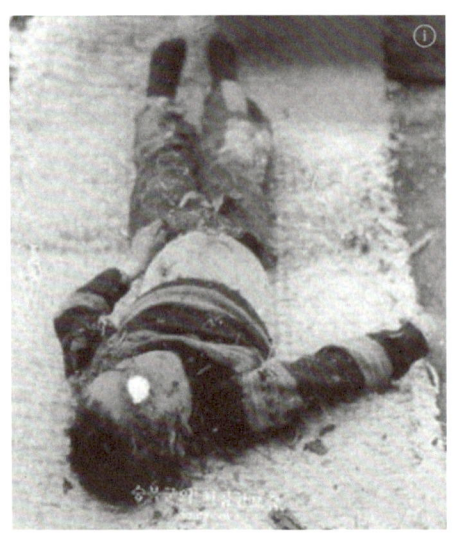

이후, 발견된 이승복의 시신은 오른쪽 입술 끝부터 귀밑까지 찢어진 상처, 뺨 중간과 귀 근처에 십자 형태의 상처 2개가 뚜렷한 상태였다. 즉, 무장공비들에게 문자 그대로 무참하게 살해당했다.

결국 이승복을 포함한 일가족 4명은 무참하게 살해되었고 36곳에 칼을 맞고 거름더미에서 발견된 형 이학관(1953년생, 당시 15세), 이웃집 이사를 돕고 돌아왔다가 공비에게 다리를 칼에 찔린 뒤 향토예비군 초소까지 달려가 신고한 아버지 이석우, 그리고 할머니 강순길(1980년 별세)은 살아남았다.

당시 많은 언론들이 이 사건을 취재했는데 조선일보가 이승복 가족 4명이 북한 무장공비에 의해 무참히 살해된 사건은 '공산당이 싫어요'라는 이승복 군의 발언이 발단이 됐다는 특종 보도를 했다. 당시 취재기자는 강인원과 송종헌 2명이었다.

"공산당이 싫어요"
잔비(공비 잔당), 일가 4명을 참살
– "공산당이 싫어요" 어린 항거 입 찢어 –

(전략)
공비들은 가족 5명을 안방에 몰아넣은 다음 북괴의 선전을 했다.
열 살 난 2남 승복 어린이가 "우리는 공산당이 싫어요"라고 얼굴을 찡그리자 그중 1명이 승복 군을 끌고 밖으로 나갔으며… (중략) 승복 어린이에게는 "입버릇을 고쳐 주어야겠다"면서 양 손가락을 입속에 넣어 찢은 다음 돌로 내려쳐 죽였다.

조선일보 1968년 12월 11일 3면

그의 부친과 조모는 당시의 사건으로 조현병을 얻었는데 부친은 사건의 후유증으로 4~5년을 술에 의지하면서 집안에 소홀한 탓에 유가족들은 온 동네를 돌아다니면서 얻어먹어야 했고 조모도 온 동네를 돌아다니면서 소리를 질렀다고 한다. 형도 사건 이후 불면증에 시달려 10년간 약물치료를 받으면서 고등학교 입학도 21세에야 했다.

유가족들은 "너무 지쳤다"며 논란에 휩싸이는 것보다 안식을 바란다고 했다. 이후 2009년 이승복 41주기 기념식에서 무장공비 120명 중 한 명인 김익풍이 그의 형 이학관 부부에게 사죄하기도 했다.

2014년 8월 24일 그동안 정신질환을 앓던 아버지 이석우가 83세로 강릉의 한 병원에서 세상을 떠났지만, 옛날의 관심이 무색하게 지역 인사들조차 조문오지 않아 형 이학관과 조카 이경빈 등의 유족 및 친척, 유족 주변인 등만 남은 채 콘크리트 바닥에서 돗자리 하나만 깔고 식사할 정도로 조촐히 치렀다. 이는 90년대 이후 기념사업이 많이 축소되었기 때문이다. 유해는 먼저 간 가족들 곁에 안장되었다.

게다가 당시 이념이 뭔지 몰랐던 어린 이승복이 북괴 선전에 짜증이 나서 우발적이 아니라 명확하게 공산당이 싫다고 의사 표현을 했다고 알려져서 사건

자체에 대한 조작 음모론도 나왔으나 공비들에게 가족들이 살해당한 것은 사실이다.

대한항공 858편 폭파 사건도 당시 친북 성향의 단체들이 주장한 조작설이 퍼졌지만 북한의 소행이라는 사실은 명확하므로 두 사건은 이런 면에서 비슷한 특징이 있다.

3. 추모사업과 동상 건립

사건 이후 이승복은 반공의 상징이 되어 효자 정재수 군과 함께 거의 모든 초등학교에 동상이 세워지고 도덕 교과서에도 실렸다.

1975년 10월에는 평창군 대관령 정상에 '이승복 반공관'이 설립되었고 1982년에 이승복의 모교였던 속사초 계방분교 근처로 이전하면서 '이승복 기념관'으로 바뀌어 성역화되었다.

1982년 3월 22일에 전두환 대통령은 이승복에게 국민훈장 동백장을 추서했다.
이후 초등학교 수학여행에는 이승복 기념관 관람이 반드시 포함되었다.

김병욱이 작사하고 정세문이 작곡한 〈공산당은 싫어요〉라는 제목의 추모곡도 있는데 1950~60년대생이라면 한 소절쯤은 알 것이다.

가사는 다음과 같다.

1절

원수의 총칼 앞에 피를 흘리며
마지막 주고 간 말 공산당은 싫어요.
구름도 망설이는 운두령고개
새 무덤 오솔길을 산새가 운다.

2절

어린 넋 잠든 곳에 겨레가 운다.
엎드려 절한 마음 눈물이 솟네.
바람도 길 멈추고 어루만지니
하늘이 성이 났다 오랑캐들아.

이승복 동상이 제막된 1982년, 나는 21살로 군 복무 중이었다.
이승복 군이 살아있었다면 나와 같은 시기에 군 복무 중이었을 것으로 추정된다. 이는 같은 동년배로서 연민의 정을 느끼게 했다.

벤또 검사와 올갱이국의 행복

 어릴 때는 늘 먹고사는 게 삶의 전부라 할 만큼 먹을 것이 귀했고 배가 고팠다. 어른들은 먹고사는 문제, 자식들 학교 보내는 문제에 생을 걸었다 해도 과언이 아닐 정도였다. 식량이 부족하니 산골 우리 마을에서는 먹을 수 있는 건 산에서 채취해 밥 대신 주린 배를 채웠다.

 봄이면 할머니는 다래순과 취나물, 고사리, 산뽕잎, 고비 등 산나물을 뜯어 오셨다. 그 나물을 할머니는 소여물을 삶는 커다란 가마솥에 장작불을 지펴 삶은 다음 그늘진 곳의 발 위에서 말리곤 했다. 사시사철 먹기 위해서였다. 나물을 삶아 말려 두면 초봄에서부터 사계절 내내 필요할 때 언제든 나물로 먹을 수 있었다. 특히 제사상 상차림이나 손님이 오면 그걸 나물로 조리하거나 양념해서 내놓기에 좋았다.

 말려 둔 나물은 도시락 반찬으로도 유용했다. 1980~90년대 들어서야 계란 후라이가 도시락 위에 올라가고 소시지 반찬이 등장하지만, 그때는 고작해야 김치나 나물이었다. 요즘이야 학교에서 급식을 하니 아이들이 도시락을 가져갈 이유가 없지만, 그때는 누구나 도시락을 싸가야 했다. 그마저도 가져오지 못해 물로 배를 채우는 아이들도 있었다. 당시에는 책가방이 없었다. 보자기에 책을 싸서 다녔다. 책과 함께 납작한 양은 벤또(도시락, 일본어)를 보자기에 싼 다음 옷핀으로 꽂아 남자아이들은 어깨에 메고, 여자아이들은 허리에 매고 학교에 오갔다. 그렇게 메고 가다 꽂아둔 옷핀이라도 풀리면 책과 함께 벤또가 흙에 내동댕이쳐졌고, 흙 범벅이 된 밥을 주워 담을 수도 없어 그날은 당연히 굶어야 했다.

그때는 쌀이 귀하던 시절이라 쌀밥을 아무나 먹을 수 있는 건 아니었다. 여기에 더해 국가에서도 부족한 쌀 때문에 분식이나 쌀에 잡곡을 섞은 혼식을 권장하며 도시락 검사를 하기도 했다. 쌀밥을 싸 왔는지 검사를 할 정도면 말이 권장이지 강제나 다름없었다. 도시락 검사에서 지금은 별식으로 치는 보리쌀이나 조, 수수, 감자 등을 섞어 지은 밥은 좋은 도시락으로 선생님께 칭찬을 받았다.

불시에 이뤄지는 도시락 검사에서 이밥(쌀밥)을 싸 오는 아이들은 선생님께 손바닥 회초리 세례를 받아야 했다. 내가 쌀밥을 싸 간 적이 있는데 하필 그날 도시락 검사를 하였다. 나는 선생님 눈을 피해 옆 친구의 보리밥 한 숟가락을 얼른 퍼와 내 도시락 위에 폈는데 그만 걸리는 바람에 뒤지게 혼난 적도 있다. 나만 그런 게 아니라 이처럼 잔머리 굴리다 선생님에게 걸려서 혼나는 친구들이 다반사였다. 그런 추억의 일을 지나온 지가 어언 65년이 다 되는데도 여전히 새록새록 생각이 난다. 그러면서 지금의 풍요를 생각하면 말 그대로 격세지감일 뿐이다.

쌀밥 규제뿐만 아니라 심지어 쌀로 술도 만들 수 없던 시절이었다. 집에서 임의로 쌀로 빚은 술을 밀주라고 했는데 이 밀주를 적발하기 위해 경찰(?) 등 단속원이 불시에 들이닥쳐 집안 곳곳을 헤집기도 했다. 단속에 적발되면 처벌이 뒤따랐고 심한 경우 구금될 수도 있었다. 그래서 밀주 단속원이 뜨면 온 동네가 요란했다. 우리 집에서도 간간이 몰래 술을 빚곤 했는데 그때마다 혹 단속원이 오지 않을까 조마조마했던 기억이 있다.

도시락 검사나 밀주 단속 등 쌀이 귀해 벌어진 일은 내가 중학교 때인 70년대 초반까지 그랬던 것 같다. 이후 통일벼라는 다수확 품종의 벼가 나오면서부터 서서히 쌀이 풍족해지고 이런 모습도 차차 자취를 감추기 시작한 것으로 기억난다.

보자기에 싸인 벤또는 한 걸음 내 달릴 때마다 달그락달그락했다. 그 소리에 맞춰 우리는 한걸음 뛸 때마다 한마디씩 하며 다음과 같이 장단을 맞췄다.

"벤또 벤또 사기 벤또 고꾸라진다 코대콩"(정확한 뜻은 모르겠으나 양은 벤또에 담긴 숟가락이 달그락거리며 양은이 찌그러진다는 의미로 추측)

이렇게 맞춰 콧노래를 부르며 내달리던, 마냥 즐겁기만 했던 그 시절이 생각난다.

친구들과 한여름이면 실오라기 하나 걸치지 않고 미역(물놀이)을 감았던 일도 잊을 수 없는 그때의 기억이다.

우리는 주로 위에서 폭포수가 떨어지는 곳에서 미역을 감으며 놀았다. 한여름 그 물은 더위를 날릴 만큼 시원했고 수질도 맑고 깨끗했다. 우리는 그곳에 갈 때 아예 빈 도시락통을 들고 갔다. 물에서 놀면서 폭포수 바위 속으로 헤엄

쳐가서 양손으로 바위를 훔치면 그야말로 다슬기(올갱이)가 한가득 들어왔다. 그렇게 잡은 다슬기는 도시락통에 담았다. 그러기를 서너 차례 하면 도시락통에 다슬기가 가득 찼다.

다슬기를 잡아 의기양양해서 집에 오면 어머니, 할머니가 아낌없는 칭찬을 해 주셨다. 신나게 멱감고 놀고서 칭찬까지 받으니 나로서는 일석이조였다. 내가 잡아온 다슬기는 곧바로 큰 세숫대야에 찬물을 채우고 1~2시간 담가 해감(다슬기가 머금고 있던 이물질과 모래 등을 뱉어내게 하는 일)을 한다. 그러다가 다슬기 눈이 나왔을 때 끓는 물에 갑자기 넣어 삶으면 속살을 꺼내 먹기가 수월해진다. 그리고 온 식구들이 호롱불 밑에 모여 커다란 산초나무 가시(바늘도 귀하던 시절)로 다슬기를 까먹곤 했다.

어머니는 깐 다슬기를 드시지 않고 그릇에 담으신다. 다른 식구들도 한두 개 맛보고는 이내 어머니의 그릇에 함께 다슬기를 까서 담는다. 이내 한 그릇이 되어갈 때까지 까면 더 이상 까야 할 올갱이도 없어진다. 다슬기를 깐 다음 날 아침이면 어김없이 올갱이국이 상에 올라온다. 부추와 함께 온 식구(6명)가 먹을 수 있도록 계란 한두 개를 풀어서 만든 올갱이국은 그 맛을 잊을 수가 없다. 요즘도 올갱이국을 먹곤 하지만 어디서도 그때 어머니가 끓여주신 맛을 찾을 수 없다.

멱감으면서 주로 다슬기를 잡아왔지만 가끔은 꺽지와 메기, 가재를 잡기도 했다. 이것들을 잡아오면 나는 더 의기양양했다. 온 식구가 단백질을 보충하는 행복한 식사 시간임을 어린 나이에도 알았기 때문이다.

그 시절, 가난했지만 올갱이국 하나로도 한없이 행복했던 때였다. 작은 것도 가족이나 이웃과 나누며 마음은 훈훈했고 정은 넘쳤다. 지금은 어떤가? 풍족함 속의 빈곤…? 풍요로워졌다지만 늘 마음은 공허하고 헛헛하다. 사람 간에 따뜻한 정이 없고, 오직 자기만 생각하는 이기주의가 판을 치며, 이웃과 기쁨과 슬픔을 함께 나누는 공동체 정신이 사라지다 보니 사람 속에 있어도 외로움을 느끼는 게 오늘을 사는 현대인의 자화상이 아닌가 한다. 특히 돈이면 다 되는 양 설치는 물질 만능이 사회를 지배하고, 모든 것에 물질이 우선이다 보니 인심은 갈수록 삭막해질 수밖에 없다는 생각이 든다.

그립던 과거로의 추억 여행을 하다 보니 또다시 정을 남기고 떠나신 할머니와 아버지가 더더욱 그리워진다. 그나마 어머니께서 살아계시니 다행이지만 한 번이라도 더 찾아뵈어야 하는데 마음뿐이어서 어머니께 죄송할 뿐이다.

유행병의 공포와 가재즙

다소 차이가 있을 수 있으나 배고픔의 마지막 세대가 우리 베이비부머 세대가 아닌가 하는 생각을 감히 해본다. 전제했듯이 지역 간, 도농 간, 혹은 개인의 형편에 따라 그 느낌과 온도는 다를 수 있다. 하지만 6·25 전쟁 이후 우리나라 상황과 경제발전 등에 비추어 봤을 때 이런 내 생각에 대부분 동의하리라 믿는다.

배고픔을 견디기란 참으로 힘들다. 이 고통은 겪어보지 않은 사람은 모른다. 배고픔 해결이 최우선이던 그때 먹거리를 식사용이 아닌 약으로 먹었던 일이 생각난다. 이 또한 부모님이 자식을 위해 배려한 일이었다.

어느 날 아버지가 삼막골에서 가재를 많이 잡아오셨다. 내가 5~6살 때일 것으로 생각된다. 어머니는 그 가재를 나무 도마 위에 올리고 절구 대용인 빤들빤들한 야무진 돌로 짓이기셨다. 그리고 그 짓이긴 가재를 삼베보자기에 싸서 즙을 내셨다. 나는 신기해서 뭐 하시나 하고 빤히 엄마를 쳐다보았다. 엄마는 '이게 약이란다' 하시며 미소를 머금으셨는데 그 모습이 눈에 어린다.

조금 후에 아버지가 '기원아 이리 오렴' 하시길래 나는 아버지 가까이 갔다. 그 순간 아버지가 와락 나를 끌어안는 게 아닌가? 나를 끌어안은 아버지는 내 코를 잡아 입을 벌렸고, 어머니는 접시에 담아온 가재즙을 숟갈로 떠서 내게 먹이셨다. 5~6살 되는 나이에 그것을 먹을 리 만무했다. 나는 먹지 않으려 필사적으로 반항했던 것으로 기억난다. 난생처음 먹어보는 비릿하고, 밍밍하면서도 역겨웠던 맛이었다. 그때 그 맛을 떠올리면 지금 먹으라고 해도 못 먹을 거 같다.

코를 잡고 강제로 먹이시는 아버지와 엄마에 맞서 나는 혀를 내밀며 반은 먹고 반은 뱉어내었다. 짧은 시간이었지만 그릇이 다 비워지고 나니 내 얼굴은 눈물, 콧물로 범벅이 됐고 여기저기 내가 발버둥을 친 흔적들이 보였다. 어머니는 약이라고 했지만, 그때는 그 맛이 싫어 이런 걸 왜 먹는지 이해할 수 없었다. 그때 당시 나는 온몸이 불덩이같이 고열에 시달리고 있었다. 앞에서도 얘기했지만, 병원은 멀고 가기도 쉽지 않았던 시절이다. 그러다 보니 그런 내가 안타깝던 부모님은 가재가 고열에 좋다는 걸 들으시고 비방약으로 그러셨던 모양이다.

오늘날이야 몸에 작은 이상만 있어도 곧바로 병원을 찾고 유행병이라고 하면 정부 차원에서 나서서 대책을 마련하고 시행한다. 하지만 내가 자라던 그 시절은 어떤 질병이 사람들의 생명을 앗아가더라도 별다른 대응과 대책이란 게 없었다. 오로지 산신과 조상님들께 정성을 다하여 제발 자식의 병을 낫게 해 달라고 매달리는 수밖에 없었다. 그런다고 살아날 리 없었고 무슨 병인지도 모르고 그렇게 죽어 나가면 그만이었다.

최근에도 메르스, 코로나 같은 대 유행병이 있었지만, 그 당시에는 지금도 익숙한 이름인 장티푸스, 콜레라 등으로 자식을 먼저 떠나 보내야 했던 일이 허다했다. 그렇게 자식을 가슴에 묻은 부모의 마음은 겪어보지 않고서는 감히 짐작할 수도 없는 일이다. 부모님은 내 위의 누이도 그리 보내야 했다. 그런 부모님은 내 고열에 노심초사하며 별의별 비방을 찾다 내게 가재즙을 먹인 것이었다. 그때는 그걸 먹는 게 싫었지만, 지금 생각하면 그렇게라도 자식이 무사하고 건강하기를 바랐던 당시 부모님의 마음이 고스란히 전해져온다.

아버지의 장작 지게

명절이 다가오면 차례 음식을 준비해야 하는데 변변한 조기 한 마리 사기가 부담스럽던 시절이었다. 산간지대였던 내 고향에서는 소금도 귀했고 설탕은 참으로 귀하디귀한 음식 재료였다. 그나마 설탕 대용으로는 자작나무 수액이 있어 이걸 받아쓰기도 했다.

뒷산의 삼막골로 올라가면 조릿대(조리를 만드는 작은 대나무)인 대나무밭이 있는데 그 가운데 아름드리 자작나무가 있었다. 물이 오르는 춘삼월이면 아직 계곡에는 얼음과 눈이 완전히 녹지 않았음에도 할머니께서는 물동이를 머리에 이고서 자작나무로 가신다. 그리고 요즘 커피숍에서 보는 흔하디흔한 빨대 같은 조그만 대나무를 그 자작나무 1m 정도 높이에 홈을 내서 꽂으면 물이 대나무 빨대를 타고 조금씩 똑똑 떨어지기 시작한다. 물이 떨어지는 곳에는 머리에 이고 온 빈 양동이를 받쳐 놓으신다. 그러고는 다음 날 가서 보면 한두 방울 떨어지던 자작나무 수액이 양동이에 가득 차 있었다.

할머니는 양동이에 가득한 수액을 머리에 이고 산에서 내려오신다. 다음날 한 동이를 더 받아오시고는 가마솥에 불을 지피시고 끓이신다. 그리고는 엿질금 물을 이용한 감주(식혜)를 만드신다. 요즘은 설탕이 흔하지만, 그 시절에는 참으로 단맛을 내기란 그리 쉬운 일이 아니었다. 자작나무 수액을 오래 끓이면 응축되어 더 단맛이 나는 감주가 되는 것을 아는 할머니는 이런 방법으로 단

맛을 낼 수 있었다.

잠시 자작나무에 얽힌 이야기를 하고 넘어가자.

자작나무는 다른 나무와 달리 수피(껍질)가 하얀색이다. 이 때문에 유난히 주목을 받는 나무이다. '자작'나무라는 이름이 붙은 데는 이 나무의 타는 특징 때문이라고 한다. 즉 자작나무 장작을 불에 지피면 '짜작, 짜작' 하며 타는 소리가 나 자작나무라고 한다는 것이다. 이 얘기는 어릴 적 아버지께 들었는데 여기저기서도 그렇게 들어 지금까지도 그리 알고 있다.

아버지 말씀을 듣고 자작나무 장작으로 불을 지피면서 유심히 살피며 소리를 들어보았다. 여느 장작들은 그냥 타는데 자작나무 장작은 유난히 짜작짜작 소리를 내며 잘 타는 모습을 볼 수 있었다.

당시 시골에서 땔감으로 이용하는 장작은 참으로 유용한 수단이었다. 특히 담배농사를 지으면 잎을 말리는 건조실에 엄청난 장작이 필요했다. 담배농사에 대하여는 다음에 이야기하기로 한다. 아버지는 매일 산에서 통나무를 해오셔서 톱으로 자르고 도끼로 찍어서 장작을 만드셨다. 그 장작은 대다수 담뱃잎을 건조하기 위해 불을 지피는 데 사용된다.

아버지가 만든 장작은 학교에 공급되기도 했다. 당시 학교 교실에는 한겨울에 장작불을 이용한 난로를 만들어 난방을 하였다. 그 난방용 장작을 학부모가 제공했다. 선생님은 아이들에게 당번을 정해서 각 아이 당번 날에 당번의 부모가 땔감인 장작 가져오기를 요청했다. 내가 당번인 날 멀리 운동장 끝에서 무거운 장작을 지게에 지신 아버지가 지게 작대기를 우측에 받쳐 들고(지게를 지면 힘의 균형을 유지하려는 방법) 작은 걸음으로 한 걸음 한 걸음 걸어오고 계셨다.

  곧바로 아이들이 나에게 '니 아버지 오신다'며 호들갑을 떨고 친구들 사이로 반장이 나가 아버지에게 장작을 내려놓을 장소를 안내한다. 이어서 선생님이 나오셔서 감사의 인사를 하신다. 아버지는 그렇게 형님과 나, 두 번이나 지게로 장작을 져서 학교에 제공하셨다. 아버지는 힘자랑하시듯이 머리 위로 봉긋 올라올 만큼 많은 장작을 지고 오셨다. 그 거리가 도로가 잘 닦인 지금 무려 약 5Km, 걸어서 1시간 10여 분 되는 거리다. 당시에는 오솔길이었으니 힘들었을 아버지 모습이 그려진다.

  다음날, 그 다음 날도 당번인 다른 친구의 아버지들 역시 장작을 지고 학교에 오셨다. 아버지의 장작을 본 이후 눈여겨보았는데 친구 아버지들의 장작은 아버지의 반의반도 안되는 양이었다. 내 자식에게 장작개비 하나라도 더 갖다 주고 더 따뜻하게 공부했으면 하는 아버지의 마음, 그 길을 오는 동안 힘드셨을 테지만 기동이 기원이 아버지로서 흐뭇해하셨을 아버지를 생각하니 마음이 먹먹해 온다.

  아버지는 16세에 18세인 어머니와 결혼을 히서서 형님을 낳았으니 23세 정도에 학부형이 된 셈이다. 그런 탓에 동네 어르신들이 아버지와 아들이 같이 큰다고 놀렸다는 우스갯소리를 들으면서 컸던 기억이 있다. 일찍 장가든 아버지는 당연히 손주도 남들보다 빨랐다. 아버지는 가끔 약주를 드시고는 동네 어른들에게 문경에서 '마흔다섯에 손자 본 사람 있으면 나와보라'고 농담하시곤 했는데…, 그렇게 너털웃음을 지으시던 아버지가 그립다.

공부에도 악착같았던 초등학생

 엉금엉금 기던 어릴 때 내 모습은 천방지축이었다고 한다. 엉금엉금 길 때면 들마루 난간을 기어나가 그대로 마당으로 나뒹굴곤 하였다고 한다. 어머니께서 알려주신 말씀이다.

 유전 탓일까?
 현재 손자도 그런 편에 속하여 이제 5살이지만 잘한다고 칭찬을 하면 음정 박자도 없이 고래고래 소리 지르면서 펄쩍펄쩍 뛰며 노래를 곧잘 하여 웃음을 자아내곤 한다. 그 시절의 나를 보는 것 같아 웃음이 절로 나오고 큰 행복을 안겨준다.
 나는 특히 남에게 지면 우겨서라도 이기고 싶은 경쟁심리가 강했는데 이것도 유전인지 자못 궁금하다. 한날은 아랫목에 앉아 벽에 머리 뒤통수로 살짝이 끄떡끄떡하는데 형들이 잘한다고 칭찬하기에 뒤통수를 세게 박는 바람에 아파서 운 기억이 난다. 형들이 파안대소하며 달래주던 모습이 어른거린다. 이렇게 어릴 때부터 남에게 지기를 싫어하는 성격이었던 나는 1등을 하지 못하면 속상해했고, 울면서 집에 오곤 했다.
 학교 숙제에 속담, 격언 5개씩 적어오기가 있었다. 요즘에야 인터넷을 뒤지면 얼마든지 자료검색을 하고 찾을 수 있지만, 당시에는 이것도 쉬운 일이 아니었다. 어머니가 재 너머 마을에 고등학교 나온 새댁이 있다는 사실을 소문으로 아시고는 가서 도움을 받자고 하였다. 나는 어머니와 함께 공책과 연필을 들고 그분을 찾아갔다. 그것도 해가 뉘엿뉘엿한 저녁에 컴컴한 오솔길을 걸어서….

생면부지였지만 그분에게 사정을 이야기하니 흔쾌히 도와주겠다고 했다. 그 집 방으로 들어가 호롱불 밑에서 새댁이라는 분이 속담과 격언을 부르시고 나는 공책에 받아적었다. 그때 들었던 속담 중 기억에 남는 게 있다. 바로 '바늘도둑이 소도둑 된다'는 속담이다. 이 속담이야 일상에서 흔히 쓰이지만 나는 그때 들은 기억이 아직 생생하다.

지기 싫어하는 나는 숙제도 이렇게 열심히 해갔다. 시험을 보면 언제나 상위권이었지만 1등을 놓치면 속상하기만 했다. 이런 승부 근성을 지닌 덕분인지 할아버지, 아버지 고향으로 전학 오기 전인 초등학교 4학년 1학기까지는 학기마다 주는 우등상을 놓친 적이 없다. 비록 키는 순서대로 63명 중에 5번째인 땅꼬마였지만 공부 성적만은 1~2등 해 왔다는 사실을 자랑질하고 싶다.

그리고, 어머니께서 이젠 네가 관리하라며 50여 년 동안 고이 간직하셨던 상장과 통지표를 건네주셨다.

자식이 잘되라고 염원하시며 고이 간직하셨던 상장과 통지표…!

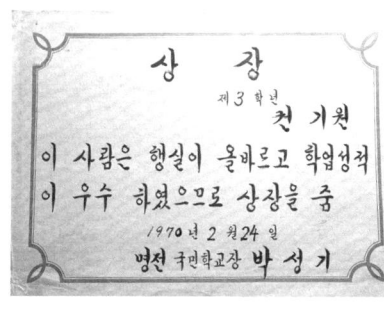
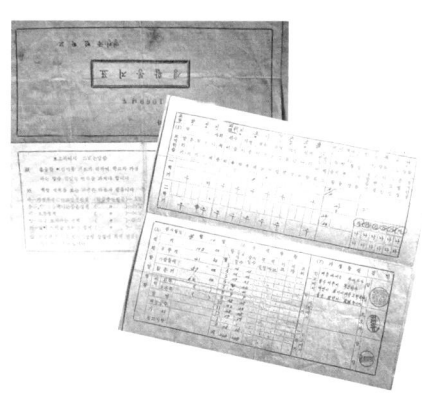

온 가족이 나눠 먹은 배급 빵

여러 차례 언급했지만 내가 어린 시절에는 늘 먹을 것이 부족했다. 보릿고개가 있었고 어른이나 아이 할 것 없이 배를 곯는 게 예사였다. 국민의 식량난을 잘 아는 정부는 국제구호단체 등의 원조 물자를 학교를 통해 배급하였다.

배급 물품이 들어오면 선생님께서는 내일 등교할 때 각자 자루나 보자기 하나씩을 가져오라고 했다. 다음 날 자루를 준비해서 가면 학교에서 선생님 심부름이나 허드렛일을 하는 소사(직책)라는 분과 선생님들께서 학교 귀퉁이 창고 앞에 학년별로 시간대를 조정해 차례로 줄을 죽 세운다. 창고에는 언제 받아 놓았는지는 모르겠으나 종이 포대로 싸인 분유와 옥수숫가루가 한가득 쌓여 있었다.

배급이 시작되면 가득한 분유(당시에는 우윳가루라 했음)를 커다란 방티(나무그릇)에 담아놓고, 아이들이 가져온 자루나 보자기에 그 분유를 한 됫박씩 공평하게 떠서 담아 주신다. 나는 아버지께서 나무하러 가는 길을 졸졸 따라다니곤 했는데 산에서 뱀이 나타나면 잡아넣던 조그만 광목 자루를 주로 가져갔던 것으로 기억된다.

어떨 때는 강냉이 가루를 나눠 주기도 하고, 어떨 때는 날짜를 정해서 학년별로 강냉이죽을 쑤어서 먹이곤 하였다. 그때 그 맛은 밍밍했던 것으로 기억되지만, 지금 생각하면 배고프고 영양이 부족한 아이들의 배를 채우고 영양소를 공급하려 일부러 죽을 쑤어 먹였다는 생각이 든다.

분유를 타서 의기양양하게 집에 가 어머니에게 드렸다. 어머니는 분유를 따스한 물에 타서 온 식구들이 마시도록 하였고, 어떤 때는 밥 지을 때 분유에 물을 조금 부은 사기그릇을 위에 올려 밥과 함께 찌셨다. 그렇게 찐 분유는 따스할 때는 몰랑몰랑한 게 맛이 좋았다. 하지만 식으면 그야말로 딱딱하게 굳었는데, 이것을 간식거리로 친구들과 나눠 먹을 만큼 맛있는 과자가 되었다. 이게 어느 정도 딱딱한가 하면 빨고 녹여서 먹어야 할 만큼 단단하였다.

제대로 먹지 못하는 탓일까?
너나 할 것 없이 그때 아이들 이마와 머리에는 헌디(부스럼)가 없는 친구가 없을 정도였다. 오죽하면, 명절인 설날에 음복에 놓인 밤을 깨물면서 '부스럼 깨물자, 앙'이라고 했을까. 우리 집은 보통 할머니가 이 말을 일러주시면 모든 식구가 그리하곤 하였다.

지금은 지는 해(60대 중반)가 되었으니 창피하지 않아 밝히지만, 그때는 나민 아는 사탕에 얽힌 비밀이 하나 있다.

어느 날 같은 반 친구들과 10분간 쉬는 시간에 학교운동장 귀퉁이에서 놀고 있었다. 한 친구가 사탕을 들고나와 먹던 중이었는데 그 친구가 사탕을 떨어뜨리는 게 아닌가. 그때 공교롭게도 그때 시작종(선생님이 손으로 종을 침)이 울리자 그 친구는 사탕을 고무신 발로 짓밟았고, 우리는 모두 수업을 받기 위해 교실로 뛰어들어 갔다.

친구가 사탕을 밟고 모래 속에 파묻히는 사탕을 나는 그대로 지켜보았다. 나는 그때 속으로 '밟긴 왜 밟아?' 하면서 안타까움과 속상함이 있었다. 그 순간 나는 그 사탕을 주워서라도 얼마나 먹고 싶었는지 모른다. 하지만 어린 나이에도 창피한 건 알았는지 친구들 앞에서 차마 내색을 하지 않았을 뿐이었다.

나는 교실로 뛰어들어가는 친구들보다 조금 천천히 가며 교무실로 걸어 들어가는 척하다 친구들의 꽁무니가 사라질 때쯤에 다시 그 자리로 황급히 뛰어갔다. 흙에 반쯤 묻힌 하얗고 조그만 알사탕 하나를 얼른 입에 넣고는 침으로 입가심하듯이 서너 번 퉤퉤 하고는 그 달콤한 맛을 즐겼다. 그리고 부지런히 뛰어가 선생님과 동시에 교실에 들어갈 수 있었다.

혼자서 아무도 모르게 입에서 오물거리며 행복해했던 그 당시 달콤한 알사탕의 맛을 잊을 수가 없다. 지금 생각하면 얼마나 간절했으면 그랬을까 하는 애절한 마음마저 든다. 그때의 내 아린 마음을 보여주고파서 숨겨왔던 비밀을 털어놓으며 이 글을 쓰고 있는지도 모르겠다.

그때가 60년대 후반 내 나이 7~8세일 때이다. 그로부터 시간이 조금 지나 2~4학년이 되는 시기에는 학교에 매일 빵차가 왔다. 오솔길을 통해 학교에 다녔다고 이야기했는데 갑자기 빵차를 언급하니 혼란스러울 수 있으나 그때 비포장도로로 산판(벌목) 차인 지에무시(GMC 트럭)가 막 다니기 시작하던 시기였다. 어른들은 부역이라고 하여 시시때때로 마을별로 동원되어 길을 넓히고 길가의 나무들을 베거나 길을 닦고 정리하여 차가 다닐 수 있게 되었다.

 학교 수업하다 잠시 쉬는 시간에 저 멀리 방곡 쪽 방향에서 삼발이 트럭인 빵차가 올 때면 모두 흥분된 목소리도 모두 '빵차 온다, 빵차' 하며 반기었다. 그때 웅성거리며 설레던 친구들의 모습이 아직 눈에 아른거린다. 빵차가 도착하면 분유 배급처럼 빵 배급이 시작된다. 그렇게 받은 빵은 아까워서 부서질세라, 떨어질세라 애지중지하며, 고이 모시고 5km가 넘는 길을 단숨에 달려 집으로 가곤 하였다.

 빵을 집에 가져가면 집안 어르신인 할머니, 부모님이 조금 떼서 차례대로 드시는 시늉을 하셨다. 그 나머지는 우리들 몫이어서 맛있게 먹었다. 그때 할머니나 부모님도 그 빵이 우리처럼 맛있었을 것이다. 하지만 어린 우리를 위해 한 조각 드시는 시늉만 하고 양보하셨다. 그 마음을 알기에 어린 나이에도 할머니, 어머니께 자꾸 드시라고 하고는 입에 넣어드리곤 했다. 지금이야 그때의 추억을 소개하지만 가슴 아린 일이 아닐 수 없다.

지우개를 찾아서

　초등학교 2학년 때인 것으로 기억한다. 어느 날, 수업을 받다가 지우개가 그만 교실 마룻바닥 밑의 옹이구멍으로 빠져버리고 말았다. 그때는 교실 마룻바닥이 소나무 송판으로 깔려있는데, 옹이 부분이 광솔(소나무 진액)로 되어 있어 송판의 강함과 약함의 분리현상 때문에 교실 바닥 여기저기 군데군데 듬성듬성 옹이 빠진 구멍이 있었다.

　연필 한 자루, 공책 한 권…, 학용품도 귀하디귀했던 시절이다. 수업시간에 그 귀한 지우개가 하필이면 마룻바닥 옹이구멍으로 쏙 빠졌으니 난감했다. 엎드려 곁눈질로 구멍 뚫린 마룻바닥 밑을 보니 내 지우개가 보이는데 방법이 없었다. 자유시간에 마룻바닥 아래로 찾아 들어갈 방법이 있는지 학교건물 주변을 둘러보니 개구멍이 보였다. 엎드려서 포복하면 겨우 들어갈 수가 있겠다 싶어 머리를 들이밀어 보았다. 그리고 대충 짐작하여 지우개가 떨어진 교실 마룻바닥 쪽을 향해 머리를 쳐들고 기어들어가기 시작했다. 중간중간에 받쳐진 기둥 때문에 힘들었지만, 어차피 옷도 이미 모두 먼지투성이다 싶어 지우개 떨어진 방향을 향해 바닥을 기기 시작했다.

　그런데 기어가다 보니 지우개 떨어뜨린 데까지 찾아갈 필요까지 없었다. 조금 안쪽으로 기어들어 갔을까? 마룻바닥 밑에는 연필, 칼, 지우게, 동전 등 그야말로 그 당시 느낌으로 만물백화점에 온 듯 온갖 것들이 널려 있었다. 머리를 쳐들고 위를 보면 옹이구멍을 통하여 햇빛 같은 게 밝게 비쳐서 그 근방에 가서 파헤치면 쓰레기는 물론 오만 잡동사니가 다 있었다.

내가 마룻바닥 아래로 들어갈 때 옆에 친구들 서너 명이 있었는데 그들은 들어갈 엄두를 못 내 나 혼자 들어갔다. 한참이 지나도 들어간 내가 나오기는커녕 아무런 소리도 없자 친구들은 개구멍에 대고 '기원아, 기원아' 하며 밖에서 내 이름을 합창하며 불러댔다. 나는 친구들이 그러건 말건, 신이 나서 정신없이 보물들을 캐느라 답변할 겨를도 없었다. 마치 보물섬을 발견하여 혼자 부자가 되는 즐거움을 만끽하는 순간이었다. 현재까지도 당시 느꼈던 그 기쁨과 즐거움을 비교할 만한 순간이 없을 만큼 그때는 최고의 희열이었다.

나는 서너 군데 빛이 드는 구멍을 찾아 헤집고 다니며 양쪽 위아래 주머니에 연필, 지우개, 칼 등을 잔뜩 채웠다. 탐험(?)이 끝나고 마음은 개선장군처럼 하고 나왔으나 친구들이 본 모습은 영락없는 생쥐 꼴이었을 것이다. 나는 그 많은 것 중 심지어 하나라도 더 갖고 나오고 싶어 연필은 좋은 것을 입에 물고 개구멍으로 머리를 빼꼼히 내밀었다. 그 모습을 본 친구들 너덧 명은 눈이 휘둥그레졌다.

나는 눈이 휘둥그레진 친구들 앞으로 가 호주머니에 가득 찬 것들을 끄집어 내었다. 친구들은 감탄사를 연발했고 나는 마치 영웅처럼 하나씩 친구들에게 분배를 해주었다. 친구들에게 나눠주고 남은 몇 개는 집으로 가져와 형과 여동생에게 주었다. 그걸 본 부모님은 어디서 났느냐고 물어 자초지종을 설명했더니 위험하다며 하지 말라는 이야기와 함께 칭찬도 해 주셨다.

이후 내가 노다지를 캤다는 이야기를 들은 친구들이 나처럼 교실 마룻바닥 밑으로 들어가 훑었다는 소리가 들렸다. 시간이 지나고 나도 미련이 생겨 혼자 다시 한 번 들어갔다. 그러나 이미 많은 친구들이 훑고 지나가서 건질 것이 없었다. 처음에 비해서 없었다는 의미이고 그래도 몽당연필 몇 자루는 가지고 나온 거로 기억한다.

20여 년 동안 쌓인 먼지를 뚫고 찾은 옹이구멍으로 빠진 선배들부터 그때까지의 물건들은 내게 주는 선물이었고 기쁨의 순간이었다. 그리고 이제는 지울 수 없는 추억으로 남게 되었다.

글을 쓰다 그때 당시 우리나라의 경제 수준이 어느 정도였는지를 찾아보았다. 더불어 우리나라의 세계적 경제 위상도 궁금하여 포털사이트에서 들여다보았다.

1950~60년대 우리나라는 세계 120개국 나라에서 인도 다음으로 못사는, 거의 꼴찌에 걸쳐있는 가난한 나라였다. - 1961년 당시 1인당 국내총생산(GDP) 94달러

대한민국은 2024년 상반기 현재 1인당 국내총생산(GDP) 34,165달러로 32위에 속해있다. 일본은 33,138달러로서 35위이고, 미국은 87,373달러로서 6위에 속해있다.

GDP 기준 국가별 2024년 상반기 세계은행 데이터 경제대국 순위는 1인당 GDP와는 다른 순위임을 참조하기 바란다.

1위 미국 25.43조 달러

2위 중국 14.72조 달러

3위 일본 4.2조 달러

:

13위 대한민국 1.75조 달러

  대한민국 GDP는 1.75조 달러로 현재 세계 13위의 경제규모를 자랑한다. 반도체, 자동차, 조선 등 주력산업의 국제경쟁력이 한국경제의 근간이 되고 있다. 그러나 저출산·고령화(베이비부머 세대 문제), 노동시장의 이중구조, 주력산업의 기술격차 축소 등 구조적 문제점들이 드러나면서 장기적인 성장에 걸림돌로 작용할 것으로 예상되고 있다.

  앞으로 우리나라 경제가 어떻게 될지는 모르겠으나, 경제대국 10위권 진입이라고 미디어에서 떠들더니 살펴본 대로 2024년 상반기 세계은행 집계로 우리나라는 13위권의 경제대국이 되어 있음을 확인할 수 있었다.

대머리 교장 선생님에게 혼나다

초등학교 2학년 어느 날이었다.

수업시간에 내가 딴전을 피웠는지 선생님이 돌팔매질하듯이 내게 분필 동강을 던지시는 게 아닌가? 나는 깜짝 놀랐지만, 다시 수업에 집중하여 잘 넘어갔다. 그런데 10분간 쉬는 시간에 그 분필 동강이가 내 손에 있었던 게 문제였다.

칭찬받아야 할 선생님한테 혼났다는 속상함 때문에 나는 밖으로 나갔다. 분(화가)이 풀리지 않았던 나는 벽에 낙서하며 화풀이를 하였다. 당시 학교 벽은 송판에 콜타르(부식방지목)를 먹인 것으로 너와집 같은 벽면으로 지어져 있었다. 나의 낙서는 물결무늬를 그리며 그냥 죽 지나갔던 것 같다. 검은 송판에 흰 분필을 칠했으니 표시가 확 났을 테다. 물론 나는 낙서하면 안 된다는 사실을 알고 있었고, 잘못된 짓이라는 것을 알면서도 누구도 모를 거로 생각하며 낙서로 화풀이를 하였다.

낙서를 끝내고 다음 수업을 들으려고 교실로 들어왔는데 누가 찾는다기에 나가보니 대머리 교장 선생님이 서 있었다. 화가 나신 교장 선생님은 험상궂은 얼굴로 나에게 다그쳤다.

"네 이놈! 누가 이러라고 했어?"

화가 머리끝까지 오른 교장 선생님은 내 머리를 잡아 송판 벽에다가 쥐어박기를 반복했다. 머리에 피가 나지 않았을 뿐이지 참으로 많이 쥐어박혔다. 지금 같으면 아동 학대에 해당하겠지만, 그때는 교사의 훈육을 위한 매는 사랑의 매로 받아들이던 시기였다. 설령 잘못이 없어도 교장 선생님이 혼내면 나는 지은 죄 때문에 그대로 당할 수밖에 없었다.

쥐어박기를 멈춘 교장 선생님은 나에게 지시했다.

"걸레 가져와서 이거 다 지워!"

낙서를 다 지운 다음 검사받으라며 교장 선생님은 돌아갔다. 내 이마빡과 뒤통수는 밤탱이가 다 되었고, 얼굴은 눈물로 범벅이 되었다. 나는 아프고 서러웠지만 내가 벌인 일이니 교장 선생님 명령에 따라 열심히 낙서를 지웠다. 모두 깔끔하게 다 지우고 교장 선생님의 허락을 받고서야 수업에 참석할 수 있었다. 어리기만 했던 내가 한순간 실수로 곤욕을 치른 아팠던 추억이 반세기가 지난 지금도 생생하다.

쥐를 잡자! 쥐를 잡자!

　20여 년 전 시골집에 갔더니 기와집 천장에서 쥐들이 돌아다닌다고 어머니가 쥐들이 들락거리는 집 천장 입구에 끈끈이를 놓아두셨다고 했다. 나는 쥐가 잡혔나 궁금하여 입구에 가보니 쥐가 끈끈이에 붙어 움직이지도 못하고 눈만 멀뚱멀뚱 사람을 응시하고 있는 것을 본 일이 있다.

　대표적인 해로운 동물로 꼽히는 게 쥐다. 그러다 보니 쥐를 싫어하고 무서워하는 사람이 매우 많다. 나 역시도 다른 동물은 그리 징그럽거나 무서울 게 없는데 성인이 되어서도 쥐만큼은 몸이 오글거린다. 쥐는 밤에만 움직이고 번식력이 대단하여 잡아도 잡아도 현시대까지도 함께하고 있다. 매, 부엉이라든지 밤에 사냥하거나 움직이는 동물들에게 쥐는 최대의 먹잇감이다. 이들에게 쥐는 유익한 동물인데 해롭다는 건 지극히 인간의 기준인 셈이다. 나의 쥐에 대한 인식도 온갖 병(이, 벼룩, 이질, 유행성 출혈열)을 옮기고 사람이 먹어야 할 곡식을 먹어치우는 나쁜 동물이다.

　어릴 때 농약 먹고 죽은 쥐를 다시 먹은 우리 집 강아지 독구가 총알같이 이리저리 왔다 갔다 하더니 마룻바닥 어두운 구석에서 마치 살려달라는 듯이 두 눈에 불을 켜고 고통을 호소하며 죽어가는 모습을 본 적이 있다.
　어른들은 당시 강아지를 살릴 비방으로는 비눗물이나 양잿물(빨래를 희게 하기 위한 것/콩깍지나 짚 등을 태워 재를 우려낸 물)을 먹여야 하는데 미친

듯이 날뛰는 강아지를 잡을 길이 없어 물릴까 봐(미친개에게 물리면 약도 없다는 옛말이 있음) 잡으려는 엄두조차 내지를 못하였다. 애석하게도 같이 놀아주던 강아지 독구는 마루 밑 구석에서 죽은 것을 아버지가 발견하여 지게에 지고서 삽짝문 밖으로 나가셨다.

당시에는 국가적 쥐 잡기 운동이 펼쳐졌다. 학교에서도 아이들에게 쥐를 잡고 그 꼬리를 잘라서 가져오라는 숙제를 내줄 정도였다. 처음에는 쥐를 통째로 가지고 오게 하다가 나중에 쥐꼬리를 가져오게 하는 거로 바뀌었다. 그렇게 쥐꼬리를 학교에 가져가면 연필 한 자루, 또는 공책 한 권을 선물로 주었다. 간간이 선물을 받을 요령으로 친구가 가져온 쥐꼬리를 두 동강 내서 공책을 받으려다 선생님에게 발각되어 혼나는 모습도 연출되곤 하였다.

지금 생각하면, 어처구니없는 일이지만 식량이 부족하던 그때는 쥐들이 먹는 곡식 한 톨도 막아야 했다. 식량난에 허덕였던 그 당시에는 쥐 잡기는 그래서 국가적인 행사였다. 그러니 어디를 가든 곳곳에 다음과 표어가 붙었다.

> 매월 25일은 쥐 잡는 날!
> 다 같이 쥐를 잡자!
> 쥐는 살찌고 사람은 굶는다.

이런 표어와 함께 빨간색 바탕에 검은 쥐를 주사기로 죽이는 포스터가 마을 어귀 벽보판 또는 각 집의 기둥에 붙어있기도 했다. 이 모든 사실이 쥐 잡기가 국가 차원에서 밀어붙인 커다란 정책이자 국정 과제였음을 보여준다.

축제였던 운동회와 참새 잡기

120여 가구인 우리 마을은 면 단위에서도 큰 마을이었다.

그래서일까? 당시 초등학교 운동회 때면 마을 대항 여러 경기를 했는데 우리 서중마을이 항상 1~2등을 하였다. 초등학교 운동회지만 동네별 대표가 나와 경기를 하며 동네마다 참석하는 축제의 장이었다. 마을 대항 줄다리기를 하였고 자전거 타고 늦게 가기는 친형인 기동이 형이 2등, 100m 달리기는 박재호 형님이 1등, 400m 계주에서는 기석이 형님이 1등 하는 등 다른 마을을 압도하였다.

마을마다 종합우승을 차지하기 위해 치열하게 경기가 펼쳐졌다. 70년대 중후반에는 미국에 이민 가신 박종국 어르신이 마을 7대 이장이었다. 그분은 다른 마을과의 경기에서 우리 마을에 불리하게 판정한 심판에게 땅딸막한 몸을 좌우로 흔들며 뛰어가더니 두발차기로 기선제압을 하였다. 나는 어린 나이임에도 그 모습이 너무나 멋져 보여 지금도 가슴이 벅차오른다. 그래도 그때는 시끌벅적하게 서로 밀치고 말리고 하면서 큰 문제가 되지 않았다. 당시의 정겨웠던 초등학교에서의 시끌벅적했던 운동회가 새록새록 기억나며 그때로 돌아가고 싶어진다.

마을도 컸지만, 베이비붐 세대였던 만큼 우리 마을에서만 같은 학년 친구가 33명이었다. 그중에서 현재 22명은 연락이 가능하고, 7명은 소식을 알 수 없고, 4명은 고인이 되었다. 그중 1명 기락이라는 친구가 안타깝게도 고인이 되었다는 설과 어디 있는지 알 수 없다는 설이 갈리고 있다. 남은 친구들은 현재도 열심히 같은 하늘 아래서 인생 후반전을 살아가고 있다.

  당시만 하더라도 대가족 형태여서 조부, 조모, 부, 모에 자식들만 평균 3명 이상이었다. 그러니 한 가구에 최소 6명이라고 하더라도 120여 가구면 대략 720여 명으로 계산된다. 실제는 이보다 많아 8~900여 명은 됐을 것으로 보이며, 한 마을에 그 정도가 살아가니 늘 시끌벅적한 마을이었다. 2024년 12월 현재는 74가구 164명(남 81, 여 83)이 살고 있어, 아직도 작은 마을은 아니나 한 가구에 2.2명꼴이고 안타깝게도 신생아가 있다는 소식은 없다.

  다시 짚으로 엮은 초가집에서의 추억을 짚어본다. 겨울철 참새 잡기 이야기이다.

  추운 겨울밤 11시 전후해서 모두가 잠든 사이 친구들 너덧 명이어서 플래시를 들고 친구들 집을 포함하여 초가집 처마를 살펴보며 참새를 잡곤 했다. 참새는 초가집 처마로 굴을 만들어 들락거리는데 밤이면 그 굴에서 자기 때문에 그때 덮치면 쉽게 잡을 수 있었다. 그곳은 참새들의 보금자리인 셈인데 거기에 손을 들이밀어 잠자는 참새를 한 마리씩 꺼내고는 하였다. 어떨 때는 새들이 놀라 도망가기도 하였다.

  앞에서 여러 차례 언급했듯 이때는 배고픈 시절이었다. 참새 잡기뿐만 아니라 산토끼, 노루, 꿩 등을 잡아 배고픔을 채웠고 어떤 제재도 없었다. 앞에서 얘기했던 기락이라는 친구는 빨리 성숙해서인지 키가 컸다. 높이가 있는 처마의 참새를 잡으려면 몸집과 키가 작은 내가 항상 키가 큰 기락이 친구 목마를 타고 새를 잡고는 하였다.

그런데 어느 날 금사골 가는 맨 마지막 집 광태 아저씨 댁에서 발생한 일이다. 그날따라 나처럼 왜소했던 진묵이라는 친구가 '내가 할게' 하고는 기락이 친구 목마를 타고는 플래시로 불빛을 비추며 굴속으로 손을 쑥 들이밀었다. 그러더니 갑자기 "빨리 내려줘!"라고 몸부림치며 놀라는 괴성을 지르더니 쓰러질 듯 기락이 친구 목마에서 뛰어내려 도망을 가는 것이었다. 우리는 다 같이 놀라서 칠흑 같은 밤에 50여 미터를 삼십육계 줄행랑을 놓아서 서로 헉헉거리며 함께 모였다.

우리는 모두 놀란 토끼 눈으로 '뭔데?' 하고 물었다. 진묵이는 그때야 숨을 몰아쉬며 '뱀, 뱀…!' 하고 알려주었다. 추정해보면 겨울잠을 자는 뱀이 가을쯤 나무를 타고 올라가 지붕으로 내려와서는 참새들의 보금자리를 덮쳐 새들을 잡아먹고는 동면을 하고 있었던 게 아닌가 한다. 그 이후로는 겁이 나서 한동안 새 잡으러 가자는 이야기를 하지도 못했지만, 개량된 슬레이트 지붕으로 인해 더 이상 참새 잡기를 할 수도 없었다.

부모님과 영영 이별을 생각했던 사춘기의 아픔

할머니가 딸(고모)을 일곱이나 낳으시고 8번째로 태어나 막내로 자란 아버지는 말 그대로 막내였다. 앞에서 언급했듯이 아버지는 16세에 18세의 어머니와 결혼하셨다. 막내에 2살이나 더 어린 아버지는 어머니에게 철부지였을 수도 있다. 그래서일까? 두 분은 간간이 다툼이 있었고, 특히 아버지의 술로 인해서 불화가 잦았다.

아버지는 자식을 가르쳐야 한다는 열정과 일에 대한 욕심은 컸으나 막내로서 감당하기 어려운 것들(작은집 할아버지가 어르신이라고 가정을 가진 조카에게 자주 일을 시킴)마저 해야 했다. 작은할아버지의 이런 문제 때문에도 아버지는 어머니와의 다툼이 잦았다. 나이가 들어 지금 생각해 보면 내가 직장 생활하듯 아버지의 그런 모습도 일상적 사회생활이었음에도 그 당시, 특히 사춘기 시절에 나는 아버지로 인해 아픔과 고민이 많았다.

아버지는 평소 얌전하시다가도 술만 드시면 폭군으로 변하셨다. 그러나 다행스럽게 술 드시고 다른 분들과 싸움을 하지는 않았다. 오직 집에서만 먹던 밥상을 뒤엎는 등 폭군으로 변하곤 하셨다. 그 와중에도 어머니는 아버지의 그런 행동에 지지 않고 대응하며 말대꾸하셨는데, 가정을 꾸리고 살아보니 어머니의 당시 모습이 이해가 가기도 한다. 나 역시도 그런 적이 한두 번이 아니고 여러 번 있었으니 말이다. 다만, 술 먹고 그러진 않았음을 위안으로 삼을 뿐이다.

나보다 5살 위인 형은 내가 초등학생 때는 중학생, 내가 중학생일 때는 고등학생이어서 나처럼 집에서 이러한 부모님의 갈등 생활을 겪을 기회가 별로 없었다. 5살 아래인 동생 역시도 어려서인지 아픔이 있을 때 같이했던 기억이 없다. 어머니는 유난히 종손인 기동이를 위해서 살아가신다는 생각을 어릴 적부터 하곤 했다. 두 분의 싸움이 날 때면 어머니는 늘 '기동이는 날 주고 헤어지자'고 하셨는데, 그런 어머니가 어린 나에게도 참으로 황당했다. 그때는 황당했지만, 이 나이까지 살아보니 그때 어머니의 표현이 결국은 가정을 내팽개치지 않고 유지하고 싶었던 속마음이었음을 읽게 된다.

　다만, 두 분이 싸울 때면 당신들의 어머니이신 할머니와 나는 두 손을 부여잡고 더운 여름날에도, 추운 겨울날에도 그 모습을 피해 삽짝문 밖에서 훌쩍이곤 했다. 할머니는 '아이고 내가 자식을 잘못 키웠어!' 하시며 내 손을 꼭 잡으시고는 탄식하며 눈물을 쏟곤 했다. 그럴 때면 나도 덩달아 눈물이 주르륵 흘러내렸다. 나 역시 가정을 꾸린지 40여 년이 다가오는데 내 가정에 이러한 아픔을 겪게 한 적이 없다고 부인할 수 없다. 살아보니….

　중학교 1~2학년 때였던 걸로 생각되는 어느 날이다. 그 날도 밤새도록 두 분의 싸움은 계속되었고 어머니는 아버지가 던진 젓가락이 눈언저리에 꽂혀서 이불이며 방바닥에 피범벅이 되었다. 힘으로 아버지를 당할 수 없는 나는 새벽 2~3시에 동편에 있는 작은집 아저씨 댁으로 달려갔다. 모두가 자는 그 시간에 아저씨 댁 문밖에서 외쳤다.

　"아저씨요! 저희 아버지랑 엄마랑 싸워요. 좀 말려주세요!"

그렇게 울면서 애원하던 날이 내 기억으로는 참으로 많았다.

언젠가부터 나는 두 분이 싸우고 난 다음 날이면 아버지께 울며불며 대들 듯이 말씀드렸다.
"아버지! 왜 자꾸 술주정으로 어머니나 우리를 못살게 하세요?"
그럴 때면 술에서 덜 깬 것 같은 아버지는 반쯤 몸을 일으키시고는 '내가 언제 그랬냐?'며 멍하니 황당해하셨는데 그 표정이 지금도 잊혀지지 않는다. 그때는 몰랐다. 술을 마시고 기억을 못 하는 게 유전인지, 누구나 그런 것인지? 언젠가 나도 술을 많이 마시고 필름이 끊겨 보고서야 어렴풋이 이해하게 되었다. 나 역시 소주 1병 반 이상을 마시면 자제력을 잃게 되고 그때부터는 말술로 변해서 기억이 상실됨을 경험을 통해서 알게 되었다. 술 이야기는 다음 기회에 또 하고 싶다.

내 나이 60이 되어 노모에게 물은 적이 있다.
"그때는 왜 그리 싸웠어? 엄마!"

어머니는 자세한 얘기는 안 하셨지만, 그 배경에는 여러 가지가 작용했다. 어려운 살림에 일을 해야 하고 집에 할 일도 많은데 아버지가 주막에 앉아 술만 드시니 어머니는 울화통이 터져서 그리 잔소리를 했을 터이다. 그 잔소리에 또 아버지는 술에 취한 김에 어머니에게 손찌검하며 폭군의 모습을 보였을 것이다. 알고 보면 결국은 두 분의 다툼도 먹고사는 문제에서 비롯했다는 생각이 든다.

어머니가 젓가락에 눈언저리를 맞아 젓가락을 뽑으니 피가 솟구쳐 온통 피 범벅이 되던 날, 나는 유서를 썼다. 내 기억으로는 두 분이 자꾸 싸우면 죽겠다는 유서를 쓴 다음 언젠가는 아버지께서 보실 거로 생각해 족보에 넣어두고는 평상시 생활대로 생활해 갔다. 지금 생각해 보니 당시 어린 나이임에도 살고 싶은 몸부림이었다고 자화자찬해 본다. 1년에 12분의 기제사를 모시기 때문에 아버지께서 곧 보실 거라 생각해서 어린 나이에도 그리했던 거로 기억한다. 그래서일까, 한동안 아버지께서 술 드시는 일이 주춤했다.

아픈 기억을 자꾸 이야기하자니 눈물이 앞을 가려 그만해야겠다. 지금 생각하면 내가 느꼈던 고통은 수많은 생과 사를 넘나들며 일생을 살아오신 분들을 생각하면 그나마 행복한 고통이었다. 이 순간, 세상에서 나를 가장 이뻐해 주시던 할머니가 그리워 또 눈물이 앞을 가린다.

3부

나의 가족, 나의 고향

할아버지와 아버지 고향으로의 이사와 전학

할아버지는 4남매 중 맏이셨고 고향인 문경 산북면 서중이라는 곳에서 보릿고개를 넘기기 힘들다고 동생들에게 땅마지기를 넘겨주고 골짜기인 명전당골(현재 당곡)로 들어가셨다는 이야기를 앞에서 한 적이 있다.

당시 할아버지가 어머니(내겐 증조할머니)를 모시고 어려운 고행길을 택하셨던 것을 보면 참으로 살기 위해 힘들게 눈물겨운 결정을 하셨다는 생각이 든다. 증조할머니가 돌아가시고는 당골 삼막골 아늑한 양지에 모셨다. 이후 기일이 되면 산북 서중에 사시던 두 분의 작은집 할아버지는 당시 걸어서(차가 없었음) 9시간 거리를 오셔서 제사를 지내고 가시곤 하셨다.

기일이 11월 중순이어서 가을걷이를 막 끝내시는 즈음에 해가 뉘엿뉘엿 질 무렵 모든 식구들이 마을 어귀에 시선이 갈 때쯤 두 분이 흰 도포 자락을 휘날리시면서 오른손에는 지팡이, 왼손에는 조기 한 마리를 들고 오시고는 하셨다. 당시 조기는 내륙지역에서는 귀하디귀했던 음식이어서 제사상에서나 맛볼 수 있는 음식이었다. 제사상 필수 차림에 속해있지만 웬만해서는 조기 없이 제사를 지내기가 일쑤였다.

아무리 없고, 힘들고 어려워도 조상에 대한 예를 다하시는 모습을 보고 자란 나의 입장에서 오늘날 간소화한 제사 문화나 그런 제사도 안 지내는 현재 생활이 마음 편할 리 없다는 것을 가족이 이해해 주었으면 하는 마음을 갖게 된다.

그즈음 나와 다섯 살 차이가 나는 형이 중학교에 들어갈 때가 되었다. 부모님 고향인 산북 서중에는 걸어서 등하교할 수 있는 산북중학교가 있었다. 그래서 아버지는 자식 공부는 가르쳐야겠기에 형을 작은집 할아버지 댁에 맡겨놓으시고 중학교에 보냈다.

당시에는 중학교도 시험을 치르게 되어 있어서 시골 명전 깡촌에서 자란 형님은 한 학년 유급까지 해서 겨우 졸업을 했다. 당시 중학교부터 시험으로 가야 했기에 그나마 산북중학교는 서중마을 어르신인 권가 종손의 소개로 들어갈 수 있었던 것으로 기억한다. 이후 형님은 열심히 하셔서 대학원까지 졸업하시고 교육자(선생), 교육사업(유치원 운영)에 종사하시다가 퇴임하셨기에 이 글에서 밝힌다.

아버지께서는 형을 맡겨놓았으니 자식을 위해 쌀이라도 팔아드리러 그 집에 들르곤 하셨다. 가서 보면 공부하라고 맡겨놓은 자식인데 당신의 작은아버지는 자식인 형에게 일만 시켜서 아버지 생각과는 달랐다. 소죽(소먹이)을 끓이게 하거나, 요강을 비우게 하거나, 당신들 자식들은 맛있는 거를 자유롭게 먹는데 형은 그러하지 못하니 마음이 많이 상하셨던 모양이다.

당시 아버지는 맏이인 기동이 형한테 다녀올 때면 속이 상하셨던지 술을 많이 드시고는 어머니께 자식들을 위해 빨리 이사하여야겠다고 푸념하시곤 하였다. 이후 자식들 앞날을 위해서 다시 고향으로 이사해야겠다는 마음을 굳히시고는 그동안 명전당골에서 담배며, 감자, 고구마 농사 등을 지으며 알뜰살뜰 모은 땅마지기는 헐값에 동네 분들에 넘기셨다. 그렇게 현재 어머니가 살고 계시는 산북면 서중리에 집을 사고 땅마지기를 사서 다시 할아버지와 아버지의 고향으로의 귀향하시게 되었다.

그때가 내가 초등학교 4학년 1학기가 막 끝나고 2학기가 시작되는 시기였던 것으로 생각된다(1969년 중순). 어릴 때는 우물 안의 개구리같이 당시에 다니던 학교가 최고였다고 생각했으나 산북초등학교에 전학하니 명전초등학교는 비교가 안 됐다. 명전은 1학년에서 6학년까지 6개 반밖에 없었으나 산북은 한 학년이 3개 반까지 있었으니 18개 반이나 되는 으리으리한 학교였다. 작은집 기대 형께서 나를 데리고 입학시켜 주시겠다고 학교 교무실을 찾는데 어디가 어딘지 모를 정도였다.

전학하던 날 담임 임광수 선생님이 '너 오늘 공부하고 갈래, 내일부터 공부할래' 하기에 공부에 열의가 있었던 나는 공부하고 가겠다고 하니 4학년 2반에 배정해 주셨다. 선생님은 장호경 친구 책상 옆에 나를 앉혀 주셨다. 당시 선생님이 책 읽을 사람 손 들어 하기에 냅다 손을 들었는데 나에게는 책도 없었다. 결국, 옆의 호경이 친구 책을 빌려 읽어 내려갔던 기억이 지금도 생생하다.

훗날 호경이 친구가 하는 말이 생각난다. 호경이는 '그때 너 공부 되게 잘하는 줄 알았다'고 놀려댔다. 전학하기 전 1학기 통지표는 '우, 수, 수…'였는데 2학기 전학 와서는 적응을 못 하였는지 '양, 가, 양, 가…'였다. 그러니 호경이가 전학 당시 보여준 모습과 달리 성적이 그 모양이니 놀랄 만도 하다.

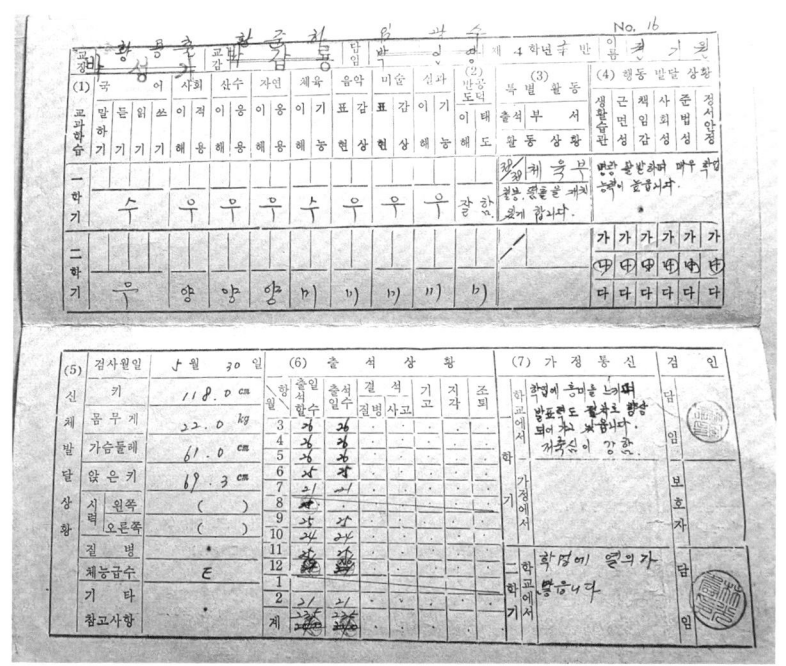

 이 통지표와 그 시절의 우수 상장을 나의 어머니께서는 계속 보관하셨다. 수십 년이 지나 내가 결혼하고 손자가 태어나서야, '이젠 네가 간수하여라' 하며 내게 건네셨다. 내겐 너무나 소중한 추억과 선물이었다. 앞에서도 언급했듯이 자식이 훌륭한 사람이 되었으면 하는 부모의 끝없는 사랑의 마음이 담긴 듯해 가슴이 뭉클하다.

유서 깊은 서중리와 석전놀이

내가 1969년 중반 할아버지, 아버지의 고향이자 선대의 고장인 서중마을로 이사 왔을 때 당시 그곳은 120여 가구가 넘는 큰 마을이었다. 명전당골 우리 집은 원체 큰 소나무를 이용해서 잘 지었기에 서중마을로 이사 오면서 그 집을 해체해서 대들보, 서까래 등을 그대로 옮겨 집을 지었고, 그 집이 현재 서중에 있는 집이다. 현재의 집이 지금 볼 때는 볼품도 없고 그러하지만, 그때는 동네 분들이 모두 모여서 땅을 다지며 지은 집이다.

당시만 하더라도 땅을 다지는 방법은 3~40kg(추정) 되는 돌을 볏짚으로 엮은 새끼줄(밧줄)에 십자로 묶어서 '어~이 덜구야' 하며, 동네 장정 열댓 명이 균형을 맞추어 들었다 놓기를 반복하는 것이었다. 그렇게 집터를 골고루 다지는 모습을 봤던 게 눈에 선하다. 남자들이 집터를 다지는 동안 동네 아낙들은 마당 한쪽에서 부침개와 소머리국밥 등을 준비하였고, 일이 끝나면 준비한 음식에 막걸리를 더하여 동네잔치가 열리는 것 같았다. 지금이야 포크레인 한 대로 1시간이면 할 것을 하는 생각이 들지만, 그때는 그게 최선이었다. 그리하여 현재의 집이 탄생하였다.

고향 후배 정식 군이 내게 알려준 바에 의하면, 2024년 12월 현재 서중마을은 74가구에 164명(남 81명, 여 83명)이라고 한다. 1년 후배인 정식 군은 같은 베이비부머의 막내로서 현재 고향의 역사문화에 많은 조예와 관심을 갖고 고향

마을의 유적과 문화유산의 발자취를 발굴, 보전하는 데 힘쓰고 있다. 참으로 본보기가 되는 것 같아 응원을 보내고 있다.

그가 내게 보내준 자료에 따라 서중리 유래를 정리해 본다.

서중리는 청동기 유적이 출토된 지역으로 일찍이 촌락을 이루었고, 조선조 초기에 밀양 박씨, 안동 권씨, 전주 이씨, 안동 김씨가 입향하여 현재의 집성촌 마을을 형성하였다.

마을 이름은 앞산인 근품산(近品山)의 근(近)에 품(品) 자와 산(山) 자를 합친 암(嵓) 자를 차용하여 근암(近嵓)이라 하였다 한다. 이후 1614년 근암서당(현 근암서원)이 건립되어 서원리로 불리다가 1614년 4월 1일 리, 동 행정개편과 함께 산서면 웅연마을(웅창)과 봉저리 탑골(재배기) 일부를 병합하여 서중리가 되었다고 한다.

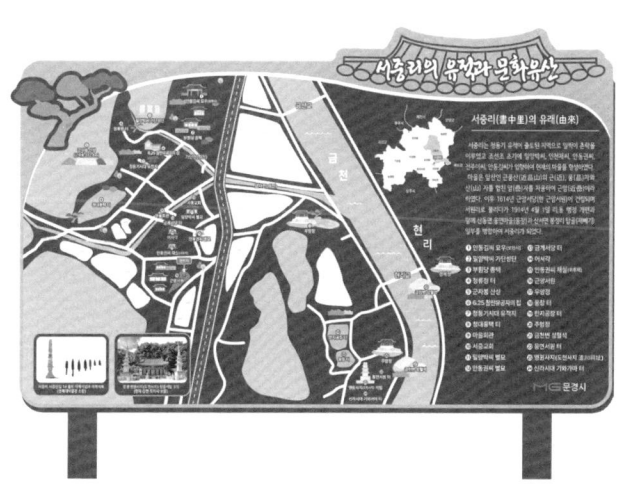

서중리 유적과 문화유산 안내도

그 후배는 24곳의 유래를 발굴하여 표식을 세우고 마을의 문화유산을 후대에 물려주고자 부단히 노력하고 있다. 고향에 그런 후배가 있다는 게 자랑스럽고 듬 직하다. 그를 응원하는 마음으로 문경박물관에 갔다가 우연히 알게 된 서중리에 전해 내려온 석전놀이를 알려주기도 했다. 그 석전놀이를 여기 소개한다.

석전놀이 추상도(출처 = 문경시 옛길박물관)

석전놀이를 접한 건 25년여 전 부모님 회갑 때이다. 문경에 살았지만 같은 문경이라 하더라도 우리 마을이 북부에 치우쳐 있고, 살기에 바빠 다른 일에는 관심을 두지 못하다 보니, 그 유명하다는 문경새재 관문인 1관문, 2관문, 3관문을 가보지 못했다. 부모님 회갑을 맞아 동네 분들과 회갑잔치를 하고 다음 날 온 가족이 문경새재 구경을 가기로 했다.

1관문 어귀에 문경박물관(2009년 재개관/옛길박물관) 입구에 들어서서 2층으로 올라가는 계단 통로 우측에 서중리와 현리 간의 냇가를 경계로 한 돌팔 맹이놀이(석전놀이) 유래를 보게 되었다. 그 기억이 뇌리를 떠나지 않았는데 후배가 지역의 유적발굴을 하고 있다기에 도우려는 마음이 들었다. 그래서 그곳을 다시 방문해 확인하려다 가지 못하던 차에 2024년가 12월 도서관에서 그 자료를 찾게 되었다. 그 자료를 후배에게 제공하고 나니 나 역시 일조했다는 생각에 뿌듯했다. 문경시 옛길박물관의 석전놀이 자료를 여기 옮겨본다.

석전놀이

경상북도 문경시 산북면 서중리(안동 권씨, 안동 김씨, 밀양 박씨, 전주 이씨 집성촌)와 산양면 현리(인천 채씨 집성촌, 근현대 대표 유명인: 고 채문식 국회의장), 이 두 마을 간에 벌어지는 석전놀이!

고려 때 이미 국가적 연중행사로서 임금의 관저하에 시행되었다. 이는 전쟁에 대비하는 연무의 의의를 가진 전투적 유희였으며 실전연습의 유희였다.

신라에는 석투당(石投幢)이라는 돌팔매질하는 군대가 있었고, 고려 때에도 성행했는데, 특히 고리 우왕은 이에 깊은 관심을 두었다고 한다. 또 석전을 전투기술로 활용하기도 하였는데 석투반(石投班)과 석투군(石投軍)이 그것이다.

조선조 중종 5년 삼포왜란 때에는 안동 김해의 석전 선수를 모집하여 왜인을 격파하였다. 조선 말기까지 매년 정월이면 벌어졌으나 일제 강점기 금지령이 내려 점차 없어졌다.

문경의 석전은 서중리와 현리 두 마을 어린이에 의해 열리는데 서중리 편이 이기면 현리에 있는 배(梨)를 전부 차지하고, 현리 편이 이기면 서중리의 탱자 열매를 전부 차지한다는 약속 아래에서 행해진다.

서중리와 현리 두 마을 청소년들은 추석을 전후하여 두 마을 사이의 경계인 금천을 사이에 두고 각각 양쪽에 작은 돌멩이를 가지고 모인다. 서로 포진하고 기다리다가 명령이 떨어지면 함성을 지르면서 진퇴를 거듭한다. 적진 중에 표적이 되는 물건을 빼앗는 것으로 승패를 결정한다.

한국 6·25전쟁을 전후하여 전승은 중단되었다고 한다.

석전놀이를 했던 서중리와 현리 위성지도

새마을운동과 프로레슬링

　서중마을은 밀양 박씨, 안동 권씨, 안동 김씨, 전주 이씨 등이 2~30여 가구씩 모여 총 120여 가구를 이루는 집성촌이다. 여러 집안이 있다 보니 서로 양반이라고 보이지 않는 암투나 경쟁심리가 심했던 것으로 생각된다.

　여기서는 짧게 안동을 본으로 하는 성씨에 대하여 알아본다.*
　안동 권씨(安東權氏): 본 성은 신라 김씨였으며, 시조 태사공(太師公)이 고려 초에 사성을 받음.

　안동 김씨(安東金氏): 시조는 선평(宣平)
　안동 장씨(安東張氏): 시조는 정필(貞弼)

　세 성은 신라 말기 안동에서 왕건이 견훤을 토벌할 때 함께 공을 세우고 모두 태사(太師)의 벼슬에 올랐고, 안동에 있는 태사묘(太師廟)에 함께 위패를 모셔 제향(祭享) 하고 있다. 항간에는 세 태사가 서로 형제이기 때문에 자손들이 서로 혼인을 할 수 없다는 말까지 하고 있으나 이는 잘못 알려진 사실이라고 한다. 나 역시 어른들이 하는 이야기를 귀동냥으로 듣고 그리 알고 있었는데 오촌 당숙 되는 오창 아저씨께서 펴내신 권가의 유래를 읽고 바로 알게 되었다.

＊ 『근암 권문의 유래』(권오창 지음) 참조.

그래서일까?

마을은 택호(우리 어머니는 괴산에서 태어나 영주에서 시집왔다고 하여 영주댁)를 사용하였고, 우리는 자라면서 어린 나이임에도 항렬을 따졌고, 초등학교 때부터 아버지 또래분들에게도 '형님 나오셨능교(무리실 댁 형님)' 하고 인사해야만 했다. 그리고 항렬이 낮으신 아버지 친구분께서는 '아제 나왔는가?' 하는 높임말 인사를 받으며 청소년기를 보내야만 했다.

1970년경 새마을운동이 막 시작되던 때는 아침마다 라디오 방송 또는 마을 이장 집에 설치된 스피커에서는 새마을 노래가 흘러나오곤 했다. TV(흑백)는 산북초등학교와 마을에 한두 대 겨우 있었던 것으로 기억된다.

그때 가장 인기가 있던 건 프로레슬링 김일 선수와 일본 이노키 선수와의 대결 등 세기의 프로레슬링이었다. 그 레슬링을 보러 마을 사람들은 저녁을 일찍 먹고는 4km가 넘는 학교 운동장으로 모였고, 저녁 6시경인데도 학교에서는 운동장 한쪽에 흑백 TV를 놓고 레슬링을 볼 수 있게 하였다. 박치기 왕! 김일 선수가 피범벅이 되어서도 일본 선수들을 이마로 박치기하여 승리할 때의 쾌감은 모두가 주체할 수 없었다. 모인 사람이 얼마나 많았는지 레슬링이 끝나고 나면 집으로 가는 신작로(도로)에는 어른이나 아이 할 것 없이 긴 행렬이 장관을 이룰 정도였다.

그 이후 우리 옆집 상태네 집에도 TV가 들어오면서 어머니한테 10원을 달라고 졸라서 저녁 먹고는 쪼르르 달려가서 10원을 내고는 12시 애국가가 나올 때까지 보고 오곤 하였다. 지금 생각해 보면, 저녁 늦게까지 어른들은 이미 이부자리를 편 늦은 시간인데도 끝까지 TV를 보여주시던 이웃 어른의 고마운 마음을 읽게 된다. 또한, 늦게까지 TV를 보고 와도 크게 혼내시지 않은 부모님의 마음도 헤아려 보며 감사한 생각이 든다. 내 자식이 그랬다면 아마 인내하지 못하고 당장 혼을 냈을 텐데 부모님은 너그러우셨다. 권총을 든 사나이들의 혈투인 미국 서부극 링고의 귀환, 수사반장, 암행어사 등은 나에게 이웃 어른들에게 밉상을 감수하면서까지 보고 싶은 프로그램이었다.

당시 집권했던 박정희 대통령이 작사·작곡했다던 새마을노래! 인터넷을 찾아보니 그 시절의 노래 음이 들리는 듯하다.

1절

새벽종이 울렸네 새아침이 밝았네
너도나도 일어나 새마을을 가꾸세

2절

초가집도 없애고 마을길도 넓히고
푸른동산 만들어 알뜰살뜰 가꾸세

3절

서로서로 도와서 땀흘려서 일하고
소득증대 힘써서 부자마을 만드세

4절
우리모두 굳세게 싸우면서 일하고
일하면서 싸워서 새조국을 만드세

후렴
살기좋은 내마을, 우리 힘으로 만드세

새마을운동이 본격화하면서 각 마을에 새마을 지도자가 생겨나고 오밀조밀하게 살던 각자의 집으로 들어가는 골목길을 넓혔으며, 기존 흙길을 시멘트와 아스팔트로 포장하였다. 또 초가지붕을 슬레이트 지붕으로 고치고 서양식 현대화 주택으로 새로 짓는 등, 마을 전체가 탈바꿈하는 운동이 전개되었다. 마을 길을 넓히는 것도 골목길 각자 집의 땅을 양보하여 동네 어른, 청년들이 모여서 삽과 곡괭이와 손수레를 사용하여 직접 하는 그야말로 힘든 노동이었다.

그 당시 우리 집 앞에는 커다란 고목 뽕나무와 약초인 작약과 목단을 심었고 현재의 대문 앞에는 커다란 바위가 있었다. 어느 날 학교 갔다가 오니 어른들이 우리 집 현재의 대문 앞에서 마을 길을 넓히는 작업을 하다가 웅성웅성하고 있었다. 가보니 당시 새마을회장이셨던 동편에 계시는 권오철 아저씨가 "야, 이거 참 아깝다. 부러지지만 않았어도 참 좋은데…." 하셨다. 아저씨는 부러진 돌칼을 손에 들고 안타깝다는 탄성을 내며 이리저리 둘러보고들 만지셨다. 작업을 하시던 동네 어르신들 모두 호기심 어린 얼굴로 지켜보셨다. 나도 얼굴을 빼꼼히 들이밀며 뭔 일인지 구경하였던 기억이 있다.

그때 어린 나는 아무것도 모르니 보기만 했을 뿐 그게 어떤 것인지 몰랐다. 그런데 앞글에서도 언급했듯이 후배 정식 군이 마을 서중리의 유적과 문화유산을 발굴한 것을 보니 그 당시 출토되었던 돌칼과 석촉이 경북대학교 박물관에 소장되어 있다는 사실을 알 수 있었다. 참 기쁘고 반가웠다. 다음 사진은 경북대박물관이 소장한 그 석검과 석촉이다.

그때만 해도 문화유산 관리가 지금과 달리 소홀했을 텐데 마을 어른들은 유물이 출토되면 신고해야 한다는 것을 알았던 것 같다. 그걸 알고 신고하여 현재까지 유물로서 영구히 보존되고 있으니 당시 마을 어른들에게 고마운 마음을 갖게 된다.

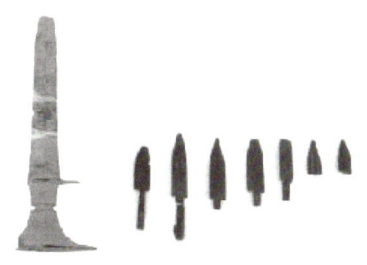

서중리 서중안길 14 출토 마제석검과 마제석촉
(경북대박물관 소장)

사진에서 보는 것처럼 마제석검(석촉)은 버들잎 모양의 몸체에 양 측면에 날이 세워져 있는 짧은 석칼로 청동기시대에 쓰였다고 한다. 마제 석검(석촉)은 돌을 정교하게 갈아 만든 칼로, 청동기시대 지배층의 상징물이다. 우리 마을에 유적과 문화유산이 많이 발견된 것은 오래전부터 살기 좋은 곳이었다는 증거인 듯해 뿌듯하다. 이런 사실을 마을 후배를 통하여 알게 되니 그 후배가 더없이 소중하다는 생각이 든다.

우리 마을에는 70년도 초에 전기가 들어왔고 이전까지는 밤이면 호롱불을 사용하였다. 초가지붕은 가을 추수 후 남은 볏짚을 엮어 올리는데 헌 볏짚은 걷어

내고 새 볏짚으로 교체하는 작업을 매년 해야 한다. 이런 어려움과 번거로움이 있다 보니 새마을운동을 하며 이를 슬레이트(반영구적) 지붕으로 교체하였다.

그때는 정부도, 개인도 모르고 초가지붕의 번거로움에서 벗어나고자 너도나도 슬레이트 지붕으로 개량하였다. 하지만 이 슬레이트 지붕에 쓰이는 석면이 1급 발암물질이라는 사실이 밝혀지며 사용이 규제되었다. 오래전에 설치한 슬레이트 지붕도 폐기하고자 할 때는 해당 지방자치단체를 통해 전문 업체에서 철거하도록 해야 한다. 임의로 철거하면 발암물질에 노출될 뿐 아니라 자칫 여러 문제가 발생할 수 있음을 알아야 한다.

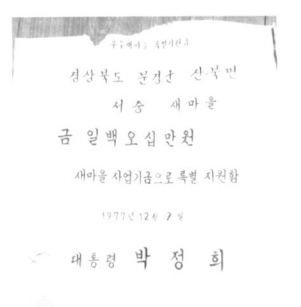
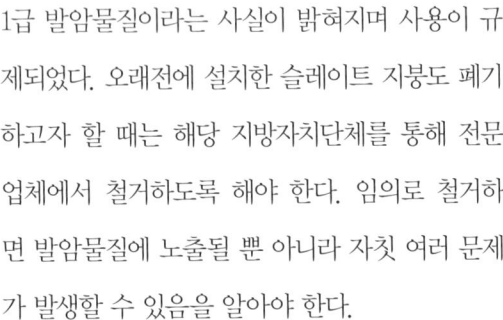

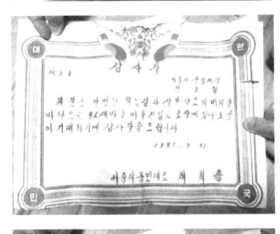

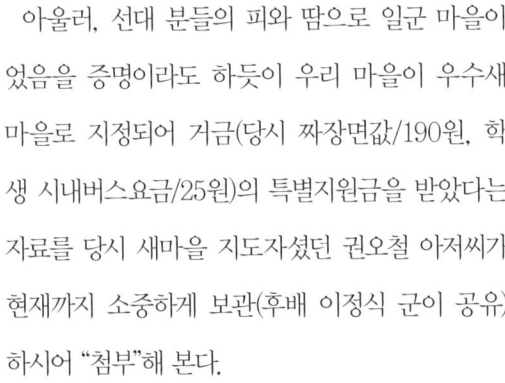

아울러, 선대 분들의 피와 땀으로 일군 마을이었음을 증명이라도 하듯이 우리 마을이 우수새마을로 지정되어 거금(당시 짜장면값/190원, 학생 시내버스요금/25원)의 특별지원금을 받았다는 자료를 당시 새마을 지도자셨던 권오철 아저씨가 현재까지 소중하게 보관(후배 이정식 군이 공유)하시어 "첨부"해 본다.

그리고, 마을의 발전을 위해 선대 분들의 노고에 대한 감사의 마음을 전해드리고자 한다.

집성촌의 첫 번째 수입원, 벼와 보리농사

　4남매 중 맏이였던 할아버지께서 집성촌인 서중에 있는 땅마지기를 동생들에게 물려주고는 노모를 모시고 화전민이 되어 월악산의 명전당골 골짜기로 들어가셨던 것처럼, 아버지는 할아버지를 명전당골에서 여의신 다음 노모(할머니)와 처자식을 데리고 다시 당신 아버지 고향인 서중으로 이사를 하셨다. 서중으로 이사 오니 할아버지 형제인 둘째, 셋째 할아버지 댁은 서중 동편에 있었고, 막내 고모할머니는 조치원으로 시집가셨다.

　아버지는 평소 못 배운 게 한이라면서 자식들만큼은 땅마지기를 팔아서라도 공부시켜 훌륭한 사람이 되기를 바라셨다. 그런 희망을 가지셨던 아버지는 학교와 가까워 아무래도 공부에 유리한 서중으로 이사를 가야겠다고 생각하셨다. 다만, 시골에서 부모님과의 생활은 공부할 수 있는 여건과는 동떨어져 청소년 시절을 보내야만 했다. 일테면 공부는 하라고 하시는데 일손이 부족하니 일을 거들어야 하는 실정이었기 때문이다. 나만이 아니라 당시 시골생활을 하는 모든 친구들이 예외일 수 없었다. 걸어 다닐 수만 있으면 뭐라도 일을 거들어야 할 만큼 일손이 부족했던 시절이었다.

　우리 마을의 농사 중 주요 수입원은 첫째 쌀(벼)과 보리농사, 둘째 누에고치(잠업) 농사, 셋째 담배농사, 세 가지였다.

　2~3월에 담배 씨앗을 따뜻한 아랫목에서 싹을 틔워 1포기씩 심을 수 있는 비닐 포트에 모종을 심어 키운 다음 밭으로 옮겨 심고 길러 담뱃잎을 수확하

였다. 뽕나무 새순이 돋아나는 3~5월에는 누에를 길렀다. 그리고 가을에는 보리를 파종하여 5월에 수확하고 곧바로 벼를 심었다. 이 세 가지 농사로 일 년 내 바빴고 그러다 보니 학교에 다녀오면 책가방은 던져놓고 부모님 일손을 거들며 청소년기를 보내야만 했다.

먼저 첫 번째 주요 수입원인 벼와 보리농사에 대하여 이야기하고자 한다.
 요즘은 보리농사를 그때처럼 많이 짓지도 않지만 예전 방식이 아닌 탓에 보리밟기 행사는 이제 가물가물 잊혀가는 과거의 일이 되어버린 듯하다. 중학교 시절 학교 운동장에서 교장 선생님의 훈시가 끝나면 전교생이 보리밟기에 동원되곤 했다.
 학교 앞에는 넓은 논이 형성되어 있어서 우리는 그곳의 넓은 논을 보뜰땅이라 칭하였다. 그 논은 겨울이면 얼어서 서릿발이 서기 때문에 그 상태로는 놓아두면 뿌리가 말라 죽게 된다. 그래서 전국 어디든 겨울이면 보리밟기를 하였는데, 이는 국가에서 장려하는 일종의 식량 증산 정책이기도 했다. 보리밟기에 학생들을 동원하였고 우리 학교에서도 예외 없이 국가의 정책에 맞춰 전교생이 학교 앞에 있는 보리를 밟아주는 일이 연례행사였다.
 전교생과 선생님들이 1~2시간 동안 보리밟기를 하였는데 우리는 기차놀이하듯 어깨에 손을 얹고는 보리밟기를 놀이처럼 하기도 하였다. 그 당시 우리는 그렇게 왜 밟아야 하는지도 잘 모른 채 선생님들의 지시에 따라 장난삼아 그냥 밟았다. 추운 겨울이다 보니 밖에서 행사처럼 진행하는 게 싫기도 했다. 밟아야 하는 이유를 선생님들이 설명은 했을 테지만 철이 들고 보니 제대로 알았더라면 더 살뜰히 소중한 마음으로 꼭꼭 밟았을 텐데 하는 생각을 하게 된다.
 늦가을에 심은 보리는 겨울과 봄을 거쳐 4월 중하순에 수확을 하고 5월 초순에는 벼를 심게 된다. 지금이야 이모작이 별로 없지만, 식량이 부족하던 그 때는 이모작으로 보리와 벼를 번갈아 심으며 땅을 놀리는 일이 없었다.

벼는 지금은 이앙기 등 기계로 심지만 그 당시에는 모두 사람 손으로 심어야 했다. 모심기는 못줄을 튕겨서 못줄에 빨간 표시를 한 다음 15~20cm 간격을 정해서 심게 된다. 어린시절 우리 집 모심기를 할 때 나의 역할은 동생과 양쪽 논두렁에서 줄을 튕겨주는 일이었고, 10여 명의 어른들은 튕겨주는 줄을 따라 커다란 논에 반듯하게 모를 심는데 빠른 손놀림이 예술이었다. 나 또한 중고등학교에 들어서면서 모심는 달인이 되었다고 해도 손색이 없었다고 자신 있게 말할 수 있다.

포털사이트에서 기록을 찾아보니 다수확품종인 통일벼가 1971년 탄생하였고 77년에는 유사 이래 쌀 생산량이 660만 톤을 기록(2024년 우리나라 쌀 생산량 358만 5천 톤) 했다.

그리고 헥타르당(1ha=3,025평) 4.94톤으로 세계 최고 기록을 세웠다고 한다.

또한, 누구나 세끼 쌀밥을 먹을 수 있는 "녹색혁명", 보릿고개를 옛말로 만든 계기가 되었다고 한다.

21세기를 사는 지금은 그 부족했던 쌀이 남아돌고 있다. 쌀농사를 짓지 않더라도 쌀농사의 안정을 위해 고정 직불금 또는 변동 직불금 제도 등을 도입하여 농가소득을 일정 보장해주기에까지 이르렀다. 세월이 흐르고 우리 밥상과 직결된 쌀농사마저 이렇게 변하다 보니 참 아이러니한 세상에 살고 있음을 실감하지 않을 수 없다. 한편으로는 꽁보리밥도 귀했던 시절 가족들의 생계유지를 위해 화전민이 되어 떠돌던 조상님들과 내 할아버지 할머니의 모습이 그려져 속상하기도 하고 마음이 숙연해진다.

집성촌의 두 번째 수입원, 누에농사

두 번째 주요 수입원은 누에농사였다. 이에 대하여 이야기해 보자.

누에농사는 그해 어느 정도 양의 누에를 칠 것인지 정하여 미리 누에 알을 신청하고, 3월 중하순에 마을 이장을 통하여 신청한 누에 알을 받는다. 밖은 쌀쌀한 이른 봄이어서 받은 누에 알은 작은 양말케이스 크기의 종이상자에 넣고 따스한 안방 아랫목에 이불로 감싸서 놓아둔다. 그러면 얼마 후 그야말로 좁쌀의 3분의 1 정도의 크기 누에들이 꼬물꼬물 알에서 깨어나기 시작한다.

이때쯤이면 할머니는 가끔 들로 나가 냉이와 쑥 등을 캐오시고는 며칠이 지날 즈음 산과 들의 나무에서 새순이 돋아나기 시작한다. 새순이 돋는다는 것은 누에들의 주요 먹이인 뽕잎도 자라남을 알려준다. 4월 초순에서 중순으로 접어드는 새순이 돋아나는 시기는 그야말로 온 천지가 연녹색으로 파릇파릇해지며 날은 포근해진다. 이제 알에서 깨어난 누에가 본격적으로 자랄 때가 된 것이다.

여기서 제비에 대한 추억을 잠시 이야기하고자 한다.

이때쯤이면 강남 갔던 제비 한 쌍이 돌아와서는 지지배배 지지배배 하며 빨랫줄에 앉아 다정하게 서로를 마주하고 고개를 좌우로 흔들며 애틋한 사랑을 표현하며 지저귄다. 제비는 이제 봉당(마루를 놓을 자리를 흙바닥 그대로 둔 곳) 위의 대들보 언저리에 집을 짓기 시작한다. 그러면 아버지께서는 새끼들의 분비물로 인해 지저분해지거나 흙집이 무너질세라 나무판으로 아래를 받쳐주신다.

 음력 3월 3일은 삼짇날이다. 그 당시에는 삼짇날을 설날, 단오, 칠월 칠석처럼 명절로 생각하며 운수가 대통하는 좋은 날이라고 여겼다. 삼짇날을 강남 갔던 제비가 돌아오고, 뱀이 겨울잠에서 깨어나기 시작하는 날로 생각하고, 봄을 알리는 명절로 받아들였다. 이때쯤 나비나 새도 나타나기 시작한다. 경상도 북부지방에서는 이날 뱀을 보면 운수가 좋다고 하고, 또 흰나비를 보면 그해 상을 당하며, 노랑나비를 보면 행운이 온다고 한다는 이야기를 들은 기억이 있다. 내 생일이 삼짇날이기도 하다.

 기억으로는 초등학교 다니던 때(월악산 중심 삼막골)부터 중학교 때인 70년대 초까지만 하더라도 내 생일날 학교에 가기 위해 아침밥을 먹을 때쯤이면 할머니가 삽짝문에서 보자기가 덮인 광주리를 이고 나타나셨다. 광주리를 내려놓고 덮인 보자기를 열면 그을린 양은냄비에 김이 모락모락 나는 먹음직스러운 흰 쌀밥이 있었다. 할머니가 산에서 지어온 밥이었다. 그것을 봉긋하게 그릇에 담아 맨 먼저 나에게 주셨다. 내 생일이어서 그러셨던 모양인데 나뿐만 아니라 온 식구가 함께 나누어 먹었다.

 할머니는 그 새벽에 깊은 산속, 아마 마을 뒷산으로 올라가는 골짜기의 정안수가 흐르는 어느 한적한 곳에서 기도하는 마음으로 한 해의 풍년과 가족의 건강과 손자인 기원이와 자손들의 복을 빌며 밥을 지었을 것이다. 지은 밥으로 먼저 산신에게 제사를 지내고, 가지고 와 가족과 함께 나눠 먹었을 것으로 추측한다. 지금에야 그때 할머니의 가족, 손자 사랑하는 마음을 느끼지만 그때는 몰랐다.

누에고치 이야기하다가 잠시 제비 오는 삼짇날의 추억에 빠져보았다.

누에는 꿀벌과 더불어, 인간이 오래전부터 사육한 대표적인 가축 곤충이다. 대략 1만~5천 년 전 중국에서 견직물을 얻을 목적으로 누에를 기르기 시작하였다고 한다.

포털사이트 '다음'에서 검색한 알, 유충(누에), 번데기, 성충(나비)으로 이어지는 누에의 성장 과정을 소개한다.

첫 번째 단계는 알 단계이다.

암컷 누에가 알을 낳는 과정은 매우 중요하다. 한 마리의 암컷 누에는 약 300에서 400개의 알을 낳을 수 있으며, 이 알들은 보통 뽕나무 잎에 붙어 있다. 알은 약 일주일 정도 지나면 부화하여 유충으로 성장하게 된다.

두 번째, 세 번째, 네 번째의 유충 단계는 누에고치의 생애에서 가장 중요한 시기이다.

이 시기에는 주로 뽕나무 잎을 먹으며 급속도로 성장한다. 유충은 여러 번의 탈피를 통해 크기를 키우며, 일반적으로 4~5번의 탈피를 거쳐 최종적으로 성체에 가까운 크기로 성장하게 된다. 이 과정에서 누에는 매우 많은 양의 뽕나무 잎을 소비하며, 하루에 자신 체중의 약 10배에 해당하는 식량, 즉 뽕잎을 섭취한다고 한다.

유충은 성장 과정이 끝나면 번데기 단계로 넘어가고, 유충은 자신을 감싸고 있는 실크 실을 만들어 고치를 형성하게 된다. 이 과정에서 누에의 타액선에서 분비된 실크를 입에서 토해내면 단백질이 굳어져 고치의 형태를 이루며, 고치는 일반적으로 약 3일에서 7일 사이에 완성되고, 이 기간 동안 누에는 외부의 위협으로부터 자신을 보호하게 된다.

마지막 단계는 성충 단계인 나비로 변태하는 과정이다.
완성된 고치에서 누에는 성충으로 변태하여 나비가 되며, 이 과정은 보통 10일에서 14일 정도 걸리게 된다. 성충이 고치를 뚫고 나오는 순간, 새로운 생명의 시작을 알리는 시기이기도 하다.
성충이 된 후, 누에는 다시 짝짓기를 통해 새로운 알을 낳게 되고, 이러한 과정이 반복되게 된다.

나는 어린 시절부터 부모님과 할머니께서 이렇게 누에 기르는 것을 도와드리며 자라왔다.
알에서 깨어난 꼬물이들은 약 2주 정도인 보름 단위로 잠을 잔다. 그리고 하루 이틀 잠을 자는데 그 모습이 마치 정지된 상태인 듯 그대로 멈춰서 일제히 잠을 잔다. 보거나 경험하지 못하면 이해가 가지 않을 만큼 일제히 동작 그만이라도 하듯 그대로 멈추고, 또 일제히 먹이활동을 한다.

안방과 사랑방에는 바닥과 발을 이용한 3층 높이(60cm)에 누에를 기르는데 그 틈바구니에서 누에와 같이 동고동락하며 잠을 같이 청해야만 했다. 밤에도 쉴 새 없이 뽕잎을 먹고 응가를 반복하다 보면 5주째부터 본인의 입을 통하여 실크 실을 뽑아내며 고치를 짓기 시작한다. 조용한 밤이면 꼬물이 누에들이 일제히 뽕잎 먹는 소리가 사각사각 들리곤 하였다. 잠을 잔다는 것은 몸의 각질 탈피를 통하여 성장한다는 것인데 그리 잠을 자는 동안 성장하여 통상 다섯 잠을 잔다.

　그 당시 누에농사가 성행해서 그럴까?
　지금도 산이나 들, 논두렁, 밭두렁에는 뽕나무가 많다. 이 뽕나무는 잎부터 열매(오디), 나무, 줄기, 뿌리껍질(상백피)까지도 하나 버릴 것 없이 사람에게 유익하다. 하물며, 새싹이 나기 전 뚝뚝 잘라서 꽂꽂이 형태로 심어도 뿌리를 내려 잘 자라고, 새가 인삼이나 산삼의 씨앗을 따먹고 분비물에서 자란 것이 산삼이듯이 뽕나무 열매, 오디를 따먹은 새의 분비물에서 자란 것이 산뽕나무이다. 잘 살펴보면 산의 여기저기에 뽕나무가 많고 고목이 된 뽕나무도 많음을 알 수 있다.
　그런데도 누에들이 먹는 뽕잎은 항상 부족하였다. 아버지가 지게에 뽕나무 잎을 지고 마당에다가 내려놓으면 할머니, 어머니께서는 발에 있는 고치들에 뽕잎을 주셨다. 그래도 부족하면, 할머니는 새벽녘에 산으로 가 산뽕나무에서 뽕잎을 따 싸리 대리끼(바구니)에 담아 어깨에 메고, 머리와 허리춤에는 뽕잎을 싼 보자기를 이고 메고 나타나시곤 했다.

　생 뽕잎이 담긴 광주리가 얼마나 무거운지를 아는 우리는 학교 가려고 밥 먹다가도 펄떡 일어나 신발을 신을 틈조차 없을 정도로 할머니에게 달려가 광주리를 받아들었다. 그렇게 맨발로 뛰어나가 광주리를 받아 들면 광주리가 그야말로 돌덩이같이 무거웠다. 새벽부터 그 험준한 산을 오르내리시며 뽕잎을 따 오신 그 수고로움이 어린 나에게도 느껴졌다. 누에는 잘 먹지 못해 제대로 실을 토해내지 못하면 결국 고치를 작게 짓거나 짓다가 마는 경우가 발생하고 상품가치가 떨어진다. 할머니는 그런 일이 없도록 그 시기에 누에 먹이가 부족하지 않도록 온 산천을 헤매신 것이다. 단신으로 작은 체구의 할머니가 뽕잎을 이고 메고 삽짝문에 들어서면 얼굴과 몸체는 보이지 않고 풀섶이 움직이  듯 들어오시곤 했는데 그 할머니 모습이 그립다. 힘들게 살아오신 할머니 모습이 그려지니 마음이 아려오기도 한다.

할머니가 따온 뽕잎으로도 부족하면 구두뽕(꾸지뽕)을 고육지책으로 따서 먹이곤 하였다. 꾸지뽕은 잎이 두껍고 억세다. 누에들도 맛을 알기에 꾸지뽕 잎을 주면 겨우 먹는 시늉만 하는 듯했고, 그럴 때면 할머니나, 어머니께서 한숨지으시며 안타까워하시던 표정이 수십 년이 지난 지금도 눈에 선하다. 우리는 어릴 때 꾸지뽕을 구두뽕이라 하였는데, 최근에는 한방에서 꾸지뽕 열매를 약재로 주로 많이 사용한다고 한다.

먹고사는 문제 해결을 위해서 그렇게 힘들게 살던 시절이었다. 이러한 농심의 마음을 자식이나 손주 녀석들은 알기나 할까? 자못 궁금해진다. 이를 모르는 오늘날 젊은이나 아이들에게 이런 사실을 이야기해 주고 싶다.
'이러한 과정을 거쳐 너희가 풍족해지게 되었다고. 너희가 더욱더 열심히 발전하고 행복하게 잘 살아가는 것이 보상과 보답의 마음이라고!'

집성촌의 세 번째 수입원, 담배농사 1

주요 수입원 세 번째는 담배농사이다.

담배농사는 마을에서는 주요 수입원 세 번째이지만, 우리 집의 가장 큰 수입원은 단연코 담배농사였다. 우리 집뿐만 아니라 이 담배농사가 주요 수입원인 집이 몇 집 있었다.

소소하게 고추농사, 소를 한두 마리 먹여 파는 것(송아지 판매), 마늘농사 등을 하여 계절 중간중간 시장에 내다 팔면서 가족들이 쓸 용돈과 공납금을 마련하고 고등어 반찬도 사는 등, 부모님께서는 그렇게 생활을 이끌어 가셨다.

시골생활에서 가장 어려웠던 점은 일상에서 필요한 돈이 정기적으로 들어오지 않는 것이었다. 주요 수입원인 쌀농사, 누에고치 농사, 담배농사는 몇 개월에서 일 년까지 농사를 지어서 추수해야만 목돈을 손에 넣을 수 있는 구조기 때문이다. 그런 부모님은 또박또박 매월 봉급이 나오는 공무원이나, 교사를 그리 선호하셨다. 오죽하면 담배농사용 담배 건조실을 지옥 같았다고 했을까? 부모님은 자식들만큼은 지긋지긋하게 일하고도 돈도 안 되는 농사짓는 일만큼은 대를 물려주고 싶지 않으셨다.

농사를 지으며 들어가야 하는 종잣값이며, 품값, 농약값 등은 이자에 이자를 더해서 빌리거나 융자를 받아 써야 했고, 벼, 누에, 담배를 수매하고 목돈이 생기면 빌린 돈을 갚았다. 그 돈을 갚고 나면 살림을 꾸리고 갈 돈이 생기게 되는데 사실 이마저도 수매를 잘해서 등급이 잘 나와야 그나마 조금의 이윤이 생겼다. 그러니 최상등급을 만들려고 온갖 노력을 할 수밖에 없었다. 특등급부터 5등급까지 있었는데 여차하면 등외품이 나오기도 해서 농사에 온갖 정성을 들여야 했다.

담배는 특히 등급 받기가 어려운데 노랗게 잘 말려야 특등, 1등급이다. 조리는 말린 잎을 하나하나 펼치면 검은 티끼가 있는데 이것을 하나하나 가위질을 해서 한 움큼씩 낡음(꽁다리)을 만드는 작업을 가리킨다. 동네 아낙 어른들 7~8분이 마루에 빙 둘러앉아 담배 조리를 하였는데, 나와 아버지는 조리한 담배를 등급별로 분류해서 사각으로 된 나무틀에 아버지께서는 차곡차곡 넣으면 나는 거기에 올라가서 밟는 일을 하며 도와 드리곤 하였다.

그때도 동네 아낙들 옆에서 아버지와 나는 담배를 사각 나무틀에 차곡차곡 넣고 떡시루 같이 빼서 거치(볏짚) 포장작업을 하고 있었다. 1972년경에 우리 마을에 전기가 들어오기 시작했으니 1970년경 이야기인 듯하다.

그때만 해도 각 방에 요강을 두고 잠잘 때 소변이 마려우면 요강에 쉬를 하곤 하였다. 작은집 할아버지와 할머니가 주무시는 방에서 손녀인 성희가 같이 잠을 자다가 벌어진 일이었다. 1970년경이면 성희가 초등학교 4~5학년 때로 호롱불을 사용하던 시절이다. 대체로 방에 요강을 두고 자면 호롱불에 불을 켜는 게 번거로워 어두운 채로 요강을 찾는다. 어두운 방에서 윗목에 두는 하얗게 보이는 것을 찾으면 요강이니 보통 그렇게 쉬를 한다.

그날도 손녀인 성희는 자다가 소변이 마려워 일어났던 모양이다. 잠결인 성희 눈에 하얀 것이 들어왔다. 성희는 그것(할아버지 머리)이 당연히 요강인 줄 알고 하얀 요강에 걸터앉았다. 그 순간 요강인 줄 알았던 것은 할아버지의 하얀 머리였고, 자제력이 없었던 성희가 쉬를 하는 바람에 놀란 할아버지는 두 손으로 냅다 던지듯이 밀쳐버렸다고 한다. 그 이야기를 하며 모두 웃음바다가 되었고, 옆에서 일하다가 들은 나와 아버지도 배꼽을 잡고 웃어야만 했던 지난날이 생각난다.

요즘이야 시골집들도 집안에 수세식 화장실과 샤워시설이 갖추어졌지만, 당시만 하더라도 재래식 변소이다 보니 모든 집이 사기로 된 흰 요강이 한두 개씩 있었다. 작은집 할아버지는 그때만 해도 쌀가마니를 번쩍번쩍 드실 만큼 엄청 건장하셨다. 힘이 넘치는 할아버지가 놀라 요강인 줄 알고 앉은 어린 성희를 냅다 던졌으니 성희는 또 얼마나 놀랐을지 짐작이 간다. 성희 역시 놀라서 1~2m 되는 문지방 구석에서 처박혀 울지도 못하고 낑낑대고 있었다는데 언제 들어도 한바탕 웃음이 나오는 이야기이다.

성희는 나와 나이가 같다. 얼마 전 작은집 아즈매(성희 어머니)가 돌아가셔서 만났는데 그때 생년월일이 빠른 내가 오빠라고 하니, 나이가 같은데 무슨 오빠냐면서 함께 웃으며 추억의 이야기를 나누었다. 부산으로 시집가 그곳에 살며 아들 둘을 두고 잘살고 있다고 하는데 어느덧 나와 같은 60대 중반이 되어 있었다.

나는 지금도 농사 중에 담배농사가 제일 힘들다고 생각한다. 단지, 내가 자라면서 아버지가 농사지으시는 것을 보며 자라고 도와드린 정도이지만 여러 농사를 그렇게 겪어보며 내리는 판단이다.

담배농사 이야기는 다음 글에서 이어간다.

집성촌의 세 번째 수입원, 담배농사 2

담배농사 기억을 더듬어 담배 모종부터 수납하기까지의 과정을 정리해 본다.

1. 담배 모종 가꾸기와 밭에 심기

　조합장으로부터 올해는 우리가 얼마나(몇단) 할 것인지 씨앗을 신청하면 구정 전에 씨앗을 수령하게 된다. 비닐하우스를 설치하고 엄청 작은 담배 씨앗을 모판에 부어서 습기를 유지해주면서 낮에는 햇볕을 저녁에는 꺼치(볏짚으로 엮은 발)를 덮어 동해를 입지 않도록 관리하며 씨앗을 싹 틔워 애지중지 키우게 된다.

　잎이 자라서 뿌리가 튼실해지면 포트(비닐 상자)에 옮겨서 밭으로 이식할 때까지 아주 정성스레 키운다. 잎담배를 이식할 밭을 장만하고 거름 준비하여 둔다. 담배밭에 이식하는 날에는 동네 여러 사람이 힘을 합하여 구덩이 파기, 물동이로 물 져다 나르기, 심는 담당 등 각기 업무를 분담하여 종일 담배 모종을 밭에 이식한다.

　비닐이 보급되기 전이라 생육이 더디다가도 여름 장마를 만나면 너무 웃자라고, 봄에 가물다가도 장마철 거름기를 많이 먹으면 시커멓게 자라 잘 익지도 않고 담뱃잎에 반점이 많이 생기곤 한다.

담배가 익는다는 것은 담배나무가 크면 1.5~1.7m 정도 되는데 담뱃잎은 맨 밑의 담뱃잎부터 검은 담뱃잎은 내버려 두고 노르스름해지는 것을 따야 상등급이 나오게 된다. 그래서 담뱃잎을 딸 때는 담배나무 맨 밑의 노랗게 물들어 가는 한두 잎을 따서 담배골 밖의 아버지 지게 옆에 놓거나 아버지에게 드리면 지게에다 실으셨다.

1973~4년경부터 비닐 보급으로 여름방학이 시작되기 전에 잎담배 건조가 끝나서 후속 이모작으로 콩, 메밀 등을 재배 생산하고는 하였다.

여름이 되면 어김없이 시작되는 담배농사! 담배를 뜯는 일은 징그러운 일이었다. 담뱃잎은 끈적끈적하고 냄새가 독했다. 이슬이 마르지 않은 아침에 담배 밭에 들어가면 옷은 금세 젖어 몸에 달라붙었다. 허리를 굽혀 아래쪽부터 약이 오른 잎(노랗게 변해 가는 것)만 하나씩 줄기에서 따서 차곡차곡 겨드랑이에 차고 한 가닥이 되면 고랑에 내려놓았다.

담뱃잎을 뜯고 나면, 아버지는 지게에 담배를 지고 담배 건조실이 있는 집까지 날랐다. 2~3km 되는 거리였다. 그 무거운 것을 지게에 지고 나르는 것은 참으로 힘든 일이다. 특히 담뱃잎이 생잎이라 더욱 무거웠다. 중고등학교 때부터 아버지가 만들어주신 작은 지게를 지고 소먹이나 나무하러 다녔기에 지게질이 힘들다는 것을 잘 안다.

그나마 새마을운동으로 마을 길을 넓히면서 손수레, 소를 이용한 우마를 활용할 수 있는 시기로 발전되었다.

2. 담배 건조 준비

심은 담배들이 아주 예쁘게 잘 자라 사람 키만큼 커서 여름방학이 시작되면 익은 담뱃잎부터 따서 건조하여야 하는데, 이게 보통 일이 아니다.

바소고리(바지게)를 짊어지고 날씨가 더워지기 전에 담뱃잎 딴다고 이른 새벽부터 담배밭 나가서 따기 시작했다. 한 바지게가 차면 집으로 끙끙 지고 와서 바닥에 담뱃잎 줄기가 부러지지 않게 살포시 그늘진 곳에다 부어놓게 된다.

담뱃잎 끼우는 일은 주로 내가 담당했다.

새끼줄에 아주 큰 잎은 1개, 작은 잎은 줄기 등끼리 맞대어 굵게 꼬아진 새끼줄에다 끼워서(1발이라고 함) 접어두면서 3발 정도 무더기무더기 쌓아 놓는다(너무 많이 포개면 열이 나서 누렇게 떠 불량품이 됨). 한두 번 사용한 새끼줄은 그나마 담뱃잎 끼우기가 쉬운데 새 새끼줄은 진짜 손이 아프다. 담뱃잎 끼우기는 우리 마을에서도 우리 집에서도 내가 제일 잘 끼운다고 자부하며 진짜로 열심히 부모님 일을 도와 드렸던 것 같다.

물집이 생기고, 반창고를 바르고, 꾸덕살이 생기면서까지 해야만 했고 그것도 빨리하지 않으면 여름철에는 열기에 의해서 썩기 때문에 잎을 건조하고 말려도 노란색이 나오지 않아 시간과 다투어야 하였다. 바쁠 때는 새벽 2~3시까지 하다가 잠시 담배 발을 헤치고 공간을 확보하고 잠들었다가 씻고는 학교에 갈 때도 있었다.

이렇게 새벽부터 시작된 일은 다음 날 오전까지 밭에서 따서 집으로 운반하는 작업, 담뱃잎을 새끼줄에 끼우는 작업이 완료되면, 이제는 담뱃잎을 건조하기 위하여 건조실에 매다는 일이 시작된다. 건조실의 매다는 칸 수에 맞추어 담배줄을 계산하여 분배하면 5칸 정도이다. 담배발 매다는 칸이 있다면 위에 올라가는 양쪽 사람이 5-3번 칸까지 담배발을 칸에 매달고, 그 밑에 사람이 2-1번 칸을 맡는다.

한 사람을 건조실 바닥에 쌓아 놓은 담배 발을 밑에 사람에게 이쪽저쪽 펴 위로 올려주고 5-3번 칸에 차례로 매달면 그에 맞추어 밑에 사람도 맞추어 매단다. 이렇게 매달다가 건조실 마지막 벽면에 닿으면 5번에서부터 한 칸씩 마무리 작업을 하면서 내려오게 된다.

마무리 작업 시에는 공간도 비좁아 강도가 더 센 작업이 된다. 서로 모두가 벽에 기대어 공간을 확보하기 위해 땀 범벅된 몸으로 나머지 한 발을 달고는 마무리를 하게 된다.

3. 엽연초 건조하기

담배발을 건조실의 나무 칸에 매다는 작업이 완료되면 건조실 아궁이에 불을 지피게 되는데 처음에는 아주 약한 불로(황변 본다고 함) 온도를 조정한다. 즉, 수시로 건조실 높이가 다른 여러 곳에 만들어 놓은 관찰용 유리를 통하여 온도와 습도계를 관찰하여 전체적으로 담뱃잎이 누렇게 변하면 불을 세게 지펴서 누렇게 변한 그 색깔 그대로 완전 건조를 시키게 된다

건조실 바닥에 설치되어 연결된 함석 배관을 통하여 온도를 가열시키는데(그

당시 본 기억은 연료도 차츰 변하여 장작으로 태우다가, 조개탄으로, 6구 3탄 연탄으로 변화하여 가다가 건조실 규모를 줄이고 기름으로 변하였음). 이때 아버지께서는 잠도 자지 않고 온도를 일정하게 유지 시켜주기 위하여 정성을 다 하셨다.

연료를 때는 과정에서 마을에서도 안타까운 사연들도 발생하였다. 집성촌이 다 보니 한 집 건너 친척들이다. 내가 중학교 때이니 한마을 친척 누이는 고등학생 정도였던 것으로 생각한다.

누이 아버지께서 마실에 일이 있어서 가시며 잠시 자리를 비워 누이한테 대신 연탄불 좀 잘 보라고 하셨다고 한다. 조개탄이 다 타기 전에 조개탄을 삽으로 넣어줘야 하는데 누이 역시 잠시 친구들과 놀며 딴전을 피우다 와서 보니 불이 꺼지려고 하였다. 누이는 아버지의 불호령이 떨어질 것 같아 걱정이 앞섰던 모양이다. 조개탄을 일정하게 불을 유지한다는 것이 여간 어려운 것은 아니다. 그래서인지 불을 지피기 위해 아버지가 휘발유를 사용하던 것을 봐온 누이는 옆에 있던 휘발유 통을 들고 그대로 아궁이에 조금 쏟는다는 것이 휘발유 통에 불이 붙으며 폭발을 하고 말았다.

동네 어른들이 주축이 되어 긴급하게 서울 유명 화상병원으로 이송하였으나 며칠 뒤 가망이 없다는 소식이 동네 어른분들 입소문으로 들려왔다. 안타까운 것은 몸은 그러한데 누이 정신은 매우 온전하다는 것이었다고 한다. 살 가망이 없다는 의사 진단에 다시 집으로 되돌아오면서 누이가 했다는 말이 자꾸 떠오른다. 그리고 마음이 아려온다.

"아빠, 나 살고 싶어…!"

결혼을 하지 않은 누이는 산속 깊은 곳에서 동네 어른들이 화장을 했다는 이야기를 이후 귀동냥으로 들었다.

나는 의무병과 전문 교육을 받고 야전에서, 병원에서 근무한 경험이 있기에 이 부분의 예후를 언급하면, 이렇다.

보통 환자의 화상 면적에 따라 사망 가능성이 커진다. 대략 20% 이하면 치료하면 사망하지 않는다. 또한, 대략 20% 화상 환자는 20%가 사망한다. 화상 면적이 35%를 넘게 되면 사망 가능성이 매우 크게 되며, 대체로 패혈증(혈액이 인체에 침입한 세균에 의한 감염)으로 사망한다고 배웠다.

다시 담배 건조하는 과정을 언급하고자 한다.

앞에서 이야기했다시피 꾸준하게 불을 때지 못하거나 자칫 시간이 지나 꺼지는 날에는 그 힘들게 매달았던 건조상태가 1등급 꾀꼬리같이 노랗게 나오기가 어려워서 항상 긴장을 늦출 수밖에 없다. 수시로 높은 사다리, 낮은 사다리를 이용하여 관찰용 창틀을 통하여 담배의 건조상태를 확인하면서 온도를 조절해 준다.

또 건조실 맨 꼭대기에는 습기를 조절하여 주는 큰 창이 있어서 짚을 엮은 꺼치를 이용하여 수분을 조절하여 주기도 한다. 때론 아버지께서 기원아 저기 건조실에 올라가서 꺼치(짚으로 엮은 발) 좀 열고 와라, 덮고 와라 하시면 나는 날다람쥐같이 겁도 없이 지붕 끝까지 올라가서 심부름을 마치고 내려오곤 하였다. 그래서인지 몸도 왜소했지만 건강했고 날렵했다고 자화자찬해 본다.

이렇게 며칠(약 2주)에 걸쳐 담뱃잎 건조가 완료되면 담배발을 풀어 내리는데 바싹 마른 담뱃잎이 부서지지 않게 건조된 담배발을 한발씩 풀어 내린다. 이때 소량의 물을 뿜어 습기를 머금어 부서지지 않게 하는데 시간이 잘 맞으면 비 오는 날에 정리한다. 이때 가장 좋은 말이 "담배 색이 꾀꼬리 같이 났네"(꾀꼬리같이 담배 건조가 노랗게 잘 되었다는 말)였다.

다음에는 건조된 담뱃잎 줄기가 부서지지 않게 빼서 반 아름 정도씩 짚으로 묶어서 보관하게 된다. 보관된 담뱃잎은 여름 장마철에 일일이 흠집을 떼어내면서 손질을 하게 되는데 먼지도 참 많이 나고 냄새가 독하다. 앞에서도 언급했듯이 동네 아주머니들이 10여 분 모여 상호 품앗이하거나 서로 도와주는 형태의 농사를 지으셨다.

힘든 작업인데 담뱃잎의 색깔별, 크기별로 분류하여 지름 5cm 정도 되게 꼭지를 지어 담뱃잎으로 이쁘게 싸서 분류 보관하여 둔다. 이렇게 꼭지로 싸서 분류 작업이 완료되면 이제는 마지막으로 등급별로 약 20kg 정도로 꺼치를 싸서 등급별(수납 경험에 의한 자체등급)로 최종 분류를 하게 된다.

4. 엽연초 수납하기

당시에는 전매청(현재 KT&G)에서 잎담배 수납을 받기 위하여 각 면 단위로 이동하면서 수납하였다. 그런 일정에 맞추어서 마을별로 수납하는데 각 동네별 마을 총대(마을별 담배 관련 책임자)가 정해지면 새벽밥 해 먹고 황소가 끄는 달구지에 가득 싣고는 수납장으로 향하는데, 이때 부정 탄다고 마을의 부녀자는 아예 아침 일찍 마을 길에 얼씬을 하지 않는 풍습도 있었다.

이렇게 차례대로 수납이 끝나면 누구는 1등품이 많이 나왔네, 누구네는 등외가 얼마이네 하면서 kg당 가격을 계산하고는 희비가 엇갈리기도 한다. 수납하고는 곧 2~3일 후면 바로 정산을 한다. 아버지는 그 담배 수납한 돈을 찾아서 4부~5부로 빌려 쓴 돈을 갚으러 다니시는데 그 핑계로 술을 많이 드셨던 거로 생각이 난다.

당시에 담배농사는 농민들이 전매청과 100% 계약 재배를 하는 덕에 안정적으로 생산하고 수납하며 그 수납 대금을 확실하게 받을 수 있는 매력이 있어서 농촌의 그 어려운 현실, 즉 가난을 물리치는 데 크게 일조하지 않았나 생각된다. 겨울 방학에도 나는 아버지와 볏짚으로 담배 새끼줄을 만드느라 바빴고, 산에 나무하러 다니느라 공부할 겨를도 없었다.

지금은 담배 경작하는 사람들이 극소수이고 옛날 방식의 고된 작업이 크게 개선되었다고 한다. 현재는 비닐 멀칭으로 재배하여 방학하기 전에 일찍 건조 작업이 완료되고 무연탄 대신에 기름을 태운다. 담뱃잎도 새끼줄에 일일이 끼우지 않고 벌크건조기인 짚게 타입으로 집어서 한 사람이 서서 작업 할 수 있는 낮은 공간에서 담뱃잎 건조 작업을 한다고 한다. 그러나 내 고향 마을에는 담배 경작하는 가정을 보기가 힘들다.

흡연과 금연의 차이

나는 20살에 군에 입대해서 담배를 배웠고 42세에 담배를 끊었다. 피우고 22년 끊고 23년이 흘렀다. 군 시절 지급되는 화랑 담배 때문에 배우게 되어 하루에 한 갑 반 정도씩을 피웠다. 그 시절에는 담배의 유해성에 대한 이야기가 없었다. 더구나 국가에서 전매청을 운영하고 군에서는 의무적으로 하루에 한 갑씩 화랑 담배를 지급하였다. 그래서 담배를 배우게 되었다.

제대 후 담배를 끊으려고 온갖 노력을 다해 보았다. 그러고 나서 22년이 흐른 42살에 끊었다. 이빨이 망가져 치과를 방문해서 담배가 원인이라는 이야기를 듣고 그날부터 실천하게 되었다. 의사 선생과의 약속을 지금까지 지키게 되었고 지금도 3~4개월에 한 번씩 예약 방문해서 치과 치료와 스케일링을 하고 있다.

나 역시 이런 계기가 되어 끊었지만, 담배는 그냥 지금 당장 생각 없이 끊어야 한다고 조언하고 싶다. 당시 담배 끊기가 참 힘들었지만 끊고 나니 이렇게 쉬운 걸 왜 진작 못 끊었는지, 빨리 끊지 못한 것이 가끔 후회가 밀려오기도 했다.

담배를 끊었다고 생각이 들었을 때 가장 미안했던 사람은 집사람이다. 가끔 담배 피운 사람과 대화 중에 참으로 역겨운 냄새를 맡을 때면 수십 년 동안 집

사람이 나에게서 역겨운 냄새를 맡으며 생활했다고 생각하니 그렇다. 그렇다고 내가 애처가도, 공처가도 아닌 그냥 평범하고 밍밍하게 가정을 꾸리며 살아가는 인물임에도 말이다.

화장실에서, 집안에서, 사무실에서…, 흡연 장소 규제도 없던 시절 어디서든 맘껏 피웠다. 피우지 않는 옆 사람에게 미안한 줄도 몰랐고, 옆에서도 당연한 듯 받아들였다. 집에서 한 대 피우고, 출근하기 위해 차에 타서 한 대 피우고, 사무실 올라가면서 한 대 피우고, 사무실에서는 담배 피우며 업무를 보았다. 하루에 평균 한 갑 반 정도를 피우며 여직원에게 담배 재떨이 좀 비우라고까지 했으니 지금은 상상이 되지 않은 상황이다. 현재는 회사 대표도 지정 장소에 가서 담배를 피우고 있으며, 건물 자체가 금연건물이어서 피우게 되면 경범죄 처벌을 알리는 스티커가 붙어있다.

23여 년 담배를 피운 후유증으로 가끔 헛기침하는 습관이 남아있다. 전문의 이야기로는 들숨 날숨의 숨구멍에 수많은 융모가 있는데 그게 살아나려고 작동하며 일어나는 정상적인 현상이라 한다. 몸에 이상이 없더라도 담배는 백해무익(百害無益)이라는 예전 어른들이 하신 말씀이 생각난다.

나의 경험에 의하면 담배 끊는 방법은 그냥 안 피우면 된다. 뭔가 초조하고, 불안한 마음이 동반되지만, 하루 이틀 버티다 보면 시간은 간다는 마음으로 그냥 보내면 된다. 때론, 흥분될 일이 있어도 담배를 잡기보다는 내가 바보다, 하고 흘려버리는 습관도 필요하다. 다만, 담배는 습관성이기 때문에 한두 달 참다가도 담배를 피우는 지인이나 친구를 만나면 '야, 한 대 줘 봐' 하며 태울 수 있는데 이 순간 도로아미타불이 된다. 금연해도 담배는 너무 쉽게 접할 수 있으므로 담배 자체를 겁을 내야 한다.

나도 23년을 끊었다고 하지만 어느 날 담배 피우는 친구를 만나 '야, 친구야! 담배 한 대 줘 봐.' 하고 한 대 피우면 23년의 의지가 물거품같이 사라지게 된다. 그때부터 또 줄담배를 피울 확률이 높아진다. 다시 말하지만, 담배는 쉽게 접할 수 있다는 사실을 겁내야 영원히 끊을 수 있다.

나는 23년 동안 별의별 짓(은단, 껌, 담배 끊는 약, 과자 등)을 다 하면서도 끊지 못했다가 마침내 끊었다. 평소에 쉽게 피울 수 있는 환경을 겁내며 조심하다 보니 다시 입에 대지 않았다. 하지만 술을 먹고 필름이 끊어졌을 때 나도 모르게 혹시 피웠을지 몰라, 같이한 동료들에게 물어보니 피우지 않았다고 하여 안도하였다. 지금도 담배가 겁이 나고 앞으로도 겁내며 살려 한다.

아이러니하게도 담배 피울 때 담배 연기가 싫다고 잔소리하던 사람들이 무척 미웠지만, 정작 담배를 끊고 나니 담배를 피우는 사람들이 미워졌다. 이렇게 사람의 마음이 간사한 것일까? 내가 그리 간사한 사람인가? 자문자답해 보며, 참으로 인생은 아이러니하다는 생각을 해본다.

내 인생의 롤모델이었던 혈연들

현재 우리 사회, 우리나라의 가장 큰 모순과 장점을 이야기하고 싶다.

앞에서도 언급했듯이 부모님들은 장손이 잘되면 동생들을 잘 돌보고 그 집안이 화목하게 잘 될 거라는 기대감이 있었다. 그렇게 연륜이나 나이, 상하 관계로 줄을 세우셨고 이런 질서가 우리 사회를 지배했다. 세대가 바뀌어 이런 위계질서가 다소 완화되었다고는 하지만 현재도 진행형이다.

이런 위계질서와 함께 우리 사회의 문화를 특징짓는 것 중 하나로 연고도 무시할 수 없다. 대표적인 연고 문화로 흔히 이야기하는 3대 연고는 혈연(가족), 지연(같은 고향), 학연(동창)이다. 공적인 조직이나 관계에서도 이런 연고가 작동하며 조직의 틀을 흔들고 의사결정을 왜곡하기도 한다. 인간 사회에서 연고는 우리나라뿐만 아니라 세계 어디에서도 영향을 미칠 수밖에 없으나 우리 사회가 유난히 연고를 중요시하여 문제로 이어진다. 물론 연고 문화의 장점도 있으나 지금까지 드러난 바로는 단점이 더 두드러졌다고 할 수 있다.

지금껏 인생을 살아오면서 혈연이어서 가깝다고 느끼는 친척 중 나의 롤모델(Role Model), 또는 나의 성장 과정에서 영향을 끼친 몇 분을 여기 언급하고자 한다. 다른 분도 있지만 네 분만 언급한다.

그 첫 번째는 유치원을 운영하셨던 나의 형.

두 번째는 민주주의 유공자 권오창 아저씨.

세 번째는 자수성가해서 대학교 교수까지 하고 현재는 퇴임하신 아제 신한동 교수.

네 번째는 군수를 두 번이나 지내셨던 고종사촌 류한우 형.

그 첫 번째로 나의 형님은 교육대학원까지 나오셔서 ○○여자중학교 체육 교사로 근무하다 ○○중학교 수학 교사인 형수님과 결혼하셨다. 교사 생활을 하던 중 유치원을 운영하던 형님 친구분이 캐나다로 이민한다고 하여 그 유치원을 두 분이 인수해서 운영하셨다.

형님은 대학 졸업 후 계속 공부하기를 희망했다. 시골에서 대학(원)생 둘을 감당하기에는 불가능하다고 판단하여 나는 대학 1학년만 마친 후 군에 지원했다. 마침 나는 또래들보다 1살 먼저 학교에 입학한 탓에 1학년 때 같은 학년 친구들은 이미 영장이 나와서 신체검사를 받고 있었다. 나는 친구들보다 입대를 1년 더 미룰 수 있었으나 먼저 지원하면 부모님께 짐을 덜어드릴 수 있다고 판단해서 1학년을 마치고 지원한 것이었다.

인생이 의도대로 살 수는 없지만, 1학년을 마치고 3년 군 복무를 마치고 2학년에 복학하고 나니 교육정책이 확 바뀌어 한동안 방황한 적이 있었다. 국가의 교육정책 바뀜(대학교 편입시험이 없어지고 5대 산업대가 생겨 편입은 산업대만 가능하게 됨)으로 인해 당시 실력을 갖추어 내가 원하던 대학 어디에나 편입할 수 있었는데 그 길이 막히고 만 것이다. 나와 같은 길을 택했던 친구들도 적잖게 방황하였는데 최소한 3년 정도의 유예기간을 두고 정책을 추진하는 게 바람직하지 않았을까 생각한다. 이렇게 정책 변화로 국민 누군가 계획했던 삶이 영향을 받는다면 당사자로서는 국가정책에 불만을 품을 수밖에 없기 때문이다.

형님 얘기를 하다가 내 얘기가 길어졌다. 형님은 대학원까지 갈 정도로 교육 열도 대단했을 뿐만 아니라 유치원을 운영하면서도 사업가와 교육가의 자질을 발휘해서 잘 운영하셨다. 그런 형님의 모습은 나에게 영향을 끼쳤다.

두 번째는 민주화 유공자로 인정받은 권오창 당숙(5촌 아저씨)이다.
내가 중학교, 고등학교를 거쳐오는 동안 우리 집안에는 늘 어두운 그림자가 드리워져 있었다. 1980년대 폐지된 연좌제 때문이다. 연좌제란, 범죄인과 친족 관계에 있는 자에게 연대책임을 지우는 제도이다. 오창 아저씨는 대학교에 다니면서 불온 서적을 지녔다는 이유와 간첩, 용공분자로 몰려 신문에 대서특필 될 만큼 빨갱이로 몰렸다. 1980년대 중반까지도 간간이 ○○정치학교 권오창 교장 구속 등의 기사를 신문에서 보며 청소년기를 보냈다.

오창 아저씨는 당시 서울에 있는 ○○대학교와 또한 대학원에 다니다가 시국 사건에 휘말리셨던 모양이다. 신원조회는 3대까지, 심지어 사돈의 8촌까지라고 하니 우리 집안 사람은 공무원이나 공직생활을 할 수 없다는 암담함을 가지며 우리는 청소년기를 보내야 했다. 특히, 쉽게 갈 수 있는 실력이 아니긴 했지만 그래도 학비가 면제되는 육·해·공군 사관학교, 경찰대학교는 꿈도 꿀 엄두를 내지 못할 만큼 암담한 시절이었다.

아버지도 가끔 약주를 드시고 오셔서 푸념하실 때면 자식들, 후손들 농사를 망치신 분이라고 오창 아저씨에게 원망 아닌 원망을 하셨는데 그런 모습을 보며 자랐다. 화전민으로 사는 그 어렵던 명전당골에서 그의 할아버지가 오창 아저씨를 집안의 기둥이라며 마을의 훈장 선생에게 쌀가마를 바치면서까지 공부를 가르쳤다는 얘기를 들었는데, 결과가 그랬으니 집안사람 모두가 그럴 만했다.

정작 그의 아버지(오규)는 농사짓고 나무나 하라고 하셨다면서 가르쳐봐야 다 소용없다고, 후회(빨갱이로 구속되고 하니)된다고 하는 말씀마저도 들으며 자랐다. 실망과 후회의 이면에는 집안의 기둥이 되어 집안을 빛내고 동생들을 이끌어줄 거라는 기대감이 사라진 것이 작용했을 것이다. 6·25를 거치고 북한과 대치하며 반공이 최우선이던 시절에 나는 감수해야 한다고 생각이 들었다. 결국, 연좌제와 엮이는 미래를 마음속으로 포기하고 좁아진 범위 안에서 다른 길을 모색해야 했지만, 한편으로는 방황하는 시절이기도 했다.

어린 시절 할머니께서 하시던 말씀이 생각난다.
"언제적 김대중이가 아직도 김대중인가?"

종이가 귀하던 시절 연초에 하나씩 돌리던 달력이나 선거 벽보판의 남은 종이로 뚫어진 창호지 대신하기도 했다. 그때 마을 선거 벽보판에 붙여진 일그러진 김대중 후보의 사진을 보며 자랐다. 그때는 김대중 후보를 빨갱이로 인식했으며, 오창 아저씨 역시 이런 분들과 같은 빨갱이였다고 지레짐작하며 청소년기를 보내야 했다. 어르신들이 하신 일이니 그 뜻과 내용을 알 수가 없었다.

그래서일까?
아직도 나는 전라도 쪽으로 여행을 가거나 그곳에서 살아갈 생각은 0%에 가까울 정도라고 숨은 마음을 털어놓고자 한다. 그곳도 똑같은 사람들이 사는 곳이란 걸 이제는 알지만, 어릴 적 그런 인식이 아직 영향을 끼치고 있는 듯하다. 결국, 김대중 씨가 대통령을 지냈고 권오창 아저씨도 민주화 유공자로 인정받았다. 그분은 최근 집안 친척 결혼식에 주례를 서는 등 90세가 넘으셨는데도 정정하게 사회활동을 하고 계셨다.

아저씨 같은 분들로 인해서 민주주의의 꽃은 피웠지만, 당시 가족들의 희생과 격려가 있었음을 굳이 이야기 하고 싶지는 않다. 이미 이해를 했고 훌륭한 일을 하셨으며 모두 역사를 통하여 그런 사실을 알고 있으리라 믿기 때문이다.

세 번째는 자수성가해서 대학교 교수까지 하고 현재는 퇴임하신 아제 신한동 교수이다.

아제라고 불렀던 신한동 교수는 어머니의 고종사촌 조카이다. 어머니의 고종사촌 오빠의 아들인 셈이다. 그분은 어릴 때 역시 월악산 중심의 명전당골에서 자랐는데, 어머니께서 친척 동생이어서 아제를 업어주기도 하고 잘 챙겼다고 한다. 그분은 그래서 어릴 때 어머니가 친 누님인 줄 알며 잘 따랐다고 한다.

어느 날 아제는 야반도주(도망)를 하여 서울에 있는 어느 부잣집에 기거하면서 심부름을 하며 밥을 얻어먹었다고 한다. 구체적으로 어떤 집에서 어떤 심부름을 했는지는 직접 들은 게 아니고 어른들께서 하는 이야기를 들었다.

아제는 집주인의 아들이 마침 나이도 같아서 같은 방을 쓰면서 낮에는 심부름하고 그 아이는 학교 가서 공부만 하는 학생이었다고 한다. 아제는 밤이면 그 집 아들의 책을 보며 독학으로 열심히 공부했다고 한다. 그렇게 고등학교 검정고시까지 합격하였고 대학교 예비고사도 우수한 성적을 거두었다.

당시만 하더라도 기업체에서는 우수학생에게 4년 동안 등록금과 생활비까지 지원하며 파격적으로 인재를 영입하는 제도가 있었다. 아제는 서울에 있는 ○○대학교 무역학과에 입학하여 우리나라 무역회관에서 4년 동안 생활비와 학비를 지원받는 장학생에 선발되었다. 아제가 대학 시절 나는 중학생이었으니 방학이면 가끔 친구들과 우리 집에 와서 놀다 가고는 하셨다. 그때면 대학교 신문을 갖다 주면서 꿈을 심어주는 말씀을 해주셨다. 당시 아제가 야반도주한 것은 배다른 엄마 밑에서 눈칫밥을 먹기가 싫어서였다고 했다.

　무역회관에서 장학생 혜택을 받은 아제는 일정 기간인 5년여 동안 사회경험을 쌓으며 계속 공부하여 대학원을 졸업하고 대전에 있는 ○○대학교 무역학과 교수가 되어 부총장까지 지내고 수년 전 퇴임을 하셨다.

　나 역시 대전에서 85년도에 학부를 졸업하고 직장생활 하며, 90년까지 공부하며 석사학위 논문을 발표해야 했는데, 그때 영문 초록은 전문가인 아제에게 자문을 받아 완성했다. '장애인 노동력의 효율적인 활용에 관한 연구' 논문이었다. 그때 도움에 고마움을 안고 살아가고 있다.

　이제는 현재 서울 송파구 살면서 문경 고향을 가끔 찾으며 여생을 보내시는 걸로 알고 있다. 얼마 전 어머니께 안부 전화가 왔다고 하니 나도 곧 한번 찾아 뵈어야겠다.

　네 번째는 단양 군수를 2번이나 지낸 고종사촌 류한우 형이다.

　할머니가 딸(고모) 일곱 분을 두셨는데 이 형은 둘째 고모의 맏이다. 정이 많은 할머니를 닮은 듯 고모 역시 엄청 자상하고 정이 참 많으셔서 꼭 할머니를 뵙는 것같이 살가우셨다. 방학 때 고모 댁에 가면 그리도 반가이 맞이해주셨다.

내가 초등학교 때의 일이다.

오른쪽 신발 앞의 코가 덜렁덜렁하여 곧 떨어질 것 같은 신발을 신고 고모 댁을 찾은 적이 있다. 그때는 창피한 줄도 모르고 그걸 신고 고모 댁에 갔는데 고모가 새 신발을 사주셨다. 나중에 성인이 되어 그 생각이 자꾸 나기에 관우 동생을 통하여 신발 하나 사드리라고 용돈을 드린 적은 있으나 그나마 지금은 계시지 않으니 더욱 뵙고 싶어진다.

고모와 달리 고모부는 산적같이 부리부리하게 생기셨다. 화가 나기라도 하면 엄청 무섭고 험상궂은 얼굴이었다. 하지만 얼굴만 그럴 뿐 마음은 전혀 그렇지 않았다. 당시에는 방학이 되면 친척 집 방문을 하는 것이 하나의 문화였다. 그때도 여름방학이 되어 고모 댁에 갔는데 고모부가 '나무하러 가는데 기차 보러 안 갈래?' 하셨다. 동생들과 함께 계곡을 거쳐 산에 올라서는 기차가 산과 산의 터널을 지나가면 '기차가 몇 개니?' 하며 물으시던 모습이 아직도 눈에 선하다. 그때 아마 나는 기차를 처음 봤던 거로 기억한다.

그런 고모부께서 엄청 화를 내신 적이 있으시다고 우리 집에 오신 고모가 말씀하셨다. 한우 형이 대학교 시험을 치고 떨어졌다며 터덜터덜 집으로 들어오는데 그 모습을 고모부가 보고서는 험상궂은 얼굴로 마당에 들어서기도 전에 지겟작대기를 휘두르시며 '나가 뒈지라'고 내쫓았다고 하는 이야기였다. 그리고 그날 저녁 고모가 잠을 자는 늦은 시간에 뒷문을 똑똑 두드리며 '엄마, 엄마' 하기에 고모가 조용히 나가보니, 한우 형이 고모에게 친구 집에서 공부할 테니 용돈 좀 달라고 해서 돈을 주었다고 이야기를 했다.

그 이후 한우 형은 9급 행정직 공무원에 합격해서 면, 군청, 시청, 도청 등에 근무하며 국장으로 퇴임 후 군수에 출마해서 두 차례나 연임하셨다.

얼마 전 여의도에 있는 예식장에서 끝에서 두 번째인 동생 선우가 며느리를 본다기에 갔다. 앞에 앉아서 주변을 둘러보았다. 그리고 나도 모르게 놀랐다. 조금 과장하면 신랑 선우 아들마저도, 그뿐 아니라 거기 예식장에 모인 분들의 절반 이상이 고모부의 얼굴 모습이 오버랩(Overlap)되어 보였기 때문이다. '와! 유전이란 게 이렇게 무섭구나' 하며 동생, 누이들과 함께 웃을 수밖에 없었다.

공부에 몰두할 수 없던 환경과 불효

1970년대 중반부터 2000년대 컴퓨터가 보편화하기 전까지 시골과 도시 간 빈부 격차뿐만 아니라 도농 학생 간 학습 실력은 물론, 문화 혜택 측면까지 많은 차이가 벌어지던 시기였다. 현재에도 지방 소멸이 국가 문제로 대두하는 등 도농 간 차이는 여전하다.

어린 시절부터 청소년기를 지나오는 동안 보고 듣고 배운 것은 학교에서 배운 지식보다 시골생활에서 경험하고 듣고 배운 것이 삶에 더 많은 영향을 끼쳤다는 생각이다. 아이들의 시골생활은 삶의 공부라는 측면에서는 학교 공부보다도 훨씬 유용하다는 생각이다. 인생을 살다 보면 지식보다는 지혜가 필요한데 학교 공부는 지식일 뿐이고 산 지혜는 그런 시골생활에서 배우기 때문이다.

시골의 부모님들은 가슴과 마음으로는 자식들이 열심히 공부해서 훌륭한 판검사가 되어, 힘들고 어려운 사람을 도와주기를 바라며 말씀도 그리한다. 하지만 현실은 다르다. 항상 일손이 부족한 농사일이다 보니 자식들의 도움을 외면하기가 쉽지 않고 자식들 역시도 도와드리지 않을 수 없는 게 현실이었다.

내 기억으로는 1970년경 전후하여 우리 마을에 전기가 들어왔고, 1974년경 우리나라 전국 어디든 전기가 들어가게 되었다는 뉴스를 접한 기억이 있다. 이 이야기를 하는 이유는 전기만 하더라도 이미 문화 혜택을 받으며 도시에서 자란 친구들과 시골 학생들의 실력에 차이가 날 수밖에 없었다는 걸 말하고 싶기 때문이다.

단적으로 1979년 내가 고3일 때 졸업반이 8개 반 480명(2024년 1월 현재 전교생이 358명)이 졸업을 했는데 서울대에 간 학생이 한 명도 없었다. 그때는 사고를 치고 경찰에 잡혀도 경찰에게 서울대 법대 다닌다고 하면 석방한다고 선생님들이 얘기할 만큼 서울대를 선호하던 시기였다.

당시 우리 학교는 우열반을 운영했다. 8개 학급 가운데 3개 반은 진학반(인문계 2학급, 자연계 1학급), 보통반 4학급, 비진학반(취업반 1학급)으로 분류해서 매 학기 시험을 쳐서 480명 중 180등 안에 들어야 진학반에 들 수가 있었다. 그래서 학기마다 반편성이 바뀌게 된다. 진학반에서 공부하던 친구 중에는 등수가 밀려 비진학반으로 가기도 하고, 진학반에 들면 학교에 늦게까지 남아 선생님들의 감독하에 집중적인 공부를 하게 된다.

나 역시도 겨울이면 시골에서는 휴농기여서 겨울방학 기간에 열심히 공부해서 반편성 배치고사에서 1학기에는 진학반에 들었다가도, 부모님 일을 도와드리는 농번기에 들어서는 2학기 반편성 배치고사에서 보통반으로 가야 하는 안타까움의 연속이었다. 창피하지만 그 당시 내가 진학반에 들었던 등수 기억으로는 대략 480명 중 70~110등 정도였던 것으로 기억한다. 진학반에 들더라도 본인의 희망에 따라 보통반에 남을 수 있는 선택권이 있었다. 보통반에서는 항상 1등이었으니 이를 선호했던 적도 있었다.

3학년 당시 가장 공부 잘한다는 고○○ 친구는 학교에서 서울대 법대를 보내려고 숙식비 및 학원비를 제공하면서 방학 때면 서울에 있는 유명학원에까지 보내기도 하였다. 학교에서도 학교의 홍보나 이미지를 위해서 서울대에 보내려고 사활을 걸었던 시절이었다. 그 친구는 그렇게 힘들게 공부했음에도 결국 해당연도에 서울대에 떨어졌다. 그 친구는 결국 다음 해인 1980년에도 해당 학교에 못 가고 서울에 있는 ○○대학교 법대를 나와 현재는 고향에서 변호사 생활을 하고 있다.

읍내에는 남자고등학교 2개와 여자고등학교 1개가 있었다. 현재도 그렇다. 당시 학생 수를 지금과 단순히 비교해보면 엄청난 차이가 난다. 내가 다니던 학교는 고3이던 1979년 당시 전교생이 8학급에 1,440명이었지만 2025년 1월 현재는 전교생이 당시 한 학년에도 못 미치는 358명에 불과하다. 이 수치로 지역 인구를 환산하면 인구감소(약 75% 감소)가 심각함을 알 수 있다.

당시 무더운 여름날 하굣길에서 우연히 만난 어머니에 대한 이야기이다.
지금 생각하면 수줍음도 많이 타고 내성적이기도 했지만 한창 사춘기 시절이어서 예민해서 벌어진 일인 듯하다.

고등학교 1학년 여름 하굣길이었다. 학교와 집이 12km 정도 거리여서 버스로 등하교했다. 그날도 무척 더운 날 읍내 버스정거장에서 친구들과 또래 여고생들이 같은 방향의 버스를 타려고 함께 모여있다가 엄마를 만났다. 엄마는 마른고추 등을 팔아 돈을 마련하려 읍내에 나오셨다가 다 판 다음, 버스를 타려다 버스정거장에서 나와 우연히 마주치게 되었다.

엄마는 반가운 마음에 가게 앞에서 내 이름을 크게 부르며 "기원아 이리 와 봐"라고 외치셨다. 여고생들과 친구들이 일제히 쳐다보고 있기에 안 갈 수도 없어서 쭈뼛쭈뼛 어머니께 다가갔다. 내가 가니 엄마는 아이스께끼(아이스크림–쭈쭈바)를 두 개를 집어서 내게 건네셨다. 나는 엄마가 잔돈을 거스르는 사이 그 자리를 피했다. 나는 또래 여자애들이 지켜보는 그곳에서 아이마냥 아이스크림을 줄줄 빨며 어머니와 함께할 자신이 없었다.

사실 그대로 이야기하면 꾀죄죄하고 볼품없는 엄마 모습과 농사일하느라 그을린 얼굴에 수건을 쓰신 모습이 아이들에게 창피했다. 황급히 버스가 서 있는 뒤로 가서 숨었다. 내가 숨은 버스가 나가고 나면 다음 버스가 오는데 우리 마을로 가는 버스가 오기 전이어서 모두가 모여 기다리던 중이었다.

버스 뒤에서 나는 아이스크림을 그냥 버린 게 아니고 바닥에 버리고는 신발로 짓이기듯 밟았다. 뭔가 이상해 언뜻 뒤를 돌아보니 나를 찾던 어머니가 그 광경을 보고 있었다. 그리고 엄마와 눈이 마주쳤다. 그 당시 엄마의 눈빛을 60대 중반이 되었는데도 잊을 수가 없다. 그 당시에는 몰랐다. 엄마에게 얼마나 큰 상처였을지.

시간이 흘러 군에 가봐야 효자 된다는 군시절, 그것도 20개월 15일 만에 휴가를 처음 나와 어머니께 그때 그 일이 마음에 걸린다고 말씀드렸다. 어머니도 그때 기억이 생생한 듯 웃으며 말씀하셨다.

"이놈의 새끼, 이제야 철이 드는가 보네!"

이 한마디 말씀에 어머니께 크게 불효했다는 죄책감이 눈 녹듯이 사라졌다. 엄마 역시 마음에 담아두셨던 듯했다.

이 이야기를 다시 생각하니 마음이 찡하고 아려오기도 한다. 아직 엄마가 살아계시기에 이 글이 완성되면 엄마께 다시 한 번 그때의 심정이 어떠셨느냐고 묻고 이야기를 듣고 싶다. 아마 웃으시면서 '다 잊어버렸지 뭐…'라고 하실까? 아니면 '똑똑하네. 그때 것을 아직 기억하고 있으니'라고 하실 수도 있다.

항상 아들내미가 똑똑하다고 칭찬해주셨기에 후자의 답변을 듣고 싶다. 어머니가 오랫동안 내 곁에 계셔주시는 것만으로도 행복하다.

대학 진학과 삶의 고민

　내가 고3이 되자 부모님의 기대는 컸지만, 일손이 부족한 시골에서 생활하다 보니 공부에만 집중할 수 있는 여건은 아니었다. 학교에서는 예비고사 시험에 대비 평가를 위한 시험을 보게 되는데 전문대학교라도 갈 수 있는 실력마저 암담한 실정이었다.

　부모님께 졸라서 읍내에 있는 친척 집에서 자취하며 다시 진학반에 들어가기도 했고, 학교 도서관에서 열심히 공부하기도 하였다. 가을에는 저녁에 일찍 자고 일어나서 빈 담배 건조실로 이동하여 새벽 1시부터 공부하고 다시 학교에 가기를 수개월이었다. 담배농사를 다 하고 빈 담배 건조실에 책상을 놓고 매캐한 담배 냄새를 맡으며 공부할 때면 주변에서 쥐들이 왔다 갔다 하는데도 잠은 왜 그리 오던지…. 공부할 욕심으로 저녁밥을 먹고는 의도적으로 바로 잠자리에 들어 12시쯤 일어나곤 했는데, 그때 세수하면 얼굴이 퉁퉁 부어 눈이 잘 떠지지를 않았다.
　시골에서 대학교라도 보낸다는 것은 학비뿐만 아니라 도시로 보내 하숙, 자취를 해야 하는 비용 때문에 대다수 시골에서는 엄두를 내기가 힘들던 시기였다.

　전문대학교에서 열심히 공부하면 전국 4년제 웬만한 대학은 편입을 통하여 들어갈 수 있는 길이 열려있었다. 그 이유는 대학교 4년의 시기에 군에 가야 할 적령기이기도 하여 대학교 2~3학년에 결원이나 휴학생이 많이 생기기 때문에 대다수 학교에서 편입시험을 치러 결원을 보충하였기 때문이다. 그때 한 학기 4년제 대학 등록금이 40여만 원, 전문대학교는 25여 만 원이었던 것으로 기억한다. 그래서 대학을 우골탑(농촌에 사는 가난한 학부모가 소를 팔아서 마련한 등록금으로 세운 건물이라는 뜻으로, '대학'을 속되게 이르는 말)이란 말이 생겨 날 정도였다.

당시 버스요금은 토큰 형태로 5원, 10원 하던 시기였다. 온 식구가 1년간 매달려 담배농사 12단(마을에서 최고 많이 지음)을 짓고 찾는 총금액이 40여만 원이다. 여기에 품값, 씨앗값, 융자이자 제하고 나면 겨우 20여만 원! 항상 빚잔치하고 나면 겨우 입에 풀칠할 정도이니 대다수 부모가 자녀들 대학교 보내는 것을 엄두조차 내지 못하는 게 당연했다.

나는 어려운 형편에도 부모님이 보내준다니 전문대학교에라도 가서 열심히 하면 4년제 갈 수도 있고, 공납금도 절반밖에 안 되니 부모님 부담도 준다는 순진한 계획과 꿈을 안고 부모님의 지원으로 갈 수 있었다. 그즈음 주변 친구들은 영장이 나와서 신체검사를 받고 군대 간다느니 하면서 마음을 혼란스럽게 하던 시기였다. 그 시기에 창수라는 친구는 친척 집에서 공무원시험 준비한다고, 진묵이, 상은이 친구는 재수의 길을 택했고, 대다수는 취업하거나 준비 중이었다. 그 시기에 나는 대구 신암동에서 하숙을 하고 있었고, 공무원시험 준비하는 창수 친구는 큰 강(금호강/아양교)을 건너면 있는 동촌(대구 비행장) 인근 고모 댁에 있었다.

창수에게 가면 창수 고모는 시골에서 온 나에게 정성이 깃든 맛있는 밥이랑 반찬을 해 주셨던 것으로 기억한다. 4살, 6살 정도의 두 딸이 그리도 귀여웠다. 친구 고모는 우측 발을 절뚝이던 장애인이었지만 티 없이 밝아 보였다. 고모부는 그 당시 참으로 잘 생기셔서 탤런트 같은 미모와 남성미가 돋보였다. 두 분의 다정다감한 가정 분위기는 훗날 내가 장가를 가면 저 고모처럼 장애가 있더라도 마음 씀씀이가 훌륭한 사람을 아내로 맞이하여 행복한 가정을 꾸리겠다는 생각이 들 만큼 가정이 다복해 보였다.

훗날, 대학원 석사학위 논문도 그 영향을 받아 연결된 것으로 봐도 무방할 것이다. 논문 제목이 '장애인 노동력의 효율적인 활용에 관한 연구'였으니 말이다.

나는 학교에 한 해 일찍 들어가는 바람에 다음 해에 신체검사를 받아야 하는 실정이었으나 어차피 군복무는 해야 했으니 형님의 대학원 입학 등으로 부모님 짐을 덜어드릴 겸 1학년 마치는 대로 지원하여 군 복무를 마쳐야겠다고 마음먹었다.

당시 학교는 대구 효목동이었고 학교 인근 길 건너에 있는 신암동에서 하숙을 하며 학교생활을 열심히 하였다. 하숙집은 방이 5개 정도에 하숙생은 10여 명이었다. 방 하나에 2명이었고, 나는 1년 재수하여 기계과에 입학한 정원철이라는 분과 함께 한방을 쓰며 연을 맺게 되었다. 1인이 방을 쓸 경우에는 8만 원, 방 하나에 2인이 쓸 때는 4만 원이었던 것으로 기억한다. 하숙생끼리는 재수를 해서 나이가 있어도, 같은 또래임에도 이름 뒤에 씨를 붙여 존칭을 사용했다.

정원철 씨는 감수성이 예민한 분이었고 경남 진주 출신으로 기억한다. 나는 사회 초년생으로 순진했지만, 원철 씨는 재수를 해서 그런지 내가 모르는 사회와 학교생활에 많은 조언을 해주었다. 그 시절을 생각하면 한 번쯤 보고 싶은 분이기도 하다.

학교생활에서 반 편성은 오전, 오후반으로 나눴고 수업은 자율 선택이었다. 1학기 중간고사가 끝나던 5월 어느 날! 나는 오후 수업을 들으려고 막 나서는데 엄청난 소낙비가 왔다. 그때 원철 씨가 아주 조그만 강아지 한 마리를 들고 비를 옴팍 맞으며 화들짝 대문을 들어서다 나와 마주쳤다. 웬 강아지냐고 내가 묻자 그는 이따 이야기해 주겠다며 황급히 강아지를 안고는 방으로 들어갔다. 나는 오후 수업을 들으러 학교로 향했고 수업 중에도 강아지에 대한 궁금증이 더해 갔다.

학교수업을 마치고 하숙집에 오니 원철 씨는 초췌한 모습과 우울한 표정으로 자초지종을 이야기했다. 그가 오전 수업을 마치고 소낙비가 오기에 막 뛰어오는데 골목길에서 강아지 새끼 한 마리가 비를 맞으며 웅크리고 달달 떨며 낑낑거리고 있었다고 한다. 남의 집 추녀 끝에 겨우 비를 피해 강아지를 옮기고는 인근 집 몇 군데 들어가서 이 집 강아지 아니냐고 물어봐도 아무도 아니라고 하기에 그냥 데리고 왔다고 했다. 그런데 그 강아지를 수건에 싸서 따뜻하게 해주고는 우유를 주었더니 먹는 듯하다가 이내 숨을 쉬지 않았다고 하며 눈물을 글썽이며 말을 잇지 못하였다.

나 역시 그 마음을 읽고 있었기에 먹먹해 오는 마음을 안정시키려고 침을 꿀

꺽 생기며 나머지 이야기를 들을 수 있었다. 그는 문구점에 가서 문종이(붓글씨 쓸 때 쓰던 종이)를 네댓 장 사서 거기에 감싸서 뒷동산 동촌 강(금호강)이 내려다보이는 양지바른 곳에 그 강아지를 묻고 왔다며 매우 울적하다고 하였다. 편지를 썼다고도 했다. 저승에서 부모 만나 행복하게 잘 살아가기를 기원하며 쓴 글을 소지(글을 쓴 내용을 불살라 하늘로 올려보냄)하고 왔다고 하기에 나는 막걸리나 한잔 하자고 했다. 결국, 둘이서 인근 포장마차에 가서 막걸리 한잔을 같이했던 추억이 있다.

그때는 비록 전문대라지만 잠바를 입더라도 넥타이를 매고 다니며 대학생이라는 프라이버시와 자존심이 있었다. 그런 생각으로 목에 힘을 주며 학교에 다니던 시절이었다. 지금 생각하면 유치하지만 그래도 대학생이니 철학이 뭔지 어떻게 인생을 살아야 하는지? 생각하고 고민하며 시간이 나면 도서관에서 틈나는 대로 책을 읽고는 하였다.

그때 읽은 책 중에서 가장 기억에 남고, 생의 지표가 되는 책이 있어 소개한다.

그 책은 일본인 미끼도 구찌까가 쓴 『이기려면 버려라』이다. 이 책에 얼마나 감명을 받았던지 제목이자 키워드인 '이기려면 버려라'를 한동안 노트와 책의 첫머리에 써서 다닐 정도였다.

책의 주요 메시지는 '어떤 목표를 이루려면 자신이 하고 있는 무언가를 버려야만 한다'로 기억한다. 특히, 사춘기에 사랑에 빠지면 인생이 망가질 수 있다는 것을 중고등학교 다닐 때 공부 잘하던 친구 녀석이 하위권으로 밀리는 것을 보고 느낀 적이 있었는데 그 점도 여기에 해당하는 것 같았다. 책을 통해 내가 어느 정도 책임을 질 수 있다고 판단될 때 해도 늦지 않는다는 점을 배우며 당분간 사랑도 연애도 하면 안 된다는 생각을 하기도 하였다. 책의 영향뿐만 아니라 이 생각의 바탕에는 힘들게 학교에 보내주신 부모님에 대한 도리를 다하고자 하는 마음이 지배적이었다.

그 책 내용을 포털사이트에서 검색해서 찾아보니 핵심 내용이 다음과 같이 정리되어 있었는데 다시 보니 그때 기억했던 것들이 떠오르기도 했다.

1. 상식을 버려라
2. 체면을 버려라
3. 물욕을 버려라
4. 지위를 버려라
5. 결과를 버려라
6. 관능을 버려라
7. 과거를 버려라
8. 사랑을 버려라
9. 생명을 버려라
10. 자기를 버려라
11. 올바로 버리고 올바로 이겨라

특히, 군 시절에는 11가지 중 '생명을 버려라'를 마음에 품고 나 자신의 마음을 비우고 자유로울 수 있는 원동력과 힘을 얻으며 힘든 군 생활을 이겨낼 수 있었다. 다시 말해 어려움이 닥칠 때면, 죽음이 엄습해 올 때면, 힘들다고 느껴질 때면 등등, 여러 상황에 생명을 버린다는 마음으로 임하면 마음이 편해져 두려움이 없었다.

나의 군 생활은 뒤쪽에서 언급하겠지만, 특수훈련의 연속이었다.
극기훈련과(전반기 3개월), 전투수영(매년 1개월), 바다에서의 기습특공훈련(매년 2개월), 유격 산악훈련(매년 15일), 수시 헬기 야외기동훈련(FTX), 매년 팀스피릿 훈련(포항비행장→성남비행장→횡성비행장→포항비행장 복귀), APD급 제주함 승선 후 백령도 연평도 인근 무인도 탐색작전(2개월) 등을 수행하는 임무였다.

2010년 3월 천안함 사건을 뉴스를 통해 지켜본 나로서는 내가 생활했던 군 시절에 비추어 그 상황의 작전을 미루어 짐작할 수 있었기에 산화한 분들에 대한 매우 안타까운 마음과 심적 고통을 느끼기도 하였다.

공업경영 전공과 가난한 대학생활

나의 전공은 공과이지만 문과에 가장 가까운 공업경영학과였다. 당시 학과장은 이동춘 교수였다. 부산 동아대학교 산업공학과 박사학위를 취득하셨던 분인데 당시 산업공학은 우리나라에서는 초기학문이라고 할 수 있었다. 그분은 통계적 품질관리를 강의하셨는데 논리정연하고, 정열적이며 깐깐한 강의에 참으로 실력이 대단하시다는 감동을 받으며 강의를 들었던 것으로 기억된다.

산업공학·공업경영의 태동은 한양대학교 기계과를 나온 분들이 주역이었다. 그분들은 미국 등 선진국에서 해외유학을 하고는 국내에 산업공학의 초석을 놓았다. 생산관리 이근희 교수, 품질관리 황의철 교수 등 이런 분들이 집필한 책으로 수업을 받던 시기였다. 또 이근희 교수 동생분이 이근부 교수인데 그분이 청주대학교 산업공학과 학과장을 지내실 때 나는 그분에게서 90년까지 공부를 했고 대학원 석사학위를 취득하기도 하였다.

공업경영학을 전공한 나는 강의에서 품질관리, 생산관리, 작업관리, 인간공학 등의 학문을 접하게 되었다. 일테면, 작업관리를 중심으로 한 시스템(System)을 설계하고 변경하여 품질과 작업의 생산성을 향상시키는 학문이 공업경영학이다.

더 구체적으로는 품질관리, 생산관리, 공정관리의 자격증을 취득하여 특히 제조업에서 품질에 대한 인증업무(KS, 품, Q)를 통한 산업표준화법에 따른 조달구매, 공공단체, 국가기관에 납품할 수 있는 품질 보증 측면의 보이지 않는

영업활동이 가능하도록 하는 중요한 학문이다.

  당시 공과계통이 인기인지라 자격증 취득률이 95%를 웃도는 수준이었다. 심지어 어떻게 보면 운전면허증 따는 수준이라고 할 만큼 조금만 노력하면 1차 시험으로서 자격증의 취득이 쉬웠던 시기였다. 이 부분은 군복무를 마치고 복학하고 나니 달라졌다. 자격증 취득이 2차 시험까지 있으면서 합격률을 15%로 낮아졌을 만큼 여기에 적응하느라 고통스러워하기도 했다. 이 부분은 다음 기회에 다시 언급하고자 한다.

  1학기 기말고사를 끝으로 여름방학이 시작되었다. 방학인지라 시골에 와서 담배밭과 논의 김매기를 돕는 일을 하고 있을 때 고모할머니(할아버지 막냇동생) 딸이 우리 집을 방문하셨다. 아버지보다 어리셔서 아버지에게 오라버니라고 하셨다. 나는 그냥 아즈매(아주머니의 방언/예천 매화촌)라고 불렀는데, 아즈매는 당시 중학교 3학년인 아들이 대구 서구의 성당 못 인근 허름한 집에서 자취한다고 하셨다.

  아즈매는 자기 아들 태근이가 대구에서 자취를 하니 내가 거기에서 같이 자취하면서 공부도 좀 가르쳐주고 하면 어떻겠냐고 아버지께서 제안하셔서 내게 묻기에 그리하겠다고 하였다. 사실 매월 4만 원의 하숙비는 시골에서 엄청난 부담임을 아는 나로서는 따를 수밖에 없었다. 하숙을 하면서 한 달이 지나 하숙비를 받기 위해 시골을 방문할 때면 항상 차비 하나 없을 정도였다.

  융통성이 없던 나는 또래 학반 친구들로부터 전당포를 활용해서 돈을 융통하는 방법을 알게 되었다. 그 당시만 하더라도 학교수업에 필수적이었던 전자계산기를 전당포에 맡기면 돈을 빌려준다는 사실을 안 것이다. 학교 시험 또는 기사 자격시험에서 없어서는 안 될 '카시오 510 공업용 전자계산기'는 당시에 3만 원이었는데 전당포에 맡기면 15,000원을 현금으로 빌려주었다. 그리고 보름 안에 원금과 1,500원 정도의 수수료를 주면 되돌려받았다. 약속대로 보름이 지나도 찾아가지 않으면 몰수하던지, 그에 상응하는 수수료를 물고 찾아올 수도 있었던 것으로 기억한다.

항상 돈이 부족했던 나는 시내버스 타고 갈 차비와 계산기를 챙겨 시골 문경으로 가는 버스터미널 북부 정거장에 내려 전당포로 향했다. 전당포에서 15,000원의 현금을 받아쥐면 든든했다. 시외버스 직행은 대구에서 출발, 김천서 한번 쉬고는 바로 문경 점촌으로 가 2시간이면 도착한다. 버스비는 2,000원 정도였다. 시내버스는 학생이 10원~15원 정도였던 것으로 기억한다. 점촌에서 시골까지는 15Km/2시간 정도 되는 거리를 10원을 아끼려고 걸어서 가기를 택했다.

버스비 10원을 아끼면서도 100원 정도 되는 박하사탕 한 봉지는 꼭 챙겼다. 이가 없는 할머니와 온 식구들이 행복해하며 오물거리며 먹는 그 모습이 내겐 행복 그 자체였기 때문이다. 이 모든 돈이 부모님이 주신 돈이기에 아끼고 또 아끼려고 노력했다. 그 간절했던 마음도 이제는 추억이 되었지만, 그래도 마음 한구석에 이슬이 맺혀오기에 60대 중반이 되어 이제는 이를 떨구고픈 마음으로 이 글을 쓰고 있는지도 모르겠다.

당시 19살이던 대학교 1학년 때 부모님에게 보내려고 썼던 편지가 45여 년간 보관 중인 것을 발견하고 나 자신도 놀라 관련 내용 일부를 언급해 본다.

결론적으로 하고 싶은 것은 많은데 돈은 없고 부모님께 말씀드리자니 힘들게 농사지으시며 돈이 없는 것을 아는데, 어떻게 해야 할지 방황하며 썼던, 끝내 부모님께 부치지 못하고 보관했던 미완성 편지이다.

(…) 모든 게 돈에만 신경 쓰여져 딴 것의 무어가 되지도 않고요. … 저지르고 난 일이니 저도 지금으로서는 어떻게 해야될지 모르겠어요.

또 2학기에는 교양과목의 책도 구입해야 하고 용돈이라기보다는 자취 생활비랑 우선 부족한 것 같아요. (…) (공무원 공부를 해서 빨리 정착하고 싶은데 학원비도 책값도 없고 해서 설명해 드린 것 같음)

그러면 창수가 오는 길에 돈을 부쳐주셔야겠는데 2학기 책값도 모르지만 책을 구입한다면 2만 원 정도 더 필요하답니다.

부쳐주신 공납금이 19만 원과 학원비 4만 원 그리고 옆의 애에게 빌려 쓴 돈을 주고 나면 2, 3천 원정도 남는 게 거짓 없는 사실입니다.

저 자신도 돈을 희피 쓴다는 생각이 여간 들지 않습니다.

앞으로 절약할 것도 아버지께 맹세합니다. (…) 이로 인하여 또 가정에 불화가 생길까 두려운 생각이 든답니다. 그러나 어떻게 무어가 되어도 되지 않겠습니까...?

(…)

부모님의 기대에 실망시켜드리지 않을려고 발버둥쳤던 철부지 시절이었기에 추억으로 첨부해 본다.

현재까지 온 것에 대한 후회가 밀려오기도 하고, 현재 상황이라면 과감하게 공부를 포기해야 했다.

부모님께서 그리 어렵게 가르쳐주신 기대에 못 미치게 여생을 살아온 것은 아니었을까?

능력과 실력도 안 되면서 그리 공부해야겠다는 우둔한 생각만 한 것은 아니었을까?

부모님에게 죄송할 따름이다.

비상계엄 휴교와 입대 준비

2학기에 접어들어서도 집에 올 때마다 학비 때문에 힘들어하시는 부모님 모습을 읽을 수 있었다. 2학기에는 군에 지원해서라도 1학년 마치고 2학년에 들어가기 전에 입대해야겠다고 마음을 먹었다. 학교에서도 또래 친구들은 신체검사를 받았느니, 언제 군대 간다느니, 2학년 마치고 3학년 편입해 놓고 간다느니 청년기의 심란함을 안고 가던 시기였다.

대구 병무청에 가서 보니 육군은 징집이고 지원 부분은 육군 특전사, 간부후보생, 공군, 해군·해병대는 지원하는 형태였다. 10월 중순쯤 해군 일반하사에 지원 접수를 했다. 접수 후 며칠이 지나고 2학기 중간고사 시기였다. 체육시험을 치르려던 10월 26일 금요일 아침, 잠에서 일찍 깨어 6시경 라디오를 틀었다.
아침 6시면 뉴스가 나와야 하는데 장송곡이라고나 할까. 구슬픈 거문고 음률이 흘러나오고 있었다. 무슨 일이 있나 하고는 다른 채널로 돌려도 마찬가지였다. 잠시 후 앵커가 '박정희 대통령께서 서거하셨습니다'라고 반복해서 몇 마디하고는 계속 장송곡만 흘러나왔다.

그때만 해도 주인집에도 TV가 있었을 텐데 TV를 봐야겠다는 생각은 못 했다. 주인에게 물어 돌아가셨다는 이야기만 듣고는 10시 치르는 시험이 테니스 벽보드에 10개 이상을 쳐야 A+를 주기 때문에 시험에 대비하고자 대충 밥을 해 먹고는 일찍 학교로 향하였다.

서구의 자취방에서 학교가 있는 동구까지 갈려면 시내버스로 1시간 남짓 걸리기 때문에 서둘러 학교로 달려갔다. 9시경 학교에 도착해보니 탱크와 함께 중무장한 군인들이 이미 정문과 후문에는 포진해 있었고 출입을 엄격히 통제하여 학교 안으로 들어갈 수가 없었다. 모두 우왕좌왕하는 사이 학교 서무과 직원들이 나와 안내하였다. '비상계엄이 선포되었으니 모든 학생은 귀가해서 기다리면 자택으로 우편물을 통하여 학사일정을 통보해 준다'는 설명이었다. 그리고는 커다란 흰 종이에 안내문을 여기저기 붙여놓고 안내하고 있었다. 함께 듣지 못한 절반은 등교하고 설명을 들은 절반은 되돌아가고 있었다. 나 역시 그 틈에 끼여 다시 자취방으로 왔다.

이 어수선한 시기에 군에 다녀와야겠다고 병무청에 가서 해군병에 지원해 놓았으니 오히려 잘 된 것 같았다.

해군병 신체조건은 몸무게 55kg 이상, 키 160cm 이상이었다. 나에게는 커트라인(Cutline)이었다. 그래도 나는 내 신체조건을 과신하고 있었다.

비상계엄으로 학교에 가지 않으니 시골집에 있으면서 2학기 시험은 과제물(Report)로 대체되었다. 마침 병무청에서 시험일정 통보가 와서 신체검사와 필기시험에 응하러 대구에 왔다 갔다 하였다. 지원병 합격을 위한 신체적인 조건은 커트라인이었지만 체력은 시골에서 나무를 하고 쇠먹이 하러 맨날 지게질했으니 군에서 배낭 메고 뛰는 것도 자신 있었고, 오래달리기, 평행봉, 턱걸이, 물구나무서기 등 체력 조건은 촌놈이다 보니 자신이 있었다. 특히 작지만 빡세다는 이야기를 듣는 편이었다.

기본적인 신체검사는 까치발을 들고 키 162cm, 몸무게는 어쩔 수 없이 합격

선인 55kg 수준에서 겨우 합격하고 2차 필기시험을 보게 되었다. 이후 이야기 하겠지만, 내가 가장 작을 거로 생각했는데, 입대하고 나서 보니 나보다 더 작은 녀석들이 있어 놀라기도 하였다. 사실, 정신력이 신체를 압도할 수 있구나, 생각할 만큼 그 작은 친구가 낙오 없이 초급간부로서 열정과 긍지를 가지고 생활하는 것을 보고 감탄을 할 정도였다. 나보다 작다고 느꼈던 그 친구는 태도는 물론 해병 수색교육까지도 거뜬하게 받았다.

필기시험에서 특이했던 것은 당시에 하사관 모집응시생이 부족했는지 일반병에 지원했는데 필기시험을 보고 난 후 모두 모인 자리에서 전문대 재학 중인 사람 모두 일어나라고 하더니 하사관의 처우에 대하여 한참 설명하였다는 점이다. 설명 후에는 일어난 사람 중에 문서에 서명만 하면 시험에서 하사관으로 합격시켜주겠고 하였다.

병들은 전 후반기 3개월 교육을 받으면 되는데 하사관은 군의 초급간부이기 때문에 6개월 교육을 받고 하사로 임관하게 된다고 하였다. 급여도 병사는 3년이 다 되어 병장을 달고 병장봉급이 4,500원인데, 단기하사는 병과 같은 복무연한에 6개월 이후에는 봉급이 16,500원이며, 병장보다 계급도 높고 급여도 4배 이상 더 많다고 하였다. 하사관에 대한 그런 유혹에 안 넘어갈 친구가 없었다. 물론 장기복무로 직업군인을 하고자 하는 친구들도 있었는데 똑같은 동료이자 훈련도 동일하게 받은 그들은 5년 이상 복무해야 하며 9급 공무원에 준하고 당시 봉급이 같은 하사라고 하더라도 195,000원이었다.

이런 유혹적인 설명과 함께 작대기 4개(병장) 위에 깔때기 하나가 더 있는 하사관이라며 군에서는 계급사회라는 것을 강조하였다. 이 말을 듣고 앞에 있는 녀석이 서명하니 너도나도 서명하기에 나도 따라 하지 않을 수 없었다.

합격자 발표날 일반 병 합격자 대자보에 내 이름은 없었다. 그런데 바로 옆 하사관 후보생 대자보 판에 내 이름을 발견하니 반가웠다. 전국 단위 모집이다 보니 8명 정도였던 하사관 후보 합격자 명단에 내 이름도 끼어 있었다. 12월 중순쯤에 시험을 보고 1월 하순에 합격자 발표와 함께 입영일정 통보를 받았다. 당시 해군과 공군은 35개월, 육군 해병대는 30개월이 의무복무 기간이었다.

군 입대일은 1980년 4월 2일이었다. 35개월 하고 나면 1983년 3월 2일에 제대하니 3월 5일 복학까지 여유가 2일밖에 없는 참으로 짜 맞춘 듯한 인생 여정이라며 혼자 속마음으로 반가워했다. 다행히 1월에서 3월까지는 농한기라 시골에서 여유로운 시간을 보내게 되었고 괜히 군에 간다고 일정이라도 알려드리면 미리 걱정할까 봐 그냥 군대 가려고 시험 본다고 하고는 여유의 시간을 갖게 되었다.

79년 비상계엄 선포 당시

4부

나를 단련했던 군대 생활

진해훈련소에 입소하다

어디에 하소연할 수도 없었고, 어렵다면 어려웠고, 힘들었다면 힘들었던 군 생활을 이어가던 시기에 약 2개월 동안 군함을 탈 기회가 있었다. 본 내용은 시간 여유가 있어 그때까지 군 생활을 틈틈이 기록하여 45년여간 고이 간직했던 글이다. 언젠가 인생 여정을 이야기 펼쳐 보고자 했는데, 이 책에 20대 그 시절의 감성이 살아있는 글을 그대로 옮겨 전한다.

앞에서 얘기했듯이 나의 입대는 해군이어서 진해로 가야 했다. 입대 전 시골에서 몇몇 친구들과 추억에 남을 만큼 송별식을 하고, 입대 시각은 4월 2일 6시였지만 거리가 있어 하루 전인 4월 1일 집에서 출발했다. 그날 부산으로 가 1박하고 다음 날 진해로 넘어가려 생각하였다.

이젠 죽어도 여한이 없게끔 해준다며 전날 송별식을 해주었던 5명의 친구가 나와 손을 흔들어 주었다. 차창 밖에서는 그날따라 비가 추적추적 오고 있었다. 여느 때와 마찬가지로 대구 북부정거장에 내려서 전당포에 맡긴 전자계산기를 찾은 다음 다시 부산으로 향했다. 입대 전 만났던 고향 친구들과 송별식의 추억을 회상하며 일찍 여관방을 정해 잠자리에 들었다.

다음 날, 여관방에서 눈을 뜨자 곧바로 준비하여 진해로 가는 버스에 올랐다. 진해 가까이에 이르니 개나리와 벚꽃이 활짝 피고 있었다. 마산에서 진해로 넘어가는 마진터널을 지나 10시경 진해 시내에 도착했다. 혼자 점심을 사

먹고 시내를 걷고 있는데 왼쪽을 보니 어디서 많이 본듯한 박박머리를 한 녀석들 둘이서 걸어오고 있었다. 옆 마을 진등에 사는 박홍균이었고, 하나는 그의 사회 친구였다. 홍균이는 초등학교 중학교를 같이 등하교한 옆 마을 친구여서 무척 반가웠다.

다방에 같이 들어가 커피를 한 잔씩 마시고 셋이서 일찍 저녁을 먹었다. 홍균이와 홍균이 친구는 이미 삭발한 상태였고 나는 더벅머리를 깎으러 이발소에 들어갔다. 이발소에는 이미 입대하려고 머리 깎으러 온 친구들로 가득하여 있었고, 조금 기다리니 내 차례가 되었다.

이발사 아저씨가 웃으며 말했다.
"어떤 사람은 머리를 깎는데 눈물을 흘리던데 눈물이 안 납니까?"
나는 그냥 씩 웃어 보이는 것으로 대답을 대신했다. 기다렸던 친구들과 셋이서 나란히 정문 앞에 도착하니 5시 30분이었다. 가족들과 헤어지는 슬픔들이 여기저기서 목격되었지만 담담한 심정으로 셋이서 부대 안으로 들어갔다.

당시 입대자는 해군 통합기수로서 하후 67기였다. 이 67기는 전반기 교육은 해군하사관 후보생(해군), 해병하사관 후보생(해병)이 같은 대대에 속해 열병, 분열, 총검술, 유격 등을 훈련하는데 하사관 후보생 대대(하후대대)에 속하였다. 나는 해상하후, 홍균이는 상륙하후생으로 다르게 분류되어 헤어지며 서로 군 생활이 건강하고 무사하길 빌어주었다.

연병장 사열대 앞에서 1차 신체검사를 받았다. 군의관들은 우선 모두에게

상의와 하의를 탈의하게 한 다음 몸 외부 피부검사를 했다. 무좀, 옴, 습진 등 어떤 피부병이든 앞으로 불려 나가 가차 없이 퇴출당하였다. 당시 하후대대 병력이 360명 정도니까 약 10%인 30여 명이 불려 나갔다. 퇴출 위기에 놓인 친구들 대다수가 군 생활을 하게 해달라고 애걸복걸하였다. 애걸복걸하면서도 그들은 너무한다는 안타까움과 당황스럽다 못해 황당해하는 표정이었다. 모두 군에 간다고 송별식은 했을 테고, 머리는 빡빡 밀고 왔으니 다시 집으로 간다는 것을 부모님이나 친구들이 알면 얼마나 창피할까? 내가 저 상황이었다면…, 생각만 해도 아찔했다. 당시 그들이 안타깝지만 속으로는 '나만 아니면 돼'라는 마음이었다.

이후 신체 건강한 친구들도 견디기 힘든데 건강에 이상이 조금이라도 있으면, 훈련이 힘들 것을 고려한 선제 조치였다는 느낌이 들었다. 특히 전염성이 강한 옴(진드기로 인한 전염이 강한 피부병), 습진, 무좀 같은 경우에는 집단생활하는 군대 특성상 불가피한 조치였음을 이해할 수 있었다.

신체검사가 끝나고 우리는 으슥한 벽돌집으로 들어갔다. 그리고 앵글로 짜여 있었고 매트리스가 3단으로 놓인 병사(兵舍) 안으로 안내되었다. 매트리스 옆에는 관물대인 옷장이 있었다. 앞으로 생활할 곳이었다.

통합기수 중 2개 중대는 해상하후(해군), 1개 중대는 상륙하후(해병)로 분리되어 해병대 친구들은 별도의 막사(병사)에서 생활했고, 2개 중대인 해군 친구들은 같은 막사에서 생활하게 되었다. 막사 중간에는 샤워장이 있었고 화장실은 막사와 분리되어 밖의 재래식 화장실을 사용해야만 했다. 그야말로 허리 높이의 사방이 확 트인 칸막이가 있어서 옆을 지나가면서 다 보이는 그곳에서 응가를 해야만 했다.

30여 분의 자유시간이 주어지자 간단히들 씻고 대기했다. 9시가 다 되어갈 즈음, 모두 탈의하고 이불 속으로 들어가라는 지시를 하였다. 모두 이불 속으로 들어갔다. 당직사관은 호루라기를 휘~이익 불고는 모두 그대로 취침이라는 구호를 외치기에 곧 잠자리에 들었다. 물론, 1시간을 교대로 불침번(잠자는 동안 전우들을 보호하는 차원에서 외부 침입자 등에 대비하는 보초)을 섰다.

아침에 기상하여 또 약 5일간의 집중 신체검사를 다시 받았다. 특히, 겨드랑이에서 나는 암내(땀과 피부표면의 세균이 결합하여 발생하는 특유의 냄새) 및 옴, 폐결핵(X-ray), 성병 검사를 집중적으로 받았다. 어떤 친구는 겨드랑이에 침을 바르고 옷으로 문지르는 등 암내를 조금이라도 안 나게 하려고 여기저기서 진풍경이 벌어지는 모습이 연출될 만큼 모두 불안해하고 초조한 시간은 흘러갔다.

입대 후 첫날 아침!
첫 짬밥을 먹었다. 식판(츄라이)을 들고 줄을 일렬로 서서 가면 국자로 죽 퍼주듯이 한 국자씩 퍼주었다. 죽도 밥도 아닌 처음 겪어보는 식판에는 댕강 단무지와 김치 몇 조각이 전부였다. 식당은 군 짬밥에서 나는 특유의 비린내 비슷한, 말로 표현하기가 어려운 냄새로 구역질이 날 것만 같았지만, 이마저도 안 먹으면 죽는다는 생각에 나는 모두 먹어주기로 했다. 옆의 동료들을 흘끗 보니 대다수가 입에 댔다가 그냥 내뱉고 있었다.

그때는 몰랐다. 나중에는 그것도 없어서 못 먹을 것이라는 사실을. 10초, 20초 만에 환장하며 먹게 되리라는 사실을. 그런 시간이 올 줄 그때는 모두가 꿈에도 생각지 못했을 것이다.

식사가 끝나고 식당 앞에서 줄을 맞추고 기합을 받으며 200여 미터 거리의 연병장을 지나 건강검진을 받기 위해 성판악(병사들이 모일 수 있는 체육관 같은 실내공간)으로 이동하였다. 교관들은 '이제부터 귀관들의 살은 사재 살(민간인 체질)이 아닌 짬밥 살로 바꾸어주겠다'며 군기를 잡고 건강검진을 하였다. 이렇게 5일 가량 식당을 오가며 신체상 이상이 없는지 검사하고 이상이 발견되면 그날로 바로 퇴출당하였다.

어떤 친구는 송별식 때 30만 원을 쓰고 왔느니, 어떤 친구는 이런 모습으로 못 간다고 버티는 등 간간이 안타까운 장면이 연출되었고, 고통스러운 시간이 흘러갔다. 그 과정을 거치며 퇴교당한 인원만도 3~40여 명 되지 않았을까 생각해본다.

그 당시 인간으로서 전혀 존중받지 못하는 상황에서 개돼지 취급받는 인생들의 집합소였다는 느낌이 들었다. 그런 생각으로 적은 글을 그대로 옮겨본다.

입교 3일째 되는 날 성판악의 병사에 들어가니 교관은 돈이 있는 사람은 그대로 부대에 입금하면 수료식 때 주겠다는 설명과 함께 자발적으로 입금할 것을 종용하고는 회수하기 시작했다. 교관은 돈을 회수한 이후에 돈이 나오거나 몰래 숨겼다가 발각되면 퇴출 내지 무거운 기합이 내려진다며 거듭 엄포를 주었다.

옆의 친구들을 보니 어떤 친구는 팬티 고무줄 안에서 꼬깃꼬깃한 지폐를, 다른 친구는 팬티 안쪽에 만든 조그만 주머니에서 끄집어내기도 하였다. 또 신발 뒷굽과 깔창에서 돈을 끄집어내는 모습 등등이 여기저기서 연출되는 것을 보고 영문도 몰랐던 나는 신기해하며 물끄러미 구경해야 했다. 그 당시 나는 몇천 원밖에 없었기에 그대로 입금하였다. 교관들은 그동안의 경험을 토대로 한동안 팬티며 고무줄이며, 팔다리, 엉덩이 등을 확인하며 숨긴 돈을 찾는 데 혈안이 되었고, 끝내 대여섯 명이 발각되었다. 시범으로 걸린 그들에게는 심한 구타와 기합이 가해졌다.

드디어 군복(피복)과 군화를 받았다. 팬티는 사각의 흰색 광목 팬티였다. 팬티가 색깔이 들어가지 않은 흰색이다 보니 며칠이 안 지나 아무리 빨아도 팬티의 누런 얼룩이 지워지지 않아 그대로 입어야만 했다. 나만이 아니라 당시 모두가 그러하니 흉이 될 일은 아니었다. 군복을 입은 다음 입대할 때 입고 왔던 옷과 신발은 커다란 포대 봉투에 싸라고 하여 담았다. 옷 봉투에 부모님께 간단한 안부편지를 써서 동봉하라며 1시간 정도 편지 쓰는 시간을 주었다. 그리고는 주소를 적어 제출하는 것으로 일단락되었다. 나는 '군 복무 열심히 해서 건강한 모습으로 찾아뵐 테니 걱정하지 마시라'는 내용을 썼던 것으로 기억한다.

잠시 후 교관이 가위 몇 개와 편지봉투를 하나씩 나누어주고는 봉투에 손톱이랑 머리카락을 잘라 넣으라고 하였다. 그리고 군번과 이름을 적으라고 하였다. 교관은 너희들이 군 복무 중 전쟁이 나거나 훈련 중 행방불명이 되면 이것이 국립묘지에 안장된다고 설명했다. 그 말에 비장함이 느껴지고 숙연한 분위기가 모두에게 엄습해 왔다.

갈수록 힘들어지는 훈련

입소 후 5일 동안 이미 민간인 신분에서 군인 신분으로 탈바꿈하기 위한 훈련은 계속되었다.

교관: 헤치면 탄성 3발 총알 헤쳐!
하후생: 악악악(소리가 작으면 다시 수차례 반복)

군가를 부를 때면 목소리가 작다고 계속 기합을 받아야만 했다. 3보 이상은 걷지 말고 구보로 뛰어가야만 했다. 이틀째 되는 날부터 벌써 모두의 목소리는 쉰 목소리로 변해갔다. 쉰 목소리를 내지 않으면 요령 피웠다고 개인별 기합을 받기도 했다.

입소 후 6일째 되는 4월 7일 월요일, 해군 복장을 하고 입소식을 하게 되었다. 이미 몸과 마음은 만신창이가 되었고 목소리는 모두가 쉰 목소리로 변해 있었다.

해군 통합기수 하사관 후보생 67기
1대대 2중대 1소대 36번 하후생 권기원!

내가 속한 소대장 이름을 지금도 기억한다.

DI(Drill Instructor 훈련교관) 교육을 수료한 이기충 중사였다. 잘 생겼으며, 그 자세는 그야말로 칼이었다. 그리고 신선함 그 자체였다.

기억에 남는 것이 있다. 내가 사격자세가 제대로 나오지 않는다고 기합을 받게 되었다. 상상이 될지는 모르겠지만, 소대장은 '누워서 두 다리 들고 M16 개머리판이 하늘로 향하게 하고 머리 들고 두 손으로 총열 끝을 잡아!' 하고 명령했다. 그리고는 지휘봉으로 가분수로 들고 있는 M16 개머리판을 휙 밀면서 쓰러지거나 떨어뜨리면 죽는다고 하였다. 나는 오뚝이처럼 쓰러지지 않으려고 그야말로 초인적인 힘을 다하여 쓰러질 듯하면서도 오뚝이처럼 다시 원위치 되기를 대 여섯 차례 반복했다. 이기충 소대장이 의외라는 표정으로 '일어서!' 하였는데 그때 그 기쁨은 지금도 말로 표현하기 힘들었다.

죽는다는 말 한마디에, 그다음은 상상하기조차 힘든 기합이 기다리고 있다는 공포와 불안감이 몰려왔다. 죽을 만큼 힘든 기합을 받지 않으려면 버텨야 한다는 악이 받쳤고 이겨냈다는 생각이 든다. 이 글을 쓰면서도 흥분이 될 만큼 그때는 그랬다.

1개 소대가 40명인데 키 순서로 번호를 배정받았다. 끝에서 5번째였던 나는 나보다 작은 녀석들이 4명이나 더 있다고 위안을 삼았다. 1개 중대가 3개 소대이고 인원은 1개 소대가 40명으로 편성되었다. 해상하후(해군)는 2개 중대 240명, 상륙하후(해병)는 1개 중대 120명으로 합해서 하후대대가 360명으로 편성되었다.

훈련의 강도는 지금도 그보다 더할 수 없다는 생각에 변함이 없다. 훈련의 강도뿐만 아니라 군기를 잡기 위한 지침도 엄격했다. 교관이 옆에 와서 말로 '귀관!' 하면 '네! 36번 하후생 권기원' 하고 나의 모든 혼신을 다해서 복창하여야 했다. 교관들은 초급간부인 하사관으로서의 긍지를 밥 먹듯이 강조했고, 이를 위해 강도 높은 훈련과 규율이 필요하다고 했다.

저녁 11시, 새벽 2시에 비상훈련을 할 때면 왼발에 운동화, 오른발에 군화를 신고 연병장에 선착순으로 모이는 일도 잦았다. 4월의 새벽이지만 진해훈련소와 연병장은 바닷가와 붙어있어서 추웠다. 새벽녘에 알몸, 알철모에 선착순도 다반사였다. 그리고는 수돗가에 가서 알철모에 물을 가득 채워오는 선착순을 한다.

그다음에는 물이 담긴 알철모를 물동이를 이듯이 머리에 이고 분열을 하였다. 그것도 새벽 2시경에. 오와 열을 맞춰 소대장들의 호루라기 소리에 맞춰 분열연습을 했다. 모두가 사내들이니 창피할 것도 없었다. 물은 오른팔을 90도 이상 올릴 때마다 샤워기에서 물 떨어지듯이 찰랑거리며 온몸을 적셔온다. 옆으로 곁눈질하니 모두 고추를 덜렁이며 오와 열을 맞추려고 노력하고 있었다.

다음으로는 연병장에서 '모두 앞으로 취침, 뒤로 취침, 좌로 굴러, 우로 굴러'가 이어지며 온몸에 흙을 묻힌다. 오와 열은 이때도 변함이 없다. 그렇게 한바탕 홍역을 치르고 나면 흙이 묻은 몸을 일으켜 수돗가에 가서 씻고 막사로 가 잠을 자라고 명령한다. 당연히 대충 씻을 수밖에 없는 상황이고 그렇게 씻고 들어가 취침을 했다.

동초(외부)와 불침번(내무반)을 섰으며, '헤치면 탄성 3발 총알 헤쳐!'에 악악 악 구호를 외쳐야만 했다. 3보 이상 구보이니 화장실 갈 때도 구보였다. 걸어가다 걸리면 과실보고에 오르게 된다. 100점이 넘으면 유급·낙오서 다음 기수 (2개월 늦음)로 밀리게 된다.

일주일은 학과장(교실)에서 하사관 과정(하후생)과 제식훈련을 받게 된다. 2주째는 총검술, 3주째는 사격연습, 5~6주 동안 기록사격 평가와 열병, 분열 등 전반기 기초교육을 수료하게 된다.

참으로 훈련인지? 최악의 전쟁을 감안한 전쟁 연습인지? 군 훈련소에서 대대로 대물림되어 내려오는 전통인지? 알 수는 없지만 악랄한 소대장들은 비상훈련이랍시고 그리 혹독한 훈련을 시켰다. 현시대에는 인권, 인권 하지만 당시 인권이라는 말을 들어본 적도 없고 전쟁에 대비해 군인으로서 죽음을 각오한 훈련이라는 데 이의가 있을 수 없던 시절이었다.

중대장(중위)은 늘 '해상(해군)하후 너희들 240명은 분대장이자 초급간부로서 2,400명이나 다름없다'고 강조했다. 그런 중대장은 악을 기르자며 저질군가와 함께 고래고래 악을 쓰는 도구로 변신시키고 있었다. 힘들었던 일도 지나고 나면 아름다운 추억이 된다지만 참으로 좋은 쪽으로 생각해도 이때 일은 추억이 되지 않는다. 그때는 물론 지금 시대에 와서 생각해봐도 기가 찬 일일 뿐이었다.

하루하루가 지옥 같은 날들이었다. 시간은 왜 그리도 안 가는지? 그때의 심정을 이야기하면 군에서의 하루가 사회에서 1달보다 길게만 느껴지는 시간이었다. 이 심정은 겪어보지 않고는 이해할 수 없을 것이다. 이 표현이 절대 과장이 아님을 강조하고 싶다.

명태 말리기는 앵글로 짜인 3층 침대에 발을 걸치고 거꾸로 매달려 '고~향이 그리워~도 못가~아는 신세' 하며 노래를 부를 때면 부모님 생각에 눈물이 고여 여기저기서 못 버티고 떨어질 수밖에 없다. 교관들은 5파운드 곡괭이자루 몽둥이를 들고 미친 듯이 휘젓는다. 그렇게 두들겨 맞으면 엉덩이에 불이 붙는다. 다음날 일어나면 엉덩이에 시퍼런 피멍이 들었고, 모두가 어기적거리며 잘 걷지도 못하는 전우들이 여기저기서 속출하기 일쑤였다.

쥐잡기란 앵글 침대 시멘트 바닥 밑으로 기어들어가서 운동화(함상화라 함) 하나씩을 물고 나오기 선착순이다. 해상하후(해군) 240여 명이 각자의 침대 밑 그 비좁은 곳으로 일시에 포복해서 기어들어 가서 한 바퀴 돌며 운동화 한 짝을 입에 물고 나오는 일이다. 차마 훈련이라 할 수 없는, 괴롭힘으로밖에 생각되지 않는 일이다. 어떤 친구는 앞니가 침대 앵글에 부딪혀 입술이 터지고 이빨이 부러졌고, 머리가 터져 피가 나기도 했다. 그래도 비상훈련이라는 명분으로 큰 문제가 되지 않았다.

진해 시내에 들어서면 먼발치의 산이 보인다. 그리고 천자봉(큰 돌산)이 보이고 그 밑에는 '무적해병'이란 엄청 큰 글자가 보였다. 이제야 확인해 보니 506m이다. 당시에 해군 해병이라면 이 천자봉 정상을 꼭 행군하여 다녀와야만 했다. 진해 시내를 나간다는 자체가 흥분되고 잠시나마 해방감을 맛보는 시간이다. 행군을 할 때면 으레 항상 낙오자가 있게 마련인데, 한 명의 낙오자도 있어서는 안 되기에 군장을 대신 메어주고 밀고 당겨주며 천자봉 정상에 모두 모여 진짜 사나이 군가를 함께 불렀다. 5월 초순이어서 행군 중 배가 고파서 지나가면서 진달래를 따 먹으며 올라갔다. 옆의 전우에게도 먹는 거라고 일러주며, 함께 따 먹으며 올랐던 기억이 있다.

이 글을 쓰면서도 과거를 생각하니 창피하기도 하고 눈물이 흐르기도 한다. 나만 그런가? 그때 그 전우들이 같이 있었기에 버틸 수 있는 힘이 생겨나지 않았나 하는 생각해본다.

유격장에서의 레펠 훈련과 PT 체조, TNT(화약폭발)를 터트려 물기둥이 솟아오르는 고지훈련을 하고 나면 온몸이 흙투성이가 되어도 그대로 막사에 둘러앉아 식사하게 했다. 식사하기 전 '어버이 노래 일발 장전' 하면 어버이 노래를 부르며 훌쩍이던 전우들의 모습에 덩달아 눈물이 쏟아졌다. 이내 또 소대장이 '식사 시작'하면 '나는 가장 멋있고 가장 강인한 해군 하사가 되겠습니다'라는 구호를 크게 외쳐야만 밥을 먹을 수 있었다. 그것도 구호가 적다며 다시를 서너 번 해야 먹을 수 있었다. 다른 생각을 할 시간을 주지 않는다.

연병장 한 귀퉁이에는 체육관같이 큰 실내 전투 수영장이 있었다. 해군이기 때문에 전투수영도 기본적으로 배워야 했다. 수영 연습을 할 때는 상륙하후(해병)와 함께 했기에 함께 입대했던 이웃 마을 봉정에 있는 홍균이를 잠시 볼 기회가 있었는데 서로 손을 잡으며 고생 많다는 격려를 한 것이 기억에 있다.

배를 탔을 때를 가정하여, 그리고 배가 포탄에 맞아 침수되는 것을 가정하여 생명연장을 위해서 배에서 바다로 뛰어내리는 연습도 해야 했다. 그것을 퇴함이라 했다. 해군의 UDT(수중폭파) 특수요원들이 시범을 보였다. 처음에는 5m, 두 번째는 7.5m, 세 번째는 사람이 공포를 가장 느낀다는 11m에서 뛰어내리는 시범을 보여주었다. 11m에서 퇴함하는 모습을 보니 아찔했다. 11m에서 퇴함하는데 한참 동안 주~우욱 떨어지는 모습이 가관이 아니었다.

나야 촌놈이다 보니 기본적으로 조금의 수영과 어릴 때 장난삼아 냇가의 커다란 바위 위에서 친구들과 2~3m 높이에서 풍덩 빠지며 놀았던 추억이 있어서인지 그다지 겁나진 않았다. 다행히 5m, 7.5m까지만 퇴함훈련을 하였다. 사실, 5m라고는 하나 눈높이로 보면 최소 6.5m 되는 높이여서 뛰어내리기가 쉽지 않은 높이이다. 더욱이 뛰어내릴 때 뛰어내리는 자세가 있는데 자세가 흐트러지거나 하면, 밑에서 안전을 위해서 대기하고 있던 UDT 요원들이 물을 먹이는 등 벌칙이 가해졌고, 살려달라고 소리치는 친구들이 있을 만큼 공포 그 자체였다.

심지어 어떤 친구는 교관이 '퇴함준비 끝!' 하면 뛰어내려야 하는데 못 뛰어내리고 뒤돌아서서 무릎을 꿇어앉더니 기도를 하기도 했다. 모두의 시선이 그 친구에게로 집중되었다. 그는 수차례 버벅거리다 겨우 뛰어내리려고 망설이는 것을 소대장이 발로 밀어서 겨우 뛰어내렸다. 결국, 그 친구는 UDT 요원들한테 죽을 만큼 물을 먹고서야 만신창이가 되어 겨우 물 위로 올라올 수 있었다. 그래도 육지에서는 낙오해도 숨은 쉴 수 있지만, 물에서는 숨을 못 쉬고 물을 먹어야 하니 죽느냐 사느냐와 바로 직결되기에 참으로 고통스러웠다.

얼차려를 위한 얼차려

어느 날 새벽 1시경 비상훈련이 시작되었다. 그날도 소대장의 호루라기 소리가 내무반에 울려 퍼지면서 명령이 내려졌다.

"모두 그대로 들어! 지금 '집합' 하면 팬티만 입고 각 중대별로 연병장에 선착순으로 집합한다. 집합!"

집합 구령과 함께 모두 팬티만 입고 우르르 연병장으로 뛰어나갔다. 해상하후(해군)들만의 비상훈련이었다. 1중대 120명, 2중대 120명 합 240명이 두 줄로 컴컴한 새벽녘 1시에 연병장 끝이 보이질 않을 만큼 긴 줄이었다.

그런데, 정작 1, 2중대 앞에서 선착순 1등에서 5등 한 5명씩 10명을 원산폭격을 시키는 게 아닌가? 2중대에서 5번째에 들었던 나도 포함되었다. 10명을 원산폭격 시켜놓고는 소대장이 말했다.

"복창한다. 전우애 부족!"
목소리도 잘 나오지 않게 거꾸로 처박아 놓고서는 복명복창을 시키지만 따르는 수밖에 없다.
"전우애 부족!"
소대장은 우리 목소리가 작자, 군장 때 쓰는 야전삽을 들고나와서는 원산폭격 한 우리들의 엉덩이 꼬리뼈 부분에 맞추듯이 빠따를 치는 게 아닌가! 그야말로 한방이었다. 그 빠따에 우리는 시골에서 어릴 때 개구리를 바닥에 내동댕이치면 쫙 뻗듯이, 원산폭격 한 친구 모두는 무방비 상태에서 묵직한 야전삽 한방에 나가떨어지고 다리를 쫙쫙 뻗으며 내동댕이쳐졌다.

10명 모두가 찍소리도 못 낸 채 끙끙하며 나뒹굴 수밖에 없었다. 소리마저 내지 못하니 고통은 더욱 컸고, 얼마나 고통이 심했는지 일어설 수조차 없었다. 지금도 나는 소대장의 체벌 명목인 전우애 부족이라는 게 아이러니(irony)하다. 그때 소대장은 어떤 심사(험상궂은 심리적 상태)였는지 그때는 물론 지금도 자못 궁금하다. 흘러가는 우스갯소리로 '군에서는 잘해서도 안 되고 못해서도 안 되며 중간만 하면 된다'는 말을 하곤 한다. 그때 내가 당했던 상황을 두고 하는 말 같아 씁쓸하기만 하다.

이후에는 더욱 가관인 사건이 발생하였다. 소대장이 곧바로 다른 명령을 내렸다.
"모두 잘 들어라! 지금 모든 인원은 세면장으로 집결하라!"
세면장이라고 해봐야 넉넉잡아 3~40여 평 정도인데 거기에 240여 명을 쑤셔 넣는 터무니없는 일이 명령으로 떨어졌다. 우리는 세면대 위아래로 텀블링하듯이 3층 4층으로 층층이 쌓고 온몸을 웅크리며 그 비좁은 곳에 몸을 구겨 넣을 수밖에 없었다. 교관인 소대장들은 개 닭 쫓듯이 뒤에서 몽둥이로 두들겨 패니 죽기 싫으면 어떻게든 몸을 밀어 넣어야 했다.

그다음에 소대장들은 건물 복도에 설치된 소화전함을 개방하여 소화전 호스를 끌고 와서는 세면장 천장으로 뿌리기 시작했다. 물대포처럼 강력하게 뿜어져 나오는 천장에서 튕겨 몸을 적셨고, 우리는 샤워 아닌 샤워를 하며 추위와 공포에 모두 덜덜 떨어야만 했다.

이어서 소대장은 비상훈련에서 1, 2중대 맨 끝에 꼴찌 한 녀석 둘을 불러냈다. 그 두 사람에게 그 비좁은 시멘트 바닥에서 앞으로 취침, 뒤로 취침을 서너 번 반복하게 하더니, 뒤로 취침한 둘을 5명씩 한 조가 되어 그들의 머리, 양팔, 두 다리를 잡으라고 한다. 그들을 잡자 소대장이 얼굴을 수건으로 가리고는 소화전의 물을 수건에 뿜는 게 아닌가! 세면장은 온통 공포 그 자체였다.

어릴 때 나는 동네에서 큰 잔치를 할 때면 어른들이 돼지 잡는 광경을 자연스럽게 보며 자랐다. 그야말로 사람에게서 돼지 멱따는 것 같은 소리가 울려 퍼졌다. 인간이 악쓰는 소리를 인간이 들을 수 없을 만큼의 공포였다. 결국, 두 친구 중 한 녀석은 똥을 쌌다. 세면장 안에는 똥 냄새가 진동하였다. 강원대학교 재학 중에 입대한 강○○ 하사였는데 자대에 배치되어 가끔 놀려대기도 하였다. 농담으로 똥 싼 놈이라고 하면, 그 친구는 성격이 온순해서 웃으면서 놀리지 말라고만 하였다.

그러던 중 다행히 중대장의 순찰 중에 발각되어 조용히 잠자리로 들어와 잠을 잤지만, 그 이후로도 모두 비밀 아닌 비밀이라고 쉬쉬했다. 그때도 구타금지, 소원수리(고충처리)를 하는 제도가 있었지만 무용지물이었다. 나중에 전령(소대장 보조자/배식 등)에게 그날 소대장들이 술을 먹고 그렇게 했다는 이야기를 들을 수 있었다. 술김에 장난삼아 그럴 일을 벌였다니 분노가 치밀었지만, 하급자인 우리가 할 수 있는 게 없었다.

또 하나 응가 이야기를 하지 않을 수 없다(순화하여 응가(똥)로 표현). 이때는 사격장에서 벌어진 일이다.

앉아 쏴, 쪼그려 쏴, 사격연습을 하는데 옆에서 응가 냄새가 나는 게 아닌가? 응가 내음이라서 옆을 보니 옆 전우가 물똥을 싸서 엉덩이가 젖어있었다. 그래도 그는 쪼그려 쏴 사격연습에 열중이었다. 지금 생각하면 상상이 안 되는 일이지만, 그 당시로 돌아가서 생각해보면 얼마든지 가능한 일이다. 훈련이 곧 전쟁이라는 의식으로 훈련에 임하기 때문에 훈련 중 화장실에 가겠다는 의사 표현이 불가능했다. 설령 말하더라도 교관에게 꾀병이라고 죽도록 맞을 게 뻔한지라 참는 게 최선이었다. 훈련 때마다 교관들은 "참는 것도 훈련이다. 알았나?"를 반복했고 우리는 군말 없이 "예!" 하고 훈련을 받는 것이 당연했다.

소대장도 냄새를 맡았는지 다가와 그를 일으켜 세우더니 세면장에 가서 씻으라고 지시한다. 연습이 끝나고 내무반에 들어가니 풍기는 응가 냄새가 코를 찔렀다. 이 모든 것을 어이 말로다 표현하랴…! 그 친구는 훈련이 끝날 때까지 고문관(겉돌고 공감능력 부족)으로 찍혔지만 그래도 무사히 훈련을 함께 마무리했던 추억이 있다.

대변도 참아야 했지만 참으로 힘들고 참을 수 없었던 것은 배고픔이었다. 굶는 것도 하나의 훈련이라고 하니 견뎌야만 했다. 그때 배고픔이 어느 정도였는지 말로 뭐라고 표현하지 못할 만큼 극심했다. 사실 그리 적은 양의 밥은 아니었으나 워낙 훈련 강도가 센 것도 있었고, 식사 시작하고는 30초도 흐르기 전에 '식사 끝' 명령이 떨어졌다. 그 명령에 바로 식사를 마쳐야만 했다. 언젠가 '식사 끝' 명령에 다 먹지 못한 한 녀석은 나오면서 손으로 밥을 한 움큼 집다가 소대장한테 걸렸다. 다들 보는 앞에서 그는 죽사발이 되도록 맞았다. 처음에는 다 먹지 못하거나, 대다수가 한두 숟가락을 뜨다가 동작 그만 그대로 일어서서 오리걸음으로 2~300여 미터 되는 막사로 이동했다. 그것도 훈련이라니 배가 고파도 어쩔 수 없었다.

그게 반복되다 보니 다음부터는 요령이 생겼다. 우선 밥을 우측 국물에 넘겨 (식판) 후루룩 마시면 10초 안에 다 먹는다. 5스푼이면 모두 입에 들어간다. 그리고 10초의 여유 시간이 더 나면 딱딱한 반찬(김치 깍두기 등)은 한꺼번에 입에 넣고 우물거리며 마무리할 수 있었다. 소화가 안 된다거나 위와 머리가 아프다는 건 사치일 뿐이었다. 식사 마무리는 소대장의 "동작 그만, 식사 끝!" 명령에 우리가 "항상 멋있고 강인한 해군이 되자! 감사히 먹었습니다"라는 구호였다.

인간의 한계에 도전하다

전반기 군사교육이 종료되는 6주차 마지막 화요일 2시에 전 하사관 후보생 1개 대대 360명(해군/해병)이 연병장에 모두 집결하였다. 곧바로 대대장이 훈시를 한다.

"여러분은 이제 마지막 훈련으로서 체력테스트를 하기 위해 이 자리에 모였다. 여러분은 평생 겪어서도 안 되지만 여기서 겪어보지 못하면 평생 겪지 못할 극기훈련을 하게 될 것이다. 여러분은 군의 초급간부로서 그리고 하사관 통합 67기 후보생으로서 본 연병장 외곽을 67기의 절반에 해당하는 33.5바퀴를 돈다. 여러분이 현재까지 군에 와서 길렀던 체력을 가지고 그 한계를 스스로 테스트하기 바란다. 낙오는 곧 죽음을 의미한다. 이상."

당시에는 무엇을 의미하는지를 몰랐다. 낙오자는 그에 상응하는 체벌을 받는데 체벌이란 게 상상을 초월할 만큼 힘들다는 사실을 잘 알고 있었다. 그래서 낙오만큼은 않으려고 죽을힘을 다할 수밖에 없다. 막사 주변, 연병장 주변 둘레는 거리가 상당하다. 40명이 1개 소대이고 내가 36번이니 나보다 작은 녀석들 4명이 끝에서 첫 번째 또는 두 번째 줄에서 구보를 시작했다. 군에 다녀온 분들은 잘 아는 대로 키가 큰 순서대로 오와 열을 맞추게 되어 있기 때문이다.

4~5바퀴를 구보하는 동안 벌써 헉헉거리고 낙오할 듯한 친구들이 나타나기

시작했다. 내 번호 바로 뒤의 37번 하후생이 낙오할 듯이 허우적거리며 겨우 뛰기에 내가 총을 받아서 뛰었다. 그러다 보니 나까지 낙오할 것 같았고 몇 바퀴를 돌다가 도저히 안 되겠다는 생각이 들었다. 미안하다고 하고는 다시 되돌려주니 그는 곧바로 낙오했다.

완전무장에 M16 소총을 들고 소대 줄 마지막 줄 두 번째 뛰던 놈이 거의 3분의 2가 낙오하고 앞에서 세 번째 뛰고 있었다.
"야! 때려줘!"
낙오하지 않으려고 서로 따귀를 때려주기도 하고, 들고 있던 소총(M16) 개머리판으로 철모를 서로 가격하며 뛰는 진풍경이 벌어지고 있었다. 낙오한 친구들은 하수구 물이 내려오는 수챗구멍에 처박혀 똥물을 먹었는지, 먹으려는지 잘 모르겠지만, 좌우지간 그곳에 처박혀 똥물을 먹듯 하는, 참으로 비참한 광경이 전쟁터를 방불케 할 만큼 연출되고 있었다.

소대장들은 낙오하는 친구들을 낙오하지 못하게 물불을 안 가리고 지휘봉인 몽둥이로 개 패듯 하면서 뒤따르고 있었고 맞아도 감각이 없었다. 나 역시 낙오하지 않으려고 '개머리판으로 철모 좀 때려줘! 따귀 좀 때려봐'라고 옆 전우에게 연신 부탁하며 뛰었다. 나뿐만 아니라 서로가 정신을 잃지 않으려고 때려주며, 때려달라 부탁하며 뛰던 상황이 전개되었다. 내 나이 갓 스무 살! 지금 생각하면 그 어린 청춘이 그걸 감당했다는 게 짠하면서고 기특하다.

결국, 3시간 정도가 지날 무렵 목표했던 33.5바퀴를 다 못 채우고 25바퀴를 전후로 중단되었다. 전열을 재정비하여 낙오자는 낙오자대로 함께 모여 큰 얼차려 없이 완전무장에 연병장을 두세 바퀴 구보하는 것으로 마무리되었다. 그렇게 몸을 혹사하며 구보를 할 때는 몸이 마비되어서인지 옆에서 따귀를 때리며 충격을 주어도 감각이 없다는 것을 그때 알았다. 고통의 시간이었지만 대대장이 훈시에서 이야기했듯이 평생 느끼지 못할 극기훈련을 하며 느낀 점이 많았다.

극기훈련을 마치고 곧 수료하는 날이 다가왔다. 부모님들 앞에서 그동안 군에서 배운 태권도, 열병, 분열을 보여주기 위해서 마지막 전열을 가다듬는 막바지 마무리연습을 하였다. 드디어 수료식 전날이 되었다. 수료식을 마치면 동고동락하며 전반기 교육을 받았던 전우들과도 각 해역사(6개 해역사)로 후반기 3~4개월 주특기 교육을 받으러 가므로 헤어져야 한다. 한 달 보름의 시간이 그리도 지루하고 시간이 안 갈 줄이야 사회에 있을 때는 몰랐다.

전반기 훈련소에서의 마지막 날 마지막 순검(저녁 9시 잠자리 들기 전 점검)이 시작됐다. 소대장은 호루라기를 휘~이익 불더니 모두 그대로 들으라고 한다. 마지막 밤에 어떤 상황이 벌어질지 몰라 적막이 흐를 만큼 조용해진다. 모두 침대 앞에 도열할 것을 지시한 소대장은 오늘이 자기와 마지막 저녁이라면서 화랑 담배를 뜯어서 한 개비씩 분배한다. 훈련 기간에는 담배를 피우지 못하니(담배 피우면 유급) 다들 지금껏 참아왔다. 담배 한 개비씩 분배한 소대장이 외친다.

"담배 일발 장전!"

모두가 화랑 담배 한 모금을 들이마시고는 내뱉는다. 온 내무반이 오소리 굴같이 담배 연기에 휩싸이고 화랑 담배 한 모금에 정신이 몽롱해지고 눈앞이 아롱거렸다. 그동안 소대장들에게 당하며 품었던 미움과 분노가 담배 연기와 함께 날아간 듯했다. 그렇게 마지막 날 담배로 회포를 풀던 모습이 45여 년이 지난 지금도 눈에 선하다.

  담배 한 모금에 그간 모든 시름을 잊었던 순간이었다. 담배 한 개비를 모두 태우자 소대장은 여느 때와 같지 않게(훈련하던 때의 긴장된 순검) 호루라기를 휘~이익 불더니, 파도 타는 표현으로 '모~오두 그대로 취~이침'이라고 하며 생소한 분위기를 연출하였다. 우리는 모두 새로운 분위기에 웃으며 잠자리에 들었다.

  45여 년 전, 나는 훈련소에서 아침 일찍 잠이 깨어 세면장으로 가고 있었다. 그때 숲이 보이는 계단에 잠깐 앉아 내 처량한 신세에 관한 생각을 적었었다. 그 시절의 메모지를 발견하여 여기에 남겨본다.

안녕…!

까치야…!

너도 벌써 일어나 세수를 하냐…?

네가 앉은 노송을 가벼이 마라

새는 아침(날이 밝아오는 아침) 남해

(진해)의 햇살이 그리도 좋더냐…?

때깍 때깍 너만이 나를 반기지만

누가 나를 찾을 리 없고 네가 나를 찾다니

지간(좌우지간) 고맙우이

때깍 때깍 찾아와

내게 부푼 희망 주게나…!!

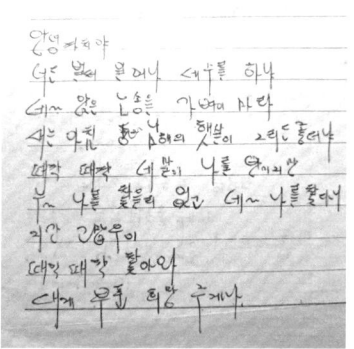

수료식과 배부름의 고통

 아침 일찍 전우들은 복장 단장에 여념이 없었다. 해군의 흰 하정복은 벚꽃으로 유명한 진해에서 벚꽃 벚나무와 매우 잘 어울린다. 그 열악했던 훈련을 생각하면 하루아침의 변신은 오히려 반감이 들 정도였다. 깨끗하고 번지르르한 복장을 입혀서 부모님들에게 그동안 우리를 잘 대해준 것처럼 한다는 생각에 이걸 입어야 하나 할 정도로 마음의 갈등이 일었다.
 '난 짐승같이 개돼지 취급을 받았고 죽을 만큼 힘들었는데, 이러한 깨끗한 옷을 입혀 눈 가리고 아웅 하다니? 이 힘들었던 마음을 어디에 하소연해야 하나?'
 그때 힘들었던 그 마음을 45여 년이 지나가고 있는 이즈음 이야기하고 싶어 이 글을 쓰는지도 모르겠다. 그때 생각에 젖어드니 나도 모르게 마음의 눈물이 흐른다.

 수료식에 부모님이 면회 올 수 있도록 수료 보름 전 편지를 보내라는 지시에 편지를 썼다. 5월이면 시골에서 담배농사에 일손이 부족하여 부모님이 눈코 뜰 새 없이 바쁜 시기임을 아는 나는 오시지 않아도 괜찮다고 편지를 썼다. 문경에서 진해가 어디라고, 그 바쁜 때 부모님이 오실 수 있겠는가? 나는 그냥 혼자서 수료식하고 견디기로 했다. 10시가 가까워져 올 무렵 연병장은 면회 온 가족들로 가득하였다. 바쁘신데 오시지 말라고 편지는 썼지만 그래도 설마 하는 마음은 있었다.
 10시 정각이 되어 우리는 연병장에 도열해서 태권도, 총검술, 열병과 분열

등 그동안 배운 것을 시범 보였다. 저 멀리 어디에선가 부모님이 보고 계실 거라는 생각에 주체할 수 없는 눈물이 주르륵 흘렀다. 약 2시간의 행사와 수료가 끝나고 12시부터 면회가 시작되었다. 한 가닥 희망에 젖어 이리저리 기웃거려 보았다. 모두 닭고기, 돼지고기, 김밥을 즐비하게 늘어놓고 먹는 모습에…, 나는 왜…?

누구야! 누구야! 하며 찾는 부모님들의 목소리가 들리고 조금의 시간이 지났을까. 가족이 면회 안 온 하후생은 일렬로 서란다. 240명 중 11명이 면회를 오지 않았다. 나도 거기에 포함됐다. 중대장이 자기를 따라오기에 일렬로 서서 쭈뼛쭈뼛하니까 우리에게 '너 저리 가서 앉아!' 하며 얻어먹으란다.

나는 다행히 훈련을 받다가 같은 학교 2학년 졸업을 하고 들어온 1년 선배인 석도환 하후생이 보여 기웃거렸더니 와서 같이 먹자고 한다. 그 식구들 틈에 끼여서 먹긴 했으나 아무리 먹어도 양이 차지를 않았다. 체면치레로 많이 못 먹었던 탓일까?

면회가 끝나고, 후반기 교육을 받기 위한 전문교육인 직별을 부여받았다. 나는 위생이란 것을 알았고 후반기 교육은 대구에서 받으니 1주일간 그곳 진해훈련소에서 대기하라고 하였다. 후반기 위생교육 인원은 36명이었다. 36명을 제외한 나머지 인원은 각각 6해역사(부산, 인천, 묵호, 목포, 마산)로 발령받고 각자 흩어졌다.

수료식 날 저녁은 자유배식이었다. 밥은 마음껏 퍼서 먹을 수 있었지만, 반찬은 배식을 하였다. 나는 밥을 너무 많이 먹었다. 배가 터질 것만 같았다. 배고픔에 대한 자제력이 부족한 짐승들의 한 면모를 닮은 내 모습이 싫어진다고 느꺼질 정도였다. 당시에는 의무실을 찾으면 될 텐데 그만한 융통성도 없었을 뿐만 아니라 군기가 든 상태라 모든 것을 모르기도 하였다. 배가 너무 불러 숨이 가쁠 정도였으니 상상이 되는지 모르겠다. 막사 뒤편에 가서 목구멍에 두 손가락을 넣어서 토하려고 하였다. 그러나 생밥이라 잘 토해지지 않았다.

  내가 토하는 모습을 본 전우가 있었다. 경북대학교 재학 중 들어온 변 하사였다. 그가 소화제를 주기에 일부를 토하고 소화제를 먹고는 위기를 넘겼다. 지혜로우셨던 변 하사 부모님이 비상약(두통, 소화제 반창고 등)을 챙겨 면회 때 변 하사에게 전달한 것이었는데 내가 혜택을 본 것이다. 그 이후 그와는 친한 친구로서 서로 의지하며 후반기 교육을 함께 잘 마무리할 수 있었다.

  전반기 교육의 순검시간에는 산천초목이 떤다고 할 만큼 공포의 순간이었다. 암기사항부터 청결, 관품정리(옷에 각대기를 넣어 각을 냄)를 점검받고 얼차려를 받기 일쑤였다. 그때와 달리 성판악에서 대기하던 첫날은 인원만 파악하고는 '순검 끝 총~원 그대로 취~침~'이라는 구호가 울렁이는 파도마냥 정겹게 들려왔다.

  다음 날부터 대기하면서 조금은 자유로웠다. 막사, 연병장 주변 풀 뽑는 작업을 마치고 막사에 들어오니 화랑 담배 3갑이 각각의 침대에 올려져 있었다. 그때부터 나도 담배를 피우기 시작했다. 한 모금을 빠니 그리도 몽롱한 세상이 나름 시름을 잊게 했다. 하후생 봉급 4,500원, 병장봉급도 4,500원이었다. 입소식 때 맡겨두었던 돈을 합하니 14,000원 정도 되었다. 그 돈으로 일주일 대기하는 동안 전우들과 PX에서 빵과 과자를 사 먹으며 나름 자유로운 시간을 보내고 후반기 교육을 위하여 대구로 출발하였다.

45여 년 동안 고이 간직했다가 펼쳐본 메모장에는 이렇게 기록되어 있었다.

〈생각해 보거라〉

개의 눈엔 똥밖에 안 보이고,

굶주린 거지의 눈엔 밥밖에 생각 안 나더라

악의에 찬 눈망울에 정서가 있을 리 없고

생각이란 망령된 생각뿐이더라

내가 나를 위해 있는 게 아니고

저가 나를 위해 있는 게 아니더라

체면도 없고 다시 멍청해져 짐승의 한 면모를 닮은

나의 몸뚱이가 이다지도 싫어지더라

오! 했더니,

아! 할줄 알았더냐…?

아뿔사 내 사슴(가슴)이야…!

아이쿠야 내 전신이야…!

대구통합병원 후반기 교육

6주간의 전반기 교육을 마치고 후반기 주특기 교육을 받으러 진해역에서 따블백(duffle bag/군용배낭)을 매고 군용열차를 이용해 동대구역에 도착하기로 되어 있었다. 열차로 가는 중간중간에 보니 5월 하순이다 보니 보리가 다 익어서 추수가 한창이었다. 논에서는 못자리에서 모를 찌는 농부들과 모를 심느라 한창인 정겨운 시골풍경이 눈에 들어왔고 잠시나마 부모님의 바쁘게 농사지으시는 모습이 스쳐 갔다. 군대를 다녀와야 효자 된다는 어른들의 말이 생각나기도 했다.

36명이 동대구역에 도착하니 군용트럭 2대가 대기하고 있었다. 나누어 타고 그리 멀지 않은 대구통합병원에 도착하였다. 병원 정문에 들어선 다음에도 울창한 가로수를 지나 한참 동안 깊숙이 들어왔다. 나중에 알게 되었지만, 그곳은 전군의 피 교육생 연대병력이 의무병과 교육훈련을 하는 장소였다. 즉, 육·해·공군 일반병, 하사, 중사, 상사, 장교 보수교육생(근무 중 교육)까지를 아우르는 의무병과 교육장소 역할을 하고 있었다.

우리는 5중대 9구대(육군용어)에 속했고 나는 5907이라는 번호를 부여받았다. 육·해·공군 전군이 모여 생활하는 곳이어서 서로 타군의식(서로의 우월성을 강조)을 갖게 되어서인지 분위기가 엄청 살벌했다. 먼저 입소한 육군선임들이 관품정리(개인 지급된 옷을 정리) 시킨다며 우리 36명이 소속된 내무반에 들어왔다. 관품정리는 책을 뜯어서 네모 각을 내어 차곡차곡 쌓아 정리하는 것이다. 그리고 점검을 통하여 트집을 잡고 기합 또는 얼차려를 주는 행위를 했다.

그들은 '이것들 맘에 안 들어' 하면서 해군에서는 생소했던 일선에 정열(마루생활/못 박은 선), 삼선에 정열, 포탄 낙하 등의 폭행이 자행되었다. 박재명, 오영훈 하후생은 복부를 맞고는 그 자리에서 기절하여 응급실로 옮겨지는 일까지 발생하였다. 또한, 해군 고등과반(하사, 중사 보수교육자)인 이들은 몇 주간 훈련받는 동안 내무반에 와서는 총집합을 시키는 등 괴롭히기 일쑤였다.

공수교육을 받을 때 입는 얼룩무늬 위장복(붉은 명찰/해병 제복에 해골과 공수 낙하산마크)을 입고 와서는 실무에서의 생활에 관하여 이야기해 주었다. 그들은 해병에는 의무병과가 없고, 육군에도 위생병들이 특전사로 차출되듯이 너희들도 해병대로 발령받으면 유격, 기습특공, 수색교육과 공수교육을 열외 없이 모두 받아야 한다며 겁을 주었다. 그들은 또 우리가 지급받은 구두약, 판초(우의), 비누, 함상화(운동화) 등을 수시로 와서 내놓으라 하고는 가져갔다.

그들은 우리가 모르니 알려준다면서 말하길 포항(해병 1사단) 가면 기수빠따(선임들 순서대로 두들겨패는 의식)라 해서 1기 선임이 하느님과 동기동창이라나? 그때는 체험하지를 않았으니 몰랐다. 전반기 교육인 진해에서의 훈련도 힘들었다고 생각했는데, 이러한 말을 들으니 그야말로 기가 막혔다. 겁에 질린 우리는 '야! 너 포항이란다' 하는 농담에도 화를 내고 말싸움을 하기까지 했다. 모두 포항으로 가면 죽음이라는 노이로제에 걸려들 있었다고 해도 과언이 아니었다.

그럭저럭 4주째 접어들어 4,500원(하후생 봉급)을 받았지만 거의 다 착취당하고 1박 2일 외박 보내 달라고 1,000원씩 갹출하여 중대장에게 주고 나서야 가능했다. 그래서 5중대 중대장 윤재열(대위)이가 아니라 돈재열로 통했다.

6주째 다행히 그리던 첫 외박을 나올 수 있었다. 외박 행선지는 대구 시내였지만 2시간 30분의 거리에 있는 문경 집으로 향했다. 대구에서 학교에 다녔기 때문에 문경까지 가는 동안에 위병소나 검문소가 없다는 것을 알고 있었기 때문이다. 아는 사람 누구만 보아도 눈물을 펑펑 쏟을 것만 같았다. 그러나, '나는 사나이다. 군인이다'라는 생각으로 마음을 다잡고 시골집을 다녀온 곳으로 기억한다.

이러한 군 생활에 회의가 들기도 했다. 얼마 안 된 시간이었지만 멍청해진 내 모습이 싫어져만 갔다. 사회생활을 할 때의 시간에 비하면 군 생활의 시간은 얼마 되지 않았지만, 군대에서 시간은 하루하루가 지옥 같았다. 정서가 메마르고 감각이 무뎌진 멍청한 내 모습이 스스로 느껴졌고 그럴 때면 모든 게 절망적이었지만 별수 없이 그렇게 시간을 보내야만 했다.

입소할 때 순위대로 육해공군 구대별로 선임이 되는데 얼마 지나지 않아 각 군별 선임이라는 말이 무색하리만큼 육해공군 사이에 몸싸움(세면장, 식기세척순서 등의 불합리한 부분)이 벌어지기도 하였다. 우리 구대장(9구대 구대장)이 식당에서 공군 하후생과 싸움이 벌어졌다. 서로 패싸움이 벌어지기 직전 당직사령(완장과 권총을 차고 순시를 함)이 나타나 이를 보았다. 당직사령이 중지 명령을 내렸지만, 말을 안 들으니 권총을 빼 들고는 정지, 정지하였다. 권총을 본 우리 구대장은 냅다 도망을 갔다.

　연이어 우스운 광경이 벌어졌다. 당직사령이 권총을 겨누면서 정지하지 않으면 쏜다를 서너 번 외치니까, 구대장은 처음에는 100m 달리기하듯 뛰다가 뛰지를 못하였다. 구대장은 2~30미터도 못 가서 결국 붙잡혔다. 총을 쏘지 않았음에도 불구하고 당직사령이 총을 겨누며 쏜다고 하니 총 맞을까 봐 힐끔힐끔 뒤돌아보면서 캥거루처럼 펄쩍펄쩍 뛰다가 결국 멈추어서 붙잡혔다. 지금 생각하니 구대장의 펄쩍펄쩍 뛰었던 모습에 웃음이 나오지만, 그 당시에는 엄청 심각한 상황이었다.

　결국, 우리 9구대 구대원 36명 전원은 팬티 바람으로 연병장 집합하여 선착순 집합, 좌로 굴러, 우로 굴러, 쪼그려뛰기 등 얼차려를 받아야 했다. 한참을 얼차려를 받고 온몸에 묻은 모래흙을 수돗가에서 씻고서야 휴식을 취할 수 있었다.

　대구통합병원에서 후반기 교육은 대체로 응급처치법, 주사 놓는 방법 실습, 약품의 명칭 및 약품에 대한 이해, 전쟁 발생 시 전후방에서의 역할, 환자후송 빙법(흰지를 업고 외줄 타기 등) 등에 대하여 군의관(대위) 및 간호장교(중위, 대위)에게 교육을 받았다. 일테면 사회에서 간호원의 역할은 하사관, 간호보조원의 역할은 일반병들에게 부여하여 임무나 역할을 구분하였다.

　후반기 대구통합병원에서의 생활은 육체적인 고통도 힘들었지만, 정신적인 고통이 더 심했다. 위생병 후보생들은 외박이 허락되지 않아 부모님들이 면회를 온다. 그러니 더욱 힘들었다. 힘든 가운데서도 시간은 흘러 3개월의 후반기 교육 막바지에 이르렀다. 마지막 12주째 되는 날, 야전의무 교육·실습을 위해 행군해서 산으로 갔다. 비가 너무 많이 와서 민가에 들러 밥이랑 과자 등 술도 몰래 조금 먹을 수 있었다. 중대장이랑 교관들도 마지막 교육이어서인지 조금은 자유롭게 눈감아주었다.

약 3개월 교육을 받는 동안 교육을 마친 육군 의무병과 하사관 후보생들 일부가 공수특전단으로 차출되어 가며 가끔 사고 치는 모습을 목격하기도 했다. 그래서 육군에도 2공수, 3공수, 7공수 특전단이 있다는 사실을 알게 되었다. 공수특전단, 해병대에서 근무할 거라고는 꿈에도 생각하지 못했던 친구들이었기에 막상 이러한 상황이 앞에 닥치니 모두가 생명의 위협을 느끼는 듯했다. 이렇게 공수로 발령된 친구들은 수료식 날 중대장실을 뒤엎어놓고 울고불고 난리가 아니었다.

발령지는 통상적으로 하루 전날 알려주는데 우리 기수 역시도 포항으로 발령된 친구들이 사고 칠 것을 우려해서 전날 알려주지를 않았다. 4월 2일 입대 후 5개월째 전·후반기 교육 마지막 날인 8월 29일 수료한다고 들떠 월담해서 몰래 술을 사와 먹느라 난리였다. 다음 날이면 36명이 각 해역사로 헤어져야 하기 때문에 각자 어디로 발령받는가가 문제였다.

수료하는 날 비가 억수같이 퍼붓는 날 야외교장에서 36명이 수료를 했다. 나를 포함한 12명은 모두가 두려움의 대상인 해병 1사단 해군포항병원으로 발령을 받았다. 그리고 나머지 24명은 각 6개 해역사별로 흩어졌다. 10시에 수료식을 하고 함께 했던 피땀 어린 전우들과 아쉬운 작별을 했다.

 우리 12명은 각자 자유시간을 갖기로 하고 오후 3시에 다시 만나기로 하였다. 따블백을 매고 포항으로 가는 버스가 있는 동부정류장에 비를 맞으며 다시 12명이 모두 모였다. 그런데 정류장 안에서 살벌한 기운이 감돌기 시작했다. 우리는 한쪽 귀퉁이에 12명이 쭈그리고 앉아 차표를 끊을 준비를 하고 있는데, 10여m 앞에는 인솔자 소령과 6명의 UDU요원(해군 정보부대원)들이 당당하게 줄을 서서 표를 끊고 있는 게 아닌가?

 팔각모에 얼룩무늬 위장복과 인솔자의 계급인 소령의 계급장의 크기가 엄청 크게 보였다. 6명의 요원들은 계급장도 없이 모자에도 이름표에도 UDU라는 글씨만 보였다. 그들의 얼굴은 새까맣게 그을려있었고 인상은 우락부락하였으며 체격은 우리 12명을 압도할 만치 체구가 커 보였다. 표를 끊은 UDU 요원들은 어디론가 홀연히 사라졌고 우리도 표를 끊어 포항행 버스에 올랐다.

해병대 발령과 해군포항병원

포항 해병 1사단으로 발령받은 인원은 모두 12명이었다. 우리는 대구 동부 버스정류장에서 따블백을 매고 포항 가는 버스에 올랐다. 12명이 식당에 들러 일찍 저녁을 먹고 각자 택시를 타고 해병 1사단 정문에 도착했다.

해병대로 발령받은 우리 12명 모두는 '개망나니 같고, 사고뭉치고, 성깔이 있는 해병대'에 올 거라고는 꿈에도 생각 못 했던지라 엄청 긴장하며 정문에 도착했다. 위병소에서 정문을 지키던 헌병들은 그야말로 행동과 말투 하나도 칼 같은 표현과 억양을 써가며 기합을 주는게 아닌가?

따블백을 매고 선착순을 몇 번 하고는 일부 돈을 갈취당하고서야 좀 있으니 트럭 한 대가 도착하였다. 9월 말일이지만 땀은 비 오듯 쏟아졌다. 차는 한참을 달려 해군포항병원 당직실로 향했다. 따블백을 당직실에 맡기고 세면도구만을 들고 으슥한 콘크리트 막사에 도착했다. 저녁 10시경이어서 개인 모기장을 친 채 모두 취침 중이었다. 우리 12명은 당직사령과 불침번의 안내를 받아 2, 3, 7, 본부중대에 각각 3명씩 나누어 첫날 잠자리에 들었다.

다음 날부터 하루에도 구타를 당하지 않는 날이 없을 정도로 훈련소 못지않은 고난이 이어졌다. 10월 1일, 입대한 지 6개월이 되는 날 드디어 단풍하사에서 정식 하사관으로 임관을 하였다. 정식 하사관이 됐다고 해서 편해지는 건 없었다. 사단에 있는 의무병과 기수별 선임들의 근무처와 이름을 모두 외워야 했는데 쉬운 일이 아니었다.

 그뿐 아니라 예하부대에 있는 선임들이 환자들을 데리고 병원을 방문해서는 우리가 있는 막사에 들르는데 이 또한 우리가 감당해야 할 몫이 컸다. 그들은 선임을 못 알아본다거나, 기합이 빠졌다느니 하면서 꼬투리를 잡았고, 그날 저녁에는 어김없이 기수빠따(선임별로 구타)가 진행되었다.

 어쩌다 축구를 할 때면 웃지도 못하게 했으며, 선임들한테 이겨도 집합, 져도 집합, 당직사령의 순찰에서 지적이 나와도 집합하여 엉덩이에 불이 붙는다. 허벅지의 살과 근육은 피멍이 들고 고통스러워 드러누워 잠을 잘 수가 없어 엎드려 잠을 청하는 일이 다반사였다. 아침에도 일어나면 상처에 팬티가 엉겨 붙어 화장실에 가서 2~30분간 그 팬티에 침을 발라 가며 겨우 떼고서야 내리고 볼일을 보아야 했다. 엉덩이와 넓적다리에는 성할 날 없이 나무 고주박 같이 피멍이 들다 보니 언제나 어기적거리며 걸어야 했다.

 부대 넘어 멀리 보이는 포항제철의 굴뚝에는 밤에도 휘황찬란한 불꽃과 연기가 하늘을 수놓고 있었다. 그걸 볼 때면 마음은 더욱 거기서 벗어나고 싶었다. 해군 잠수함 킬러 초계기·비행기가 내렸다 뜨는 항공단 활주로가 보이는 한적한 곳에 우리 12명이 모인 적도 있었다. 12명 중 한 놈이 훌쩍이니 모두 닭똥 같은 눈물을 흘리며 엉엉 울기도 했다. 이렇게 약 2개월 동안 각 중대에 배속되어 대기하는 동안 병원 영안실에서는 목탁소리와 염불 소리가 수시로 들렸다.
 누구는 교육받다가 죽었고, 구타사고로 죽었고, 항공단 중사는 오토바이 사고로 죽었고, 민간인이 군용차에 치여서 죽었다고 하니 참으로 기가 막혔다. 해병 1사단에서 일어나는 모든 군인의 사망사고는 해군포항병원 영안실에 안치되어 장례를 치르게 된다. 영생의 집에서는 수시로 목탁소리, 스님들이 염불하는 소리가, 목사님의 설교하는 목소리가 내무반에 들려왔다.

　가끔 선임들과 고참병들이 겁을 주려는 건지 손가락으로 사단 주변을 가리키며 설명을 해 주곤 하였다. '저 도고(영일만) 앞바다 옆은 수색대이고 저기는 공수부대이고, 저기는 7연대 기습특공 대대란다'라고 하면, 사방을 둘러보아도 살벌함뿐인 그곳이 우리는 더 공포스럽게 느껴졌다.

　그러는 동안 해군모가 아닌 해병 팔각모, 복장은 해군 샘브레이가 아닌 육정복, 명찰도 빨간 바탕에 노란 글씨로 변했다. 이는 곧 피와 땀을 의미한다고 했다. 그리고 하사는 초급간부이니만큼 복장을 단정히 하여야 하는데 지급된 워카(군화)는 누더기같이 다 떨어지고 지저분하니 하나씩을 사라고 했다. 사단 내에서도 규정에 맞게 사제군화를 파는 곳이 있다며 빨리 사라고 선임들이 아우성이었다.

　단풍하사 급여 4,500원을 모아서는 사기 어려운 만큼 아버지께 편지를 써서 돈을 봉투에 잘 넣어서 부쳐달라고 하는 불효를 하게 되었다. 어느 날 전령실(우편/신문 등 배달하는 군인)에서 불러 가니 봉투를 주었다. 봉투를 확인해 보니 2만 원의 돈이 들어 있었다. 나중에 안 일이지만 아버지께서는 3만 원을 부쳤다고 하셨는데 누가 떼어먹었는지 2만 원밖에 받지를 못하였다. 그러는 동안 새로운 해병제복 보급품이 나와서 훈련소에서 받았던 해군제복 보급품 대부분을 반납하였다. 받은 돈은 선임들 비위 맞추는 용도로 모두 소진되고 내 손에 쥐는 건 없었다.

 그렇게 12명이 대기하는 2개월을 보내고 4월 2일 입대 후 6개월이 지나 정식 하사관 임관 후 11월 7일경 예하부대로 발령을 받았다. 군을 다녀온 분들은 잘 알다시피 3개 연대가 1개 사단으로 편성되어 있다. 우리는 연대로 발령이 났고 나는 7연대, 다른 전우들은 2연대, 3연대로 배속받았다.

 경험하지 못했던 실무생활의 두려움을 안고 그동안 함께했던 전우들의 안부를 걱정하며 해군 하후생 67기 중 신삥 위생하사 12명은 병원에서의 대기생활을 정리했다. 우리는 각자의 용품을 챙겨 따블백을 매고 예하부대로 그렇게 흩어졌다.

해병 1사단 기습특공부대의 위생하사

당시 포항 해군병원은 2중대, 3중대, 7중대로 구성되어 있었는데, 전쟁 발발 시 2중대는 2연대를 지원하는 등 3개 중대가 각각 해병 3개 연대를 지원하는 체계로 구성되어 있었다.

나중에 이야기하겠지만 진해 해군통제부 안에 가면 지덕칠 중사 동상이 있다. 지덕칠 중사는 위생하사(현재 명칭 부사관)로서 1967년 월남전에서 적 20여 명을 사살하고 부상한 전우 6명을 구출하다가 산화한 분이다. 포털 사이트에서 2025년 1월 31일 제58주기 지덕칠 제를 맞이하여 보훈단체의 추모 행사가 진행되고 있음을 확인하였다.

1981년경 나와 위생병은 QRF(해상기동타격대)에 배속되어 진해통제부 안에서 잠시 근무하는 동안 고인의 동상과 월남전에서의 공적을 알고 있었다. 당시 주변에서는 고인의 여동생이 통제부(군무원)에 근무하면서 지덕칠 중사 동상 앞 꽃병에 매일 꽃을 꽂거나 물을 갈아준다는 이야기를 듣기도 했다.

당시 이에 관심을 가졌던 것은 내가 지덕칠 중사와 같은 위생하사(부사관)로서 같은 길을 걷고 있다는 자부심 때문이었다. 또 같은 해병에 배속되어 힘든 과정을 거쳐 열심히 군 생활을 하고 있다는 자부심도 있었다.

다시 7연대로 배속되어 예하부대 7연대 2대대에서 근무했던 추억을 더듬어 보고자 한다.

12명 중 나 혼자 1980년 11월에 72(칠이)대대로 발령받고 보니 IBS(기습특공) 부대였다. 병원에서 약 2개월간 생활하면서 육체적인 고통은 참을 수 있어도 정신적인 고통은 참기가 더욱 힘들었다. 선임들 눈치 보며 집합 노이로제에 걸린 양 전우들과 수시로 '야, 오늘 누가 건수 잡힌 것 없냐?'고 확인하던 때였다. 기합이 빠졌다는 소리 듣지 않기 위해 자유시간에도 침대에 한 번 제대로 눕지도 못하던 때를 생각하며 실무에 배치받고 나니 군 생활을 하는 것 같았다.

1980년 들어 가장 추웠던 때인 12월 2일부터 1주일간 7연대 상륙작전(RLT)이 포항 해안 독성리(1965년 해병 5인 순직/거센 파도에 휩쓸려)에서 있었다. 눈도 왔고 한파여서 언 땅에 텐트를 치려 하니 지주 핀이 땅에 들어갈 리 만무하였다. 새벽 4시경 기상해서 해안의 산을 공격하고 눈밭에 넘어지며 해병대원들보다 구급낭을 하나 더 매고 소총수로서 위생병과 함께 공격도 하고 따라다녀야만 했다. 매일 발이 시려 잠이 제대로 오지를 않았고 자는 둥 마는 둥 했다. 세수는 일주일 내내 하지도 못하고 주, 야간 공격은 계속 이루어졌다. 세부적인 야외 기동훈련은 차후에 상세히 이야기하겠다. 그렇게 일주일간의 연대 상륙작전(RLT)을 마치고 꼬박 하룻밤을 행군하여 부대에 복귀하는 훈련을 무사히 마쳤다.

12월 연말이 다가오니 연말 지휘검열에 들어갔다. 지휘검열이란 예하 부대를 대상으로 인원, 장비, 교육, 훈련 따위의 군사 전반에 걸쳐 평가하는 일로 부대

평가이다. 검열 결과 내가 이곳 해병 7연대 2대대로 발령받은 지 2개월 남짓이었지만 1980년 해군 해병 최우수부대에 선정되었다.

당시 대대장은 중령 박형건이었다. 그 당시 내 메모지에도 이분은 머리가 매우 비상했다고 적혀있다. 대대 병력 450여 명을 이병에 이르기까지 얼굴과 이름을 모두 파악, 외우고 있다는 소문이 날 정도로 전 부대원의 인성과 자질 등을 꿰뚫고 있었다. 발령받은 지 얼마 되지 않은 어느 날 선임하사의 휴가로 대대 간부회의에 내가 대리 참석을 했다. 각 중대장과 본부중대 지원부서장[화기, 의무, 부식(식당)]들의 회의였다. 그때 내게 "권기원 하사는 자대 배치받아 잘 적응하고 있는가?"라고 물었던 일이 지금도 기억에 생생하다. 그는 다음 연도인 1981년에는 해병 2사단이 있는 김포로 발령받아서 갔고 아마 그 이후 대령으로 승진하여 당시 72대대 근무를 경험으로 7연대 연대장으로 근무한 이력을 확인하였다.(포털 사이트 검색 결과)

1981년도 접어들면서 연초이자 한겨울이어서 조용히 지나가는 듯했다. 제대 병장들이 나가고, 나는 내무반에서 하사관의 지위와 자리를 잡아가고 있었다. 병들이 식당에서 밥을 타다 준다거나, 식기세척을 병들이 하는 등 분대장 대우를 받기 시작했다.

대대 의무실에는 중사 1명, 하사 3명, 병장 2명, 일병, 상병 등 총 10여 명이 근무하며 운영되었다. 물론 본부중대에 소속되어서 때로는 해병 전우들과 보이지 않는 타군의식을 느끼기도 했지만 좌충우돌하며 시간은 흘러갔다. 해병 부서에 근무하다 보니 호적이 해군임에도 복장은 해병 제복과 동일했고 훈련도 열외 없이 받아야 했다. 또 해병은 30개월인데 우리는 35개월 복무해야 하는 말 못 할 고통이 따르기도 했다. 그렇다고 제도가 그러니 불평을 할 수도 없는 노릇이었다.

포항은 동부전선으로 해병 1사단은 우리나라 유일한 기동 예비사단이다. 비상시에는 시내에서는 1시간 이내에 부대로 복귀해야 하고, 2시간 안에 포항 영일만 앞바다에서 사단이 모두 배에 탑승완료가 되어야 한다. 전쟁 발발 시에는 사단이 폐쇄되고 병원 역시도 2중대는 2연대를, 3중대는 3연대를, 7중대는 7연대를 지원하기 위한 야전병원으로 탈바꿈해야 한다. 또 영일만 바다에 사단병력이 상륙준비태세를 갖추어 배에 탑재하여야 한다는 절차가 있었다. 그래서 1년 365일 야외 기동훈련과 해안방어(4개월) 기간이 설정되어 훈련이 지속된다.

2월에 접어들면서 FTX(Field Training Exercise, 야외기동훈련)와 TTT(Test-Time Training, 테스트 시점훈련) 등 많은 훈련을 받아야 했다. 헬기를 가상하여 원을 그려 헬기가 있다는 가정하에 90도 허리를 굽히고 헬기 정면에서 45도 각도로 빠른 걸음으로 탑승하는 방법도 연습했다. 그리고 해군 항공단에 가서 헬기에 타 안전띠 매는 법, 헬기 탑승요령 등을 2~3일 배운 다음, 실지로 일주일간의 훈련에 돌입하였다. 지금은 차량에서도 안전띠 착용이 일반화지만, 처음 타보는 헬기에서 안전띠 매는 법도 처음이었다.

위생병 이광호 일병과 함께 7중대에 배속되어 사단 항공단에서 헬기를 탑승하여 30여 분 정도의 거리를 날아갔다. 헬기로 30분이니 상당히 먼 거리였다.

그곳은 바닷가의 산 중턱으로 바라보이는 경주 문무대왕릉 인근 산이었다.

참고로 문무대왕릉은 신라 30대 문무왕(재위 661~681)의 무덤이다. 동해안에서 200m 떨어진 바다에 있는 수중릉으로, 신라인들의 창의적인 생각을 엿볼 수 있는 곳이다(국가유산 검색).『삼국사기』에 의하면 왕이 죽으면서 불교식 장례에 따라 화장하고 동해에 묻으면 용이 되어 동해로 침입하는 왜구를 막겠다는 유언을 남겨 바다에 만들어졌다고 한다. 그의 아들 신문왕은 동해 근처에 감은사를 세워 법당 아래 동해를 향한 배수로를 만들어 용이 된 문무왕이 왕래할 수 있도록 설계하였다.

다시 훈련 이야기로 돌아가자.

헬기 4대로 3개 중대의 대대 병력을 새벽부터 한나절 이상 이동시켰다. 헬기는 완전무장해서 9명 정도 탈 수 있었고 타자마자 안전띠를 매고 총구는 아래로 개머리판은 위로 향하게 하고 앉았다. 헬기는 프로펠러가 있는 상부에 모든 기능이 있기 때문에 혹시 오발사고가 나더라도 추락하지 않도록 그렇게 하는 게 지침이었다. 헬기가 두두두두~~ 하면서 날아가는데 롤러코스터 타는 것처럼 엉덩이가 찌릿찌릿했고, 그사이에 문무대왕릉이 바라보이는 산 중턱에 내렸다.

산의 정상을 공격, 탈환하고 고체연료를 통해 개인 취사로 점심을 해결하고서야 문무대왕릉이 보이는 곳에서 텐트를 치고 숙영을 했다. 2월인지라 숙영지는 잔설이 있었고 한겨울에 텐트 치는 연습 겸 곧 3월에 있을 한미연합합동군사훈련인 팀스피릿 훈련에 대비하기 위함이었다. 팀스피릿 훈련은 한미연합상륙작전훈련으로 수년간 정례화되어 진행되었다.

이어서 소대, 분대 공격과 방어훈련을 했다. 훈련 중 산에서 토끼들이 이리저리 뛰어다니니까 중대장들이 '이것도 훈련이다' 하면서 토끼몰이를 하여 토끼 잡기를 하였다. 대대 병력 300여 명(화기, 본부중대 제외)이 한나절 토끼몰이를 하여 토끼 8마리와 노루 1마리를 잡았다. 토끼몰이는 참으로 가관이었다. 온 산을 에워싸서 수백 명이 우~우~ 하면서 간격을 좁혀가다 보니 놀란 산토끼들이 이리 뛰고 저리 뛰었다. 토끼가 워낙 빠르다 보니 흥분한 전우들이 소총 개머리판으로 내리치는가 하면 에워싼 곳을 탈출하면 또다시 에워싸서 산 넘고 산을 넘어 토끼잡이를 하니 일석이조가 되었다. 자동으로 체력훈련이 되고 토끼 8마리와 노루 한 마리까지 얻었으니 말이다.

무선전화기는 상상도 못 하던 시기인지라 군에서는 무전으로 통용되는 시기였다. 무전병이 잡은 토끼 문제로 사단 대대본부와 교신을 했다. "옥피리, 옥피리, 여기는 기사도. 이상 무!" 무선 암호명이 왔다 갔다 하더니 토끼를 잡았다는 내용이 전해진 것 같았다. 얼마 있다가 작전장교(소령)가 차를 몰고 와서는 잡은 토끼 서너 마리를 남겨놓고 모두 가져갔다. 일명 중대장 따까리(장교 식사를 챙기며 자질구레한 일을 하는 병사를 칭하는 속어)들이 모여 토끼로 음식을 장만하였고, 중대장들은 소주 한 잔을 곁들이며 먹었다. 우리는 보이지 않는 곳에서 군침만 흘려야 했다.

그런데 술에 취한 중대장들이 소대장(소위, 중위)들을 불러 병들이 보이지 않는 으슥한 곳에서 얼차려와 함께 엉덩이 빠따를 치는 게 아닌가? 훈련이나 교육이 맘에 안 들어서 그랬는지 모르겠지만, 그 모습은 충격적이었다. 그래도 장교들인데 얼차려에 빠따가 있다는 게 놀라웠다. 그때야 해병대 장교들도 규율이 엄청 세다는 것을 실감하였다.

 다음날 헬기로 포항 구룡포 해안 인근에 내려 산을 공격, 점령하는 상황을 끝으로 부대에 복귀하였다. 부대에 도착하니 5중대 수색소대 이○○ 일병이 실종되었다는 소식을 접하게 되었다. 수색소대는 우리 기습특공대대 교관 역할을 하는 한 단계 더 높은 수준의 훈련, 즉 수중(바다) 잠수훈련과 육지, 수중 낙하 공수훈련을 하는 요원들이다. 사단 수색대대가 있지만, 대대 내에서 희망자를 차출하여 교관 역할을 수행하였다.

 이 일병 역시도 해안가의 수색대대에서 4주간 종합훈련을 마치고 하사관 1명과 함께 보트로 이동 중에 다른 보트와 충돌하며 실종됐다고 한다. 다행히 하사관은 헤엄쳐 나왔는데 그 친구는 무전기를 메고 있어서 순간적으로 사라졌다고 한다. 모터보트여서 속도가 만만치 않았지만, 모터보트의 속도감과 스크루 등에 의한 머리 충격과 무전기의 무게로 정신을 잃고 바다에서 실종된 것으로 추측했고 내 개인적으로 그리 생각했다. 그렇지 않고서야 전투 수영으로 12Km를 수영해 갈 만큼의 극기훈련을 받았는데 빠져나오지 못할 이유가 없었다. 이 일병이 가끔 치료차 의무실에 들렀기에 그를 알고 있었다. 체력도 좋았지만 잘 생긴 전우여서 안타까움이 더욱 컸다.

 실종 사건에도 불구하고 한미연합군사훈련(팀스피릿, T/S 훈련)이 예정된 만큼 수색소대 요원들만 실종된 전우를 찾기 위해 남겨두고 훈련을 떠나야 했다. 1981년 3월 2일, 드디어 팀스피릿 훈련이라는 불이 발등에 떨어졌다. 전시상황을 감안한 훈련인 만큼 평시 훈련과는 마음가짐이나 강도가 달랐다.

출발하기 전부터 중대장, 대대장, 연대장, 사단장의 군장검열을 마쳤다. 사단장은 그 당시 해병 소장 최기덕 장군이었다. 이후 해병대 사령관을 거쳐 전두환 대통령 시절에 철도청장까지 역임한 분이다. 군장검열을 받는데 사단장은 일일이 악수를 하며 한 바퀴 돌고 군장검열을 마쳤다. 당시 인상 깊었던 것은 큰 별 두 개에 눌러쓴 사각모 귀 윗부분의 희끗희끗한 머리카락이었다. 참으로 인상적이고 무게감 있어 보여서 나는 지금까지도 귀 옆으로 난 흰머리를 장군 머리라고 부른다. 긴장되어 뭐가 뭔지도 모르게 휙 지나갈 텐데 그 모습이 순간 강렬하게 다가와 아직 생생하다.

말이 군장검열이지 2~3일 동안 각을 잡고 분열은 아니지만, 열병을 통하여 군기가 하늘을 찌를 듯이 최고의 상태가 되도록 하는 과정이었다. 전쟁에 나가는 출정식 비슷한 느낌이라고나 할까? 전날 저녁에 순검을 마치고 잠자리를 들었는데 11시, 12시가 되어도 잠이 오지를 않았다. 뒤척이다가 불침번 서는 친구를 따돌리고 슬리퍼를 신고 막사 밖에 나가니 찬바람이 불어 추웠다. 그렇게 차가운 밖에서 고향이 있는 방향으로 큰절을 두 번 하였다.

아마 그날 또 다른 큰 뉴스가 있었다. 50여 명의 육군 특전사를 실은 헬기가 제주도 한라산 중턱에서 추락했다는 뉴스였다. 그 소식을 접해서일까? 전우의 시신도 찾지 못하고 출발하는 마음이어서일까? 아무튼, 불안하면서도 비장한 마음이었고, 부모님이 계신 고향을 향해 큰절을 해야 할 것만 같았다. (이후 전역하고 시골에 와서 추락한 그 특전사 헬기에 같은 동네 최원섭이라는 1년 후배가 탑승했다는 안타까운 소식을 접했다.)

실전 같은 한미연합군사훈련(팀스피릿)에 참가하다

　3월 2일, 드디어 팀스피릿(이하 T/S) 훈련을 위해 인근 해군 항공단으로 이동해 원투쓰리(C-123) 얼룩무늬 군용비행기에 탑승하는 장도에 올랐다. 군용트럭 1대와 50여 명의 완전무장 인원을 실은 C-123 군용 수송기가 상공을 날고 비행기를 탄다는 게 신기했다. 수송기는 미군 군용기였고 안내자(미군)들은 트럭 바퀴 및 무장된 짐들을 땀을 뻘뻘 흘리며 철두철미하게 모두 움직이지 못하도록 벨트 고정을 하는 등 단단히 대비하는 모습이 그 당시에는 인상적이었다.

　나와 위생 이광호 일병은 7중대에 배속되어 함께 이동하였다. C-123 수송기에는 창문이 없고 30cm 정도 되는 둥근 유리창이 있었다. 그 창을 통해 얼핏 밖을 내려다보니 안개와 구름 낀 하늘을 날고 있었고 땅이 어렴풋이 보였다. 이광호 일병이 토할 것 같다며 일어나더니 밖을 내다보아도, 앉아보아도 마찬가지라고 하였다. 나는 토하려면 철모에 토하라고 소리치고는 나 역시 멀미가 나기에 잠을 청하였다. 다행히 이광호 일병은 욱욱 하면서도 잘 참았고, 두두두 하는 굉음 소리에 눈을 뜨니 어느덧 성남비행장 활주로에 도착하였다.

　포항에서 오후 2시쯤 타서 40여 분 만에 비행장에 도착했다. 오후 5시경에야 대대 병력 모두가 집결하였고, 집결지로 육군수송차가 대기하고 있었다. 우리는 밤에 차량을 통해 이동하였다. 지금은 길이 좋아 그리 먼 길이 아니지만, 그 당시 군용트럭으로 집결지였던 경기도 이천의 한적한 마을 뒷산에 도착하기

까지 몇 시간을 달렸던 것 같다

숙영지를 정하고 언 땅에 텐트를 쳤다. 깜깜한 야밤에 높낮이 구분도 못 하고 그것도 비탈을 깎아서 텐트를 치다 보니 겨우 몸만 기어들어가서 은신하고 잠을 청하였다. 불빛을 사용할 수도 없고, 말소리 하나, 땅 파는 소리까지도 최소화해야 하는 훈련이었다. 아침에 기상해서 보니 가관이 아니었다. 다시 텐트를 치고 풀로 완전히 철두철미하게 위장을 했고 대대장이 직접 점검을 하는 등 숙영지 텐트에서 순검까지 하였다.

산 밑에는 대대본부(CP)가 있었고 우리는 2~3km 되는 곳의 본부로 군용식기인 반합을 들고 밥을 타 먹으러 갔다. 대대본부도 야외용 차량인 큰 물통 차와 이동용 식당차를 운영하여 대원들에게 식사를 공급하면서 훈련 겸 전쟁 발발 시 대응할 수 있는 체계적인 식당을 운영하고 있었다.

대대장이 있는 대대본부 지휘소 의무실에는 김순수 중사와 유재홍 상병, 5중대는 문관길 하사와 이윤창 일병, 6중대는 서덕문 하사와 김진웅 일병이 배속되었다. 부대 안에는 4월 10일 제대하는 말년 박명신 병장이 잔류로 남았다. 우리는 모처럼 힘든 훈련을 하면서 전우애를 다지고, 식사 때는 본부의 한적한 곳에 옹기종기 모여 짬밥을 먹은 다음 각 중대에 따라 산중으로 헤어지고 식사 때 다시 모였다. 3월 초인데도 눈이 내리고 추워 엄동설한이었고, 모두 세수도 못 한 채 때 묻은 위장복에 텁수룩한 수염까지 자라 산적 같아 보였다.

이틀째 되는 날 독도법 실전훈련을 하기 위해 아침 일찍 대대 병력이 미군헬기 7대에 나눠 타니 1~20여 분간 날더니 개활지(산속 논두렁)에 내려주었다. 어디가 어딘지 모르는 상태에서 중대 병력이 모였다가 지시에 따라 각각 헤어졌다. 지도 좌표지점에 찾아가면 선임하사들이 대기하고 있을 테니 그곳을 찾아서 서명을 받아와야 하는 게 목표였다. 나는 7중대 2소대 1분대에 배속되어 산을 넘고 물을 건너 좌표지점을 찾기란 여간 힘들지 않았다. 대원 9명이 에라 모르겠다 하고는 민가에 들렀더니 연세가 있는 부부가 라면을 끓여주시고는 소주까지 한 잔씩 주셨다. 인심이 한없이 좋으셨던 게 기억에 남는다. 다행히 나의 구급낭에서 상비약인 아스피린과 소화제를 조금 드렸더니 매우 고맙게 받아주셨다.

저녁이 되어 야간에 숙영지를 옮기는 연습을 했다. 방공호를 파고 호를 파는 등 야밤에 불빛은 사용하지 못하게 했고, 다시 텐트를 말아 챙긴 다음 숙영지를 옮겨 다시 텐트를 치는 훈련이었다. 이걸 모르고 잠을 청하려는데 텐트 말이 선착순이란다. 진눈깨비가 내렸다. 같이 배속받은 이광호 일병이 후들대는 모습이 눈에 들어와서 도움을 주었다. 급하니 그냥 노끈에다 텐트를 거는 둥 마는 둥 하고서는 내 뒤에 질질 따라왔다. 다른 소대원들은 연습을 많이(이 훈련을 위해서 낮에 눈감고 텐트 치는 연습도 했음)해서 그런지 모두 완전무장 형태가 잘 갖추어져 걷고 있는 것만 같았다. 행군을 밤새워 하다가 날이 밝아보니 모두 무장한 꼴이 여간 우습지 않았다. 서로 마주 보고 웃어주는 게 위안이 되었다.

이번 훈련에서 마지막 야외기동훈련(FTX)이 진행되었다. 대대 병력이 숙영지를 떠나 단독무장에 헬기에 탑승했다. 산의 고지를 공격, 점령하고 우리 대대 병력은 다랑이논이 있는 산의 한적한 곳으로 집결하였다. 층층으로 되어 있는 논의 지형을 잘 이용한 것 같았다. 헬기의 프로펠러가 돌아가는 특성상 자연스럽게 구분된 곳에서 안전하게 탑승(프로펠러에 의한 사고위험)할 수 있는 최적의 조건임을 느낄 수 있었다.

 헬기 1대에 12명의 분대 병력을 태웠고, 대대 병력을 헬기 10대가 뜨고 또다시 7대가 내리기를 반복하였다. 그런데 다랑이논 근처에 외딴집 한 채와 비닐하우스가 있었다. 10여 대 헬기의 프로펠러 바람에 인근 비닐하우스의 비닐이 찢겨 하늘로 날아가는 등 안타까운 상황이 벌어졌다. 처음에는 아주머니가 비닐을 잡고 버텼으나 헬기 10여 대가 내리고 7대가 뜨다 보니 프로펠러의 바람을 막을 방법이 없었다. 그 아주머니는 잡고 있던 비닐을 포기하고 집과 조금 떨어진 집으로 막 뛰어가더니 남편을 데리고 나와 두 사람이 비닐을 부여잡다 그마저도 포기한 채 헬기만 구경하였다. 먼발치에서 그 광경을 목격하는 입장에서 농심을 알기에 아연실색해서 멍하니 바라보고만 있는 부부의 모습이 무척 안쓰럽고 안타까웠다.

 이렇게 해서 헬기로 텐트가 있는 숙영지에 도착하여 텐트를 철거하고 다시 단독무장을 한 채 이동을 하였다. 그런데 산속에 삐라(전단) 같은 게 있어서 주워보니 우리 군이 뿌린 전단이었다. 현재 우리 군이 인근에 수일 동안 훈련 중이니 각 농가에서는 피해 발생 시 신고하면 보상을 하겠다는 내용이었다. 다행히 두 부부의 안쓰럽고 걱정되었던 모습이 일시에 '군을 신뢰하겠구나' 하는 마음과 국민을 지키는 군인이라는 것에 대한 자부심이 샘솟듯 뿌듯함을 느끼는 순간이었다.

숙영지를 떠나 산속으로 군행을 하다 보니 영동고속도로가 나오고 고속도로가 바라보이는 시골 마을 뒷산에 다음 숙영지를 정했다. 저녁에 대대장의 훈시가 있었고 군가 '해병대의 노래 일발 장전'이라고 지시를 하였다. 전 대대원이 산을 떠나갈듯한 목소리로 군가를 불렀다.

－ 해병대의 노래 －

1절

동해에 솟는 해를 가슴에 안고

저녁 바다 밀물이 파도를 타며

가는 곳마다 그 이름 승리의 용사

아~아 아느냐 대한 해병대

2절

오늘은 푸른 바다 잠베개 삼고

내일은 산골짜기 적을 찾아서

오랑캐 무찌르자 불타는 의기

아~아 보아라 대한 해병대

　저녁이 되니 동네 새마을 부녀회에서 청년들과 함께 손수레에 떡을 잔뜩 싣고 숙영지로 왔다. 부대 주변을 경계하는 근무자(불침번)들에게는 학생들이 간식거리인 고구마, 밥, 김치 등을 갖다 주었다. 참으로 인심 좋은 주민들이 군인들이 고생하는 걸 알고 대우를 해주니 군 생활에 대한 자부심과 뿌듯함이 느껴지는 시간이었다.

중대장은 저쪽 동네로 방향을 바꾸어 더 크게 군가를 부르면 또 떡이 온다며 군가 열창을 독려하기도 했다.

- 해병 1사단 2710부대 6중대가 -

우리는 특공대다 무적의 사나이
성난 파도 헤쳐가는 폭풍의 용사
약동하는 젊은 피를 바다에 뿌리고
전우애로 뭉쳐진 불굴의 젊은 박쥐
싸우면 이기는 승리의 불사조
아~아~아~ 아~아~아
기습특공 6중대

- 부라보 해병 -

귀신 잡는 용사 해~병 우리는 해병대
젊은 피가 끓는 정~열 어느 누가 막으랴
라~일 라~일 라~일 라~일 차차차
라~일 라~일 라~일 라~일 차차차
사랑에는 약한 해병 바다의 사나이
꿈속에서 보는 처~녀 다~아링 아~이 러~브유~
오늘은 어디 가서 훈련을 받고

휴가는 어느 날짜 기다려보나 우리는 해병대~ R.O.K.M.C

헤이빠빠 리빠 헤이빠빠 리빠 우리는 해병대~

싸워서 이기고 지면 죽어라 헤이빠빠 리빠

부라보!

부라보!

해병대!

　소개한 군가들은 해병대 훈련 중 습득한 81가지 노래 중 일부를 군 시절 메모하여 추억으로 갖고 있던 것을 옮겨 보았다.

　다음 날, 육군 특전사가 무장침투를 하는 것을 잡으러 간다는, 즉 실전에 대비하는 교육을 받고 씻을 사이도 없이 훈련은 계속 주어졌다. 그날도 숙영지를 정해서 텐트를 치고 잠을 자려는데 밤 12시경 훈련이라고 모두 기상해야 했다. 단독무장에 9명당 상배낭에 함상화(운동화)와 전투 비상식량을 갖고 목표 지점도 모른 채 계속 걷고 있었다. 나중에야 여주 이천 인근 남한강 도하작전이라고 알려주었다. 우리가 가는 방향으로 육군 수송차가 끝없이 같이 가고 있었다. 강에 임시로 긴급 설치해야 하는 교두보를 싣고 가는 군용차량 행렬이었다.

　남한강 변 모래사장에 전 대대 병력이 집결했다. 주변에는 육군이 고무보트(IBS, Inflatable Boat Small의 약자로 소형 고무보트이지만 무게만 약 110kg에 달한다) 수십 대를 갖다놓고 우리에게 시범을 보이려고 준비 중이었다. 우리 주특기(IBS 부대)가 전달이 안 되었는지 우리는 어이가 없을 뿐만 아니라 자존심이 상하는 상황이었기에 대대장과 중대장의 지시가 이어졌다. "전원 배치 붙어, 뻠뼁(고무보트에 공기주입) 시작, 머리에 이고 한 바퀴, 이동" 등 지시가 떨어지자 우리는 전문적인 기습특공부대(IBS)의 숙달된 노련미를 보이며, 일사불란한 훈련을 전개하였다. 곁눈질로 보니 육군 시범요원들이 오히려 신기한 듯 멍하니 구경하고 있었다.

그러는 동안 상공에서는 헬기가 주변을 맴돌며 시찰을 하고 있었다. 한미연합사령관인 월컴 사령관이라고 했다. 앞에서 밝혔듯 T/S 훈련이 미군이 물자(수송기, 헬기 등)를 공급해주는 등 한미연합훈련이다 보니 사령관이 나온 것 같았다.

그날도 우리는 좋지 않은 소식을 접했다. 미군 3명이 단정(철판으로 만든 보트)으로 남한강 도하 작업을 하다가 뒤집혀 익사했다는 소식이었다. 우리 역시 고무보트인지, 단정인지 몰라서 단정에 대한 교육을 받고 왔다. 고무보트도 마찬가지이긴 하지만 단정은 균형이 안 잡히면 뒤집히기 쉽다고 했다. 고무보트는 뒤집혀도 물에 뜨지만, 단정은 뒤집히면 가라앉는다는 특징이 있다.

미군들이 이야기하는 한 많은 남한강을 바라보며 우리는 보트를 머리에 이고 물가에 자리 잡은 다음 도하 실전에 돌입하였다. 물살이 세서 200여m 이상의 거리를 도하한다는 것이 여간 힘든 게 아니었다. 12명의 분대 병력이 먼저 도하하고 그중 4명이 그 보트로 회귀하여 다른 병력을 태워 도하하는 방식이었다. 전 대대 병력이 도하하는 데 1시간여 시간이 흘렀다. 전쟁 훈련이니만큼 푹푹 빠지는 긴 모래밭을 다급히 뛰어가는 것도 여간 어려운 게 아니었다.

도하훈련이 끝나고 밤 12시에 기상하여 이동하고 훈련들을 했으니 모두 기진맥진하였다. 3단식의 전투식량으로 허기를 때우고 산속의 풀숲 양지바른 곳에 수 시간 동안 처박혀 여기저기 모두 한나절을 그냥 잤다. 그렇게 오후를 보내고 비가 추적추적 오는 저녁이 되어 산속 공동묘지를 지나 이천 쪽 OB맥주 공장(공장 굴뚝에 OB맥주 표시가 있었음) 뒷산을 숙영지로 정했다.

다음날, 우리 숙영지 인근에 헬기 1대가 먼발치에서 보이더니 육군 특전사 요원들의 낙하하는 모습이 보였다. 대대장이 저기 특전사 요원들을 잡으라고 명령하였다. 아마 대대장도 상부로부터 하달된 사항은 아니었던 것 같고 추측이지만 한번 훈련을 시켜보기 위한 의도인 것 같았다. 육군 특전사는 정예요원들이었다. 낙하하는 위치에 잡으러 갔지만 모두 허탕 치고 돌아왔다. 하지만 다른 때와 달리 목표 달성을 하지 못한 것에 대해 제재나 얼차려 등 없이 조용히 지나갔다.

3월 20일경인데도 숙영지 주변 산 중턱에 제법 큰 연못이 있었는데 얼음이 얼어있었다. 약 20여 일간 목욕도 제대로 못 한 전우들 모두가 벌거숭이가 되어 영하의 물속으로 들어갔다. 마치 물에 환장한 것같이 우~우 하면서 떼거리로 팬티만 입고 얼음을 깨고 물속으로 풍덩 다이빙을 했다. 그 차가운 물에서 물 만난 고기들처럼 물장난을 치고 목욕을 즐기는 등 잠시 여유와 즐거움을 느끼는 시간을 보냈다.

이후 훈련 상황 종료라는 소식과 함께 대대 병력은 횡성 비행장으로 이동하기 시작했다. 영동고속도로 인근을 따라 횡성비행장으로 완전무장을 한 채 행군, 이동한 다음, 횡성비행장에서 텐트와 막사를 치고 2박 3일간의 휴식을 취하였다.

마침내 123 얼룩무늬 수송기를 타고 포항 부대로 복귀하는 날 아침 긴급하게 대대장에게 무전이 날아왔다. 실종된 이○○을 어부가 찾아서 해군포항병원으로 이송 중이라고 했다. 약 20여 일 만에 해안가로 밀려온 시신을 어부가 발견하여 신고한 모양이었다.

　부대에 복귀한 우리는 그다음 날 오전에 해군포항병원 영안실로 통하는 길목에 대대 병력 전체가 도로 양쪽으로 도열하여 거총을 하고 운구차가 지나가기만을 기다렸다. 꽃단장한 구급차를 따라 유족들이 곡을 하며 뒤를 따르며 사단 정문 방향으로 이동하였다. 동생인 듯한 중고등학생으로 보이는 여학생이 우리 오빠 살려내라고 울부짖으며 뒤를 따랐다.

　그 모습을 본 전우 모두가 닭똥 같은 눈물을 흘리고 있었다. 운구 행렬이 지나갔음에도 모두가 거총 자세로 한동안 멍하니 눈물을 훔쳐야만 했다. 사람만 바뀌었을 뿐 자신이었을 수도 있고 누구나 예외일 수 없다는 생각에…. 나는 고향의 부모님 생각이 간절해지며 하염없이 눈물이 흘러내렸다.

　이○○ 일병은 상병으로 진급하여 국군 국립묘지에 안장되었다. 안타까운 사연도 전해졌다. 펜팔로 사귀던 육군 여군 하사에게서 이○○ 일병에게 편지가 계속 온다는 사연이었다. 부대 내에 이야깃거리가 되었지만 모두 바쁜 부대 생활과 훈련으로 이○○ 일병도 그 사연도 또한 잊혀져 갔다.
　19박 20일간의 T/S훈련 참가에 대한 경험을 적어보았다. 이 또한 군 생활의 추억으로 남았지만, 추억과 경험이라고만 하기에는 힘들었던 훈련이었고, 겹쳐 일어난 이○○ 일병 사건으로 큰 슬픔과 아픔의 흔적이기도 했다.

포항 독성리 상륙작전/LST수송함

횡성비행기장/C-123 수송기

야외기동(FTX)전술훈련/중부전선 숙영지

야외기동(FTX)전술훈련/동부전선 산 정상

의무병과 전우들/횡성 비행기장

남한강(여주/이천)도하작전/기념촬영

해상기동타격대(QRF) 파견 생활

　해안방어는 동해의 해안가를 보초, 근무하는 인력과 5분대기조, 30분대기조로 구성하고, 일부는 진해로 파견되어 해상기동타격대(QRF: Quick Reaction Force/신속대응군, 5분대기조)로 편성된다.

　나는 위생병인 이윤창 일병과 함께 6중대에 배속되어 1개 소대가 QRF에 파견 가게 되었다. 군용열차를 이용하여 포항에서 울산과 부산을 거쳐 진해에 도착하였다. 진해 해군훈련소에 전년 4월 2일 입대하여 꼭 1년 만에 도착하니 훈련소에서의 살벌했던 기억과 추억이 주마등처럼 스쳐 갔다.

　훈련소 때 느껴보지 못했던 여유와 봄날의 따스함이 느껴졌고 벚꽃 군항제 축제 열기가 대단했다. 벚꽃이 꽃가루처럼 날리면 길을 걷는 해군들이 입은 샘브레이와, 당가리, 해군의 흰 정복이 주변 환경과 환상적으로 어울려 보이기도 하며 그들이 부러웠다.

　호적은 해군인데도 그때 나는 해병 제복밖에 입을 수 없을 뿐만 아니라 힘든 훈련도 소화해야 하는 실정이었다. 나뿐만 아니라 해병에 배속된 위생 관련 병과의 어려움과 고충은 아무리 이야기해도 부족할 뿐이다. 명령이고 의무사항이어서 무조건 따랐지만, 당시에도, 지금도 이 부분은 희생만을 요구했던 국가에 서운한 점이 있다.

진해 본부에 주요 최소인력을 제외하고는 1개 소대가 편성되어 배를 탔다. 나는 잔류하고 위생병 이윤창 일병이 해병 전우들과 1개 소대를 편성하여 배를 탔는데 배가 인천 근해에서 충돌하여 회항하고 있다고 무전이 왔다. 그 공백을 잠시라도 메우기 위해 우리는 신속히 남은 잔류인원을 수습, 1개 소대를 편성하여 나도 함께 배속되어 갑자기 APD급 제주함(고속전투수송함, 1986년 10월 퇴역)에 탑승하였다. APD급 제주함은 1960년경 미국으로부터 도입되어 1986년 퇴역하였으며 나는 1981년 4월에 탑승하여 서해안 일대를 경비하였다.

우리 해병대 역할은 서해의 NLL 인근의 무인도 탐색작전을 통하여 북한군이 서해의 수많은 무인도에 Pit(아지트)를 만드는 걸 막고, 사람이 살지 않는다고 하여 북한군들이 침투하여 점령하고 있지나 않은지를 확인하는 임무였다. APD급 제주함은 당시 길이가 약 98m 정도였는데 해군병력 200여 명에 40여 명의 우리까지 더하여 240여 명이 승선하고 있었다.

우리는 섬의 좌표를 찍어가며 해군이 제공해준 단정(제주함에 있는 단정 두 대를 크레인을 통해서 바다에 띄울 수 있도록 설계)을 타고 무인도 탐색작전을 시행하였다. 혹시 모를 북한군 아지트가 있는지 1.5m 대나무 죽창을 왼손에 들고 바다을 찍었고, M16 소총은 거총 자세로 바다를 살피며 섬을 에워싸고 정상까지 탈환하고 탐색한 다음 대기하고 있던 단정으로 복귀하는 업무를 진행하였다.

그러던 중 특히 기억에 남는 것은 그때 육지의 풍경이다. 4월이라고 해봐야 바다에서 바라봤던 섬들은 삭막했다. 이와 달리 일주일마다 인천 근교 문감도로 유류를 공급받으러 가는데 그때마다 육지가 초록과 봄꽃으로 변모하는 모습이 상당히 아름답고 인상적이었다.

　인천 근해 문갑도에서 유류를 공급받는 동안 배에서 내려서 섬을 잠시 1시간 구경할 기회가 있었다. 때는 봄이었고 촌놈인 내게는 인근 산에 엄청나게 자라는 달래가 보였다. 옆의 전우와 함께 한참을 뽑아서 서너 뭉치 만들어 배로 가지고 왔다. 그 산은 신기할 정도로 곳곳에 널린 게 모두 달래였다. 배에 있는 장병 식당에 전해 주고 이거 간장에 비벼 먹도록 전 장병에게 제공해 달라고 했더니 반갑게 그리하겠다고 했다. 저녁 식사 때 모두 달래 비빔밥을 맛있게 먹는 모습에 뿌듯했던 일이 생각난다.

　또 한가지 신기했던 것은 육지에 정박했다가 망망대해 공해상으로 나갈 때는 믿기지 않는 광경이었다. 보지 않고는 쉽게 믿기 어려운 일이다. 배가 육지를 떠나 바다로 나올 때면 우리 배를 따라온 것인지, 다른 배를 따라오다가 우리 배를 발견한 것인지 모를 참새 떼가 배 주변을 맴돌고 있었다. 비둘기도 서너 마리 따라오고 참새는 많게는 백여 마리가 따라왔다. 참새들은 따라오다 보면 먹을 게 없고 배고프고 지쳐서인지 배의 후갑판에 앉아 있기도 하여 가까이 가도 날아가지를 못하였다. 짓궂은 해병들은 인근에 가서 모자로 휙 낚아채 장난을 치기도 하였다.

　공해상에 앙카를 고정하고 정박해 있는 동안에는 더한 일이 벌어졌다. 정박하면 배가 기우뚱기우뚱하는데 배의 수면 밑으로는 검은색이고 물 위로는 국방색이다. 배가 기우뚱하면 참새들은 수면 밑이 돌인 줄 알고 앉다가 바다에 빠지고 지쳐서 물 위로 날아오르지를 못하였다. 일테면 원산폭격 하듯이 날아가서는 앉으려다 그대로 머리를 박고는 바다에 추락하는 것을 보니 안타까울 뿐이었다. 앙카 정박을 하고 난 다음 날 일찍 일어나 갑판에 나가 주변을 살펴보면 배 주변으로 죽은 참새떼 수십 마리가 파도와 함께 일렁이는 모습을 또다시 봐야 했다. 해군들은 늘 봐서인지 그다지 신경 쓰는 모습은 찾을 수 없었다. 어떤 고참 수병은 한번은 황새가 따라와서 갑판에 쓰러져 있는 것을 함장이 보살피라고 해서 보살피다가 육지에 와서 방사했다는 이야기도 전해 주었다.

공해상에서 레이다로 북한 함정들이 NLL 인근으로 남하하면 우리도 남쪽으로 내려 왔다가, 게네들이 북한으로 올라가면 우리도 올라가는 모습을 레이다를 통해 확인할 수 있었다. 또 한 가지 우리 임무는 백령도, 연평도를 오가는 민간 선박을 먼발치에서 호위하고 NLL 전선을 사수하는 역할이었다. 수상한 민간 선박들은 해경에게 연락하여 함께 검색하거나, NLL 인근이 황금어장이라 북쪽으로 올라가는 민간 선박을 붙잡아 해경에게 인계하는 역할도 하였다.

일몰과 일출 때가 되면 함내 마이크에서 '총원은 주지할 것!' 하며 훈련이 시작된다. 매일 2회 이상 우리는 M16 소총을 받아 함상으로 뛰어 올라가 엎드려 쏴 자세를 취하고 해군들은 함포를 움직여 적의 동태를 살피는 등의 비상훈련을 하였다. '북한 경비정들이 남하라고 있으니 함내 총원은 주지할 것'이라는 함장(중령)의 목소리가 마이크를 통하여 들릴 때면 비상훈련임을 알게 되었다. 그럴 때는 실전과 같이 머리가 쭈뼛쭈뼛 서는 느낌을 받기도 했다.

날씨가 맑은 날! 함상에서 보초를 서는 해군들이 저기를 보라며 망원경을 주기에 바라보니 해안가 산 전체에 속도전이라는 글씨가 보였다. 굳이 망원경이 아니더라도 글씨가 흐리지만 보였다. 긴장되는 순간이기도 하였다.

　해상기동 타격대원들을 실은 APD급 제주함은 그렇게 45일간의 출동 임무를 마치고 5월 30일 진해 해군기지 부두로 입항하였다. 포항 부대로 복귀하기 전 약 10여 일간 진해 통제부 안 곳곳을 둘러볼 기회가 있었다. 벚나무의 버찌가 얼마나 많은지? 통제부 안으로 깊숙이 들어가니 UDT교장이 있었다. UDT교장은 수백 미터는 되는 어마어마한 자연산 굴밭이 펼쳐져 있었다. 굴은 5월부터 8월까지 독성이 있어 이 시기에는 섭취를 피해야 한다.

　몇몇 친구들은 그런데도 돌멩이로 굴을 깨서 몇 점씩 먹었다. 먹다 죽은 놈은 때깔도 좋다며 막무가내기에 말릴 방법이 없었다. 아니나 다를까? 괜찮다며 먹고 난 뒤에 설사를 하는 등 고통을 겪어야 했다. 다행히 그 정도여서 금방 회복하였다. 월남전에서 산화한 위생하사 지덕칠 중사 동상 있는 곳도 견학하였다. 앞에서도 언급했지만, 동상 앞에는 여전히 생화가 꽂혀 있었다.

　이후 6월 10일경 다시 선발대 지휘부에 포함되어 포항 부대로 복귀하였다. 대신 내 후임인 문관길 하사와 교체되었다. 부대에 복귀하여 5분대기조에 편승하여 시간을 보내야 했다. 화장실 가서도 혹시나 비상이 걸리지 않을까 염려했고 항상 신발을 신고 자야 했다. 밤 10시에도, 새벽 4시에도 해안가의 수상한 선박이 나타나면 즉각 긴급차단 봉쇄를 맡고 있는 임무가 5분대기조이니 당연했다. 그러는 동안 내 위의 선임인 62기 서덕문 하사가 병원으로 가고 61기인 정인창 하사가 왔다.

7월, 8월 2개월 동안에는 IBS 기본훈련과 전투수영에 들어갔다. 그곳은 포항 앞바다인 영일만이었다. 뜨거운 모래사장에 모래를 쌓아 배를 깔고 허공에서 전투수영을 하였다. 모두가 구릿빛의 몸이었지만 그럼에도 여름 땡볕에 어깨나 등에 물집이 생길 만큼 뜨거웠다. 그 무더위에 페달링, PT체조 등 IBS교장에서 훈련을 생명수당이 나올 만큼 죽음을 각오하며 혹독하게 진행했다.

옆에는 도고해수욕장이 있었다. 우리가 훈련하는 곳은 도고해수욕장의 3분의 2를 차지하고 3분의 1은 민간인에게 해수욕장으로 개방되어 가까운 곳에서 민간인들의 해수욕을 즐기는 모습을 볼 수 있었다. 우리의 늠름한 모습을 자랑하고 싶어 해안가를 구보하며 민간인 해수욕장까지 일부 침범해서 갔다 오면서 늠름함을 자랑하기도 하였다. 민간인은 참 많았다. 어떤 여성은 맨발로 걷다가 뜨거운 모래 열기로 들고 가던 가방을 바닥에 내리고는 그 위에 잠시 올라서서 쉬고 갈 만큼의 무더웠고, 우리는 사투를 벌여야만 했다.

8월 중순 해안방어가 끝나고 본격적인 IBS와 전투수영 훈련에 들어갔다. 영일만인 포항제철 옆으로 수색대, LVT대대가 접해 있었다. IBS(기습특공부대) 요원이면 전투수영은 모두 특급이 되도록 해야 한다. 대대 병력 전원은 200여 미터의 수영 시험을 통하여 특급, 1~5급까지 6단계로 분류하고 수영 모자를 지급하여 약 3주간의 전투수영에 돌입한다. 특급과 1급은 흰 모자이고, 2급은 파란 모자, 5급은 빨간 모자로 각각 구분하고 연습과 테스트를 거쳐 급수를 주간 단위로 재부여한다.

살이 타듯 해도 바다에 들어가면 한기가 든다. 파도와 싸워야 하고 200m 이상을 가야 한다. 50여m마다 수색소대 교관 요원들이 수영 자세가 나오지 않으면 즉시 물을 먹인다. 자유형, 배영, 평영, 접영의 자세로 50m씩 가면서 자세를 바꾸어서 테스트를 받아야 특급으로 인정한다. 마지막 관문은 3주차 특급과 1급이 되기 위해 화선망교장(부두정박)이 있는 곳까지 약 3~4천 미터를 수영으로 가야 하는 것이다. 먼발치에서 보이는 화선망교장은 직선거리로 까마득해 보일 만큼 참으로 멀고도 먼 거리였다.

20여 명 정도가 팀을 이뤄 출발했다. 수영해서 가는 길목의 중간쯤에 다다랐을 때 어부들이 쳐 놓은 어망을 지날 때쯤 모터보트의 수색요원들이 주위를 빙빙 돌면서 보트 위에 한가득 실은 복숭아를 막 던져주었다. 던져준 복숭아를 하나씩 건져서 우리는 어망과 스티로폼에 매달려 짠 바닷물의 복숭아를 맛있게 먹고는 '출발' 구호와 함께 팀을 이뤄 나아갔다.

가다가 힘이 빠져 허우적거리는 전우들은 바닷물을 잔뜩 먹고 바닷속으로 빠지기 직전에 수색 안전요원들이 건져 올려 생명연장을 하게 했다. 바다는 육지와 다른 게 육지는 낙오해도 숨을 쉴 수는 있지만, 바다는 곧 죽음을 맛보아야 한다. 그리고 바다에서는 끝없이 움직이지 않으면 가라앉기 때문에 곧 죽음이다.

IBS 기습특공 훈련은 전투수영과 함께 약 3개월의 훈련을 했다. 약 110kg 되는 고무보트를 12명이 머리에 이고 그 위에 교관들이 타서 진두지휘하는 등 그 훈련의 강도는 여간 크다고 하지 않을 수 없다. 뜨거운 고무보트 위에 앉아서 페달링 하면 보트와 모래에 땀이 떨어져 모래가 축축할 정도였다.

바다에 들어가서 물놀이하는 거 아니냐 하는 생각할 수도 있으나 물에 들어가서 연습하는 것은 약 1~20%밖에 안 되고 바다에 입수하는 게 아니라 육지에서 몸에 익숙할 때까지 허공에 대고 연습을 한다. 그리고 PT체조를 통한 몸 만들기에 주력한다. 전투수영 역시도 물에 들어가서 하면 좋으련만 8~90%가 밖에서 하는 체력단련 운동이다. 7월, 8월 9월 초순에서야 훈련이 끝났다.

다음에는 사단 연말 대대평가를 위한 사격연습을 약 2주간 시행했고, 입대한 지 19개월 20여 일만인 10월 하순에서야 공식적인 첫 휴가를 받아 다녀왔다.

그렇게 72대대에서 계속 복무하면서 동일하거나 유사한 형식의 훈련과 강도 높은 훈련을 받아야 했다. 대체로 의무병과는 예하 해병 보병부대에서 강도 높은 훈련이 진행되는 경우 로테이션(Rotation)을 시켜주는데 나는 이것마저 운이 없었던 모양이다.

1982년 11월 결국 유격훈련인 긴하강(강을 가로질러 도르래로 강을 건너는 연습) 훈련 중 오른쪽 발목을 다쳤다. 7연대 본부 군의관이 그동안 수고했고 몸도 시원찮으니 병원에서 3~4개월 쉬면서 환자들을 돌보다 전역하라는 배려 차원의 전출을 명하였다. 결국, 전역 4개월여를 남겨두고 병원으로 발령이 난 셈이다. 대체로 전역 6개월여를 두고서는 발령을 잘 내지 않는다는 관례를 깨고 해군포항병원 내과병동 책임하사로 명받아 가게 되었다.

군대에서 만난 인연

첫 번째는 인연은 가수 김흥국이다.

내가 근무할 때 김흥국도 해병 2710부대 5중대에 근무해서 잘 알고 지냈다. 당시에는 무명시절이었지만 그가 서라벌고등학교 밴드 출신이며 드럼이 전문이었다는 것까지 알았다. 그는 사단 군가경연대회에 차출되어 연대 막사 뒤 벙커에서 밴드를 결성하여 노래 연습하기도 했고, 훈련도 열심히 했으며 표정이 익살스럽기도 했다. 가령 거수경례할 때면 기합이 든 것같이 손을 부들부들 떨면서 입은 합죽이 같은 표정으로 당시 하사였던 내게 '필승' 하였는데 그 소리가 유난히 컸다.

대학교 3학년이던 1984년 일요일 대전의 하숙집에서 하숙생들과 점심을 먹으며 TV를 켰다가 TV에서 그를 보게 되어 반가웠다. 가수 박상규가 진행하는 올스타 청백전 프로그램, 앗싸 호랑나비의 몸동작 흉내내기를 가장 잘하는 사람이 높은 점수를 받는 게임에 출연했는데 군대 이후 처음으로 사회인 김흥국을 볼 수 있었다.

요즘도 뉴스에서 이슈(issue)화된 인물임을 생각하면 그때의 초췌했던 군 생활을 떠오르게 한다.

두 번째는 직접 만난 인연은 아니다. 가슴 아픔 얘기지만 같은 부대에서 시간을 달리하여 근무한 사실이 있어 적어본다.

그 인물은 바로 슬프고 아픈 일이자 좋지 않은 내용으로 기네스북에도 올랐다는 대한민국 역사상 최악의 총기 난사사건의 주범인 우순경이다. 1982년 4월 우순경(의령경찰서 우범곤 순경) 총기 난사는 사망자 56명, 부상자 43명이 나오는 대형 참사였다. 사건 이후 우순경이 본 대대 5중대 작전병이었다는 사실을 알게 됐는데 모두 쉬쉬하며 비뚤어진 우 순경의 일탈 행위에 안타까워하였다.

세 번째는 문관길 하사이다

나보다 1기 후임인 해군하후 68기 문관길 하사는 ○○대 연극영화과 졸업 후 나보다 2개월 늦게 입대해서 2개월 먼저 졸업(대학교 졸업자는 4개월 단축혜택)했다. 이후 전역하여 KBS 카메라부에서 감독을 맡는 등 가끔 자막에서 이름을 볼 때면 반갑기도 했다. 대표적인 작품이 문경새재 영화 세트장에서 촬영한 KBS의 태조 왕건이었는데 이때 카메라 총감독을 맡아 진두지휘했다. TV에서 태조 왕건 방영 후 출연진 자막이 나올 때면 역시 군 생활을 같이했던 추억이 되살아나기도 하여, 서울 여의도 KBS별관 인근에서 반갑게 만나 지인들과 식사한 적이 있다.

네 번째로는 당시 중대장이었던 황중호 대위이다.

전역 4개월여를 앞두고 친정인 해군포항병원으로 가기 위해 각 중대장들에게 전출신고를 하려고 2710부대 5중대 중대장 황중호 대위에게 가 신고를 했다. "○○부로 해군포항병원으로 명받았기에 이에 신고합니다" 하고 나니 이분께서는 전역자들과의 아쉬운 이별을 기념하는 뜻에서 페넌트(Pennant) 선물을 주셨다. 페넌트에는 "한번 해병이면 영원한 해병이다.", "해병 대위 황중호"라고 쓰여 있다.

15여 전 현재 근무하고 있는 회사에서 차장으로 근무 당시 새로 영입된 원찬희 상무께서 차고 있는 시계에 황중호 장군이라는 글씨가 새겨진 게 눈에 들어왔다. 조심스럽게 동명이인인가 하고 확인해 보니 같은 분이어서 반가웠다. 자초지종을 확인해 보니 그분이 백령도에서 소위로 있을 때 장교의 심부름을 하는 전령 역할을 했는데, 스타인 황중호 준장이 되어 제주방어사령관으로 근무 중이라는 근황을 확인할 수 있었다. 그리고 그분과는 현재까지 친분을 유지하고 있다. 15여 년 전 어느 날 문관길 하사(당시 KBS 카메라 감독)도 잘 알고 있기에 함께 여의도 KBS별관 인근에서 식사를 같이하며, 내게 전출/전역 기념으로 준 당시 황중호 대위 패넌트(Pennant)를 액자에 고이 넣어 되돌려 드렸다.

당시 황중호 대위는 정예 중대원들을 이끌었고 사단 무장구보와 무성무기 경기대회에서 우승을 하는 등 여느 중대장들과는 다르게 강인한 부대로 이끌었던 분으로 기억한다. 똘망똘망한 사람을 한마디로 깎아놓은 밤 같다고 하듯이 군더더기 없이 그야말로 '언행, 행동 몸동작에서도 해병 정신이 깃든 분'이라고밖에 할 수 없을 정도로 기억에 남는 분이시다. 기습특공 부대이자 사단 최우수 부대로서 주한미군 연합사령관인 위컴 사령관의 참관하에 해안침투훈련을 시범 보이기도 했던 기억이 있다.

문민정부가 들어서자 해간 54기(해군 간부)로 입대하여 유일무이하게 스타(준장)가 된 분이시고 해병 발전에 크게 기여하신 것으로 알고 있다.

이상 해병 1사단에서 근무하며 만난, 사회적으로 주목받았던 인연들에 대한 기억을 떠올려보았다.

해군포항병원 내과병동 책임하사로 마무리하다

　예하부대 생활을 끝내고 4개월여 남은 전역을 앞두고 그것도 오른쪽 발목에 상처를 입은 채 친정인 해군포항병원에 들어섰다. 보직은 내과병동 책임하사 자리였다.

　책임하사는 낮에는 선임하사(중사)와 군의관의 지시에 따라 병동의 환자들을 관리하는 역할을 한다. 특히 직업군인인 선임하사가 퇴근하고 나면 당직 간호사의 보조업무 및 병동에 있는 100여 명 환자를 돌보며 한쪽 별도의 공간에 마련된 침대에서 내과에 입원한 환자들과 동고동락을 같이 하여야 했다.

　확인해 보니 2025년 3월 현재 해군포항병원은 14개(내과, 외과, 정형외과, 신경외과…) 과로 2000년부터 국방부 해군본부 포항병원이며 포항을 중심으로 다치거나 질병을 앓는 해군 군인들을 수용하고 있으며, 포항병원장은 중령이 맡고 있다고 소개되고 있다.

　1982년 11월 병원으로 발령받아 갔을 때 병원장은 대령, 최고직의 간호장교가 중령이었다. 여성이었지만 중령의 계급장을 달고 병동을 회진할 때면 카리스마가 넘칠 만큼 늠름한 자세를 유지하였다. 그리고 전문의로서 군인의 강인함과 더불어 내면의 인자함을 엿볼 수 있었다.
　나 역시 예하부대에서 올라가니 우선 선임하사(중사)께서 수고 많았다고 반갑게 맞이해주었다. 이제 전역할 날도 얼마 남지 않았지만 고참으로 대우를 해주고 있다는 생각이 들게 하였다.

병동에 있는 환자들의 하루 생활은 여유로웠다. 내과병동 총 책임자 전문의는 대위, 담당 간호장교(중위), 선임하사(중사), 그다음은 내가 24시간 환자들의 애로사항과 문제점을 메모하여 아침에 전문의 대위에게 보고하는 역할도 하였다. 아침 9시가 되면 군의관이 회진할 수 있도록 환자들을 침상 끝선에 좌장(책상다리)을 하도록 하고 조용히 엄숙하게 회진을 돌기 시작한다. 모두 앉은 정자세에서 내가 보고자가 된다.

전문의인 대위와 10명의 보좌진들(소위, 중위) 앞에서 하사 권기원 외 104명 회진준비 "끝" 하고는 거수경례를 하면, 전문의는 거수로서 인사를 받고 "쉬어" 하면 복창하고 뒤돌아서서 환자들에게 "쉬어"라고 한다. 그때부터 환자들은 편안한 자세를 취하고 첫 번째 침대부터 환자의 상태를 점검하며 회진한다.

환자 컨디션, 음식 조절 상태, 검사 기록, 입원일수에 따른 호전상태, 퇴원일정 등의 판단 등을 일일이 대화하면서 1~2시간 동안 회진을 한다. 그리고 처방을 내리면 10여 명의 인턴(기초진료경험), 레지던트(전문의 수련의사), 간호원들이 뒤따르며 기록하여 약 처방, 처치, 검사 등에 대한 지시사항에 대하여 이행하는 역할을 한다.

어느 날 오후 잠시 세면장에 갔다가 병동 입구에 들어서는데 우리 병동 환자 한 명이 헐레벌떡 숨넘어가는 목소리도 다급하게 "책임하사님 큰일 났습니다"

라고 말하며, 무섭게 팔목을 부여잡고 병동 쪽으로 다급하게 뛰는 게 아닌가? 그가 총알같이 헐레벌떡 뛰어가면서 "내 옆에 있는 심○○ 일병이 약을 먹었어요. 그것도 알약 한주먹을 한꺼번에 먹었다고요!"라며 소리치는 게 아닌가. 도착해 보니 심○○ 일병은 배를 움켜쥐고 죽는시늉을 하고 있는 상황이었다.

　나는 먼저 50여m 거리 1층에서 각 예하부대에서 방문한 환자들을 진료하고 있던 내과병동 책임자인 전문의(당시 대위)에게 환자가 약을 한꺼번에 많이 먹었다고 구체적으로 전달하라고 소리를 쳤다. 그 말에 누군가 뛰어가는 모습을 확인하고는 환자를 바닥에 눕히고 토할 수 있도록 우왕좌왕하고 있으니 그사이에 연락을 받고는 급하게들 우르르 뛰어왔다.

　전문의는 병동에 있는 큰 주사기에 생리식염수를 주입하고 응급처치용 카테터(고무호스)를 이용하여 환자 머리를 잡게 하고는 인정사정없이 목구멍으로 주입하고 생리식염수를 넣기 시작했다. 그러자 심○○ 일병이 위에서 녹다가 만 빨갛고 푸른 수십 알의 약들을 바닥으로 우수수 토해내기 시작하였다. 곧이어 위세척용 의료기기가 도착하여 위세척을 정상적으로 진행하였다.

　전문의인 대위는 내게 밀착 감시를 지시했고 당분간 금식을 지시하였다. 심○○ 일병도 탈진상태가 되어 모두가 가고 난 다음 침대에 머리를 처박고는 흐느껴 울기만을 한동안 하였다. 선임하사(황보승 중사)는 나에게 '너 영창 가고 싶냐? 얼차려를 받지는 않았지?'(구타를 해서 그런 것은 아닌지?) 물으며 엄청 호되게 혼내키고는 밀착 감시를 지시하고 퇴근하였다.
　사건 요지는 이랬다.

예하부대(전투용 보병부대)에 근무해본 나로서는 이해가 가는 상황이었다. 일병 심○○은 간염 환자였다. 간염은 타액이나 개인 물품과 부부 관계 시 등에도 전파되기 때문에 일정한 격리를 하여야 한다. 그래도 잘 먹고 쉬면 2~3주면 호전되는 병이다. 눈에 황달 현상으로도 쉽게 간염이라는 병명을 알 수 있다.

심 일병은 퇴원이 얼마 남지 않은 상황인데 평소 일일 3회의 식사와 약을 복용하여야 하는데 약을 한두 번씩 먹지 않고 모아 놓았다. 그래도 쉬면서 거의 완쾌판정을 받고 퇴원일을 얼마 남지 않은 상태였다. 입대 6~7개월 된 일병이 다시 부대에 복귀하여야 하는데 천국 같은 병원에서 지옥 같은 부대로 복귀하려니 싫기만 했다. 그런 그는 약이라도 먹어서 퇴원하지 않으려 그런 일을 저질렀다. 큰 병이 아닌 경우 병원에 입원해 있어도 복무 기간에 영향을 미치지 않기 때문이다.

내가 인수 교육을 받을 때도 그러한 이야기를 들었다. 약은 지급만 하지 말고 다 먹는 것까지 확인하여야 한다는 지침도 받은 바가 있었다. 나로서는 그 심정의 일부를 이해할 수 있다고 생각한다는 것 자체가 고통스러운 일이기도 했다. 이후 이 친구와 내 경험과 훈련 상황 등 많은 이야기를 해주고, 해병으로서 입대할 때의 초심이면 무엇이든 할 수 있다고 이해를 시키고 무사히 퇴원은 시켰는데 그 이후 소식은 알 길이 없었다.

우리 병동에는 일반병들, 하사관(중, 상사), 위관급 장교(소위~대위), 영관급 장교(소령)까지만이었다. 물론, 하사관, 장교분들을 구분하여 칸막이를 쳐서

상하관계의 구분을 통한 위계질서유지에도 신경을 써 주었다. 장교이고 계급이 높다고 하더라도 일단 병원에 입원하면 피 교육생과 같이 책임하사인 내 말을 잘 들어야 하며, 몇 번의 지적사항과 입원 시 규정(음주, 단체행동에 반하는 행위)을 어길 때는 가차 없이 사유를 붙여 강제 퇴원시킬 수가 있었다.

그래서일까? 그 직을 이용해서일까? 또 한 번의 위기를 겪었다.
병동에도 군 생활의 일부이기 때문에 각자의 이부자리, 청소, 내무반 정리 등은 각자 맡은바 이행을 하여야 한다. 그런데 한 상병 김○○이 지시를 무시하고, 건건이 대들기도 하였다. 도저히 안 되겠다는 생각에 다수가 보는 앞에서 엄한 규율을 보여주고자 시범 케이스로 저녁 잠자리 전 시행하는 순검시간에 부동자세를 시킨 채 따귀를 서너 차례 때렸다. 구타를 하면 절대 안 된다는 규정이 있었지만, 당시에는 묵시적으로 용인되는 시기이기도 하였다.

다음날 출근한 선임하사 귀에 들어갔다. 두 번째 위기였다. 너 영창 가고 싶으냐며 말 그대로 불호령 같은 톤으로 칸막이가 처진 병동이 떠나갈 듯 호되게 나무라셨다. 그리고는 모두 병실 침상에 정렬을 명하였다. 병실의 위계질서를 이야기하며 내게 병실의 환자들에게 사과하라고 하였다.

나는 사과했다.
"병실을 이끌어가다 보니 저의 사사로운 감정을 주체하지 못해 어제 여러분들 앞에서 불미스러운 행동을 한 것에 대하여 깊이 사과드린다." 사과의 말과 함께 나는 구타당한 상병에게 다가가 사과와 함께 손을 내밀어 악수를 청하였다. 모두 화해 차원에서 박수를 치며 분위기가 반전되었는데 그때의 아픈 추억이 뇌리를 스친다.

 12월에 접어드니 병원 현관 입구에도 대형 크리스마스트리가 장식되었다. 그러면서 크리스마스트리(Christmas tree)를 가장 예쁘게 꾸미는 병동 대항 경연대회가 열렸다. 각 병동 간호장교와 선임하사(중사)들이 평가하여 등수를 매긴다고 하였었다.

 우리 내과병동이 1등이었다. 2등은 정신과 병동, 3등은 정형외과 병동이었다. 지시사항에 따른 일이지만 보람이 컸고 선임하사들이 빵과 케이크를 선물하였다. 케이크의 크기(1단, 2단, 3단)에 따라 등수가 구분되었고 등수 안에 든 각 병동 입원환자들에게는 빵 한 조각(개별포장)이 돌아가도록 하였다. 나 역시 모아둔 비자금 3만여 원을 들여 내과병동 입원환자들에게 양말 한 켤레씩을 준비해서 선물하였다.

 우리 내과병동의 크리스마스트리 장식은 이렇게 하였다.
 내과병동 입원환자들에게 병동별 크리스마스트리 장식 경연대회를 한다고 공지하였더니 입원한 장교들과 선임하사들이 십시일반 기금을 마련해 주었다. 기억은 안 나지만 기금이 제법 모인 듯했다. 지금도 비싸지만 트리 장식용 액세서리와 전구 등은 그때도 꽤 비쌌던 것으로 기억된다. 선임하사들은 외출이 자유로우니 시내에서 트리 장식용 반짝이 등을 수십만 원치 사 와서는 100여 명이 함께 온 병실을 환상적인 병실로 꾸며 놓았다. 그 결과가 1등이었다.

 해군포항병원에 소문이 자자해지며 각 병실 환자들과 간호사와 모두가 한 번씩 구경하러 오며 문전성시를 이루었고, 한동안 책임하사로서 긍지와 자부심을 갖게 된 일이었다. 모처럼 군 생활에 보람과 만족을 느끼며 시간은 그리 흘러갔다.

어느덧 전역해야 할 꽃피는 3월 2일이 되었다.
딱 35개월 되는 날 전역을 하게 되었다.

근무하고 있는 동기와 선배(장기 복무자)들께서 전역기념 상패를 전달해 주기도 했다. 이렇게 뜻깊은 상패를 재활용품을 비우려고 하는 곳에서 발견하는 등의 우여곡절이 있었지만, 아직까지 추억으로 잘 간직하고 있다.

크리스마스 기념, 병동 트리 꾸미기 경연대회에서 입원 환자들과 같이 고민하고 예쁘게 장식한 결과 1등을 하고 나니 병동 환자분들과 간호장교들이 나만큼 기뻐하며 펄쩍펄쩍 뛰던 모습이 눈에 아른거리기 때문이다.

이 시기가 청소년기를 갓 넘은 22살의 봄날이었다.
그리고 내 인생의 봄날이기도 했다.

이제 60대 후반으로 치닫고 보니 내가 나에게 추억의 애잔함을 느끼고파 고이 간직했던 기록과 추억과 기억을 끄집어내어 보았다.

가난한 아이가 가난한 청년이 되지 않도록,

가난한 청년이 가난한 노후를 맞지 않도록,

"평범한 삶을 살기 위해서 비범한 노력을 하지 않아도 되는 그런 길을 만드는 데 역할을 해보고 싶다"라는 어느 장관 후보자의 희망 사항이 곧 나의, 우리의, 모든 이의 희망 사항이자 꿈이라는 사실을 언급해 본다.

내가 나에게…!

65여 년을 넘게 살아보니, 우리 시대의 베이비부머 세대가 추억여행을 다녀온 듯 홀연히 어느덧 아쉽고, 안타까운 시간이 흘러갔다.

그리고,

기원이가 열정적인 삶을 살아오면서 이 세상에 없을 수도 있었겠다는 생각으로 이 글을 맺고자 한다.

어느 날,

언젠가는 고요한 수목원에서 영롱한 아침 이슬이 되어 홀연히 사라질 날이 올 때를 기대하며…!

2025년 초여름 영등포/선유도서관에서

부록

'~ 때문에'와 '~불구하고'의 결혼과 삶 1 / 2

▌'~ 때문에'와 '~불구하고'의 결혼과 삶 1

- 딸(은지) 결혼식에서 했던 당부

우선 공사다망하신데도 불구하고 신랑 박인호 군과 신부 권은지 양의 결혼식에 참석하여 주신 하객 여러분과 양가 친지 여러분께 머리 숙여 진심으로 감사를 드립니다.

저는 신부 권은지 아버지 권기원입니다.
제 딸 은지를 낳아 키운 지가 엊그제 같은데 어느새 성큼 자라 오늘과 같이 기쁜 날을 맞게 되니 참으로 감개무량합니다.

은지야!
아빠·엄마의 딸로 태어나서 그동안 수고 많았다.
아무래도 아빠가 마음속에 담아두고 있던 당부하는 말 한마디는 해야겠네.

세상사는 모든 일이 '때문에'와 '불구하고'란 말로 귀결된단다.
사랑도, 욕심도, 우정도…
때문으로 시작하면 결국 상처만 커진단다.
능력 때문에~ / 집안 때문에~ / 똑똑하기 때문에~ / 잘생겼기 때문에~

하지만 불구하고의 아량으로 살아간다면 인생을 보는 눈높이가 달라지리라 확신한다.

능력이 부족함에도 불구하고~ / 집안이 넉넉하지 않음에도 불구하고~ / 똑똑하지 않음에도 불구하고~ 등이 있을 수 있겠네!

'~ 때문에'의 사랑이 아닌 '~불구하고'의 사랑을 우리 두 신랑·신부는 마음 깊이 새기길 바라며, '영혼의 아픔도 나누어 가질 수 있는 깊은 사랑'을 영원히 간직하도록 아빠의 마음을 담아 당부한단다.

많은 행복과 기쁨 중에서도 가족을 얻는 행복과 기쁨이 가장 크지 않을까 합니다. 저희에겐 또 하나의 듬직하고 자랑스러운 아들을 얻는 날이자, 사돈댁에는 또 하나의 예쁜 딸을 맞는 날이며, 두 사람이 새로운 가정을 이루고 저희와는 이제 한 집안이 되었습니다.

상견례 하던 날 사돈어른께서는 성공한 삶을 사셨다며 웃으시는 환한 미소를 잊을 수 없습니다.

저희 부모님 세대를 포함한 고단하셨던 삶의 여정에 비하면 현세대가 참으로 편리한 시대임에 행복해하시며, 저희 여식을 따뜻하게 맞아 주셨음에 감사드립니다.

또한 신랑 인호군을 지금까지 잘 키워주신 사부인과, 사돈어른께 감사와 존경을 표합니다.

다시 한 번 귀중한 시간을 내어 결혼식에 참석해 주신 하객 여러분과 양가 친지 여러분께 양가를 대표하여 다시 한 번 감사의 인사를 전합니다.

감사합니다.

신부 아빠 권기원
2018. 07. 07.

‘~ 때문에’와 ‘~불구하고’의 결혼과 삶 2

- 아들(춘택) 결혼식에서 했던 당부

우선 공사다망하신데도 불구하고 신랑 권춘택 군과 신부 서지현 양의 결혼식에 참석하여 주신 하객 여러분과 양가 친지 여러분께 고개 숙여 진심으로 감사를 드립니다.

저는 신랑 권춘택 아버지 권기원입니다.
모든 부모가 그렇듯이 지나온 30여 년의 세월은 순식간에 흘러, 어느새 성큼 자라 이제 아빠·엄마의 품을 떠나려는 신랑 춘택이와 신부 지현 양을 맞이하니 기쁘기도 하지만 참으로 감개무량합니다.

제 아들 춘택이는 아들임에도 저에게도 마음이 애린 아이였습니다.
저 스스로 저의 흉을 보자면….
제가 보기보다 남들한테는 관대한데, 저를 포함하여 집사람과 자식에게는 그 반대였거든요!
이제 기를 펴게 해주려니까 제 품을 떠나네요…!

춘택아!
아빠·엄마의 아들로 태어나서 그동안 수고 많았다

지현 양!
아니 이제는 딸과 같이 '지현아'라고 해야 할지?
'며늘아'라고 해야 할지?

'아가야'라고 불러야 할지?
나 역시 아직 어색하네… 음!

아무튼, 늦깎이에 마음고생 하며 공부하느라 수고 많았어요.
권가 집안으로 시집오려고 용기를 내준 것에 대해서도 이 자리를 빌려 고마움을 전하고 싶네!

아무래도 아버지라는 이름으로 인생을 살아오면서 가슴속에 담아두고 있다가 니네들이 내 곁을 떠나 독립을 할 때 꼭 당부하고 싶었던 말이 있단다.

사랑하기 때문에 결혼하지 말고, 사랑하기 위해서 결혼한다는 마음을 항상 간직하며 살기 바란다.
세상사는 모든 일이 '때문과 '불구하고'란 말로 귀결된다고 이 아빠는 가슴속에 깊이 간직하며 살아왔다.

사랑도, 욕심도, 우정도…
능력 때문에~ / 집안 때문에~ / 똑똑하기 때문에~ / 잘생겼기 때문에~
'때문에'로 시작하면 결국 상처만 더 커지더구나!

하지만 '불구하고'의 아량의 지혜로 살아간다면 인생을 보는 눈높이가 달라지리라 생각한단다.

능력이 부족함에도 불구하고~ / 집안이 넉넉하지 않음에도 불구하고~ / 똑똑하지 않음에도 불구하고~ 등이 있을 수 있겠네!

'~ 때문에'의 사랑이 아닌, '~불구하고'의 사랑을 우리 두 신랑·신부는 마음속 깊이 새기길 바라며, '영혼의 아픔도 함께 나누어 가질 수 있는 깊은 사랑으로 한 가정을 꾸려 가기를' 양가 부모의 마음을 담아 당부한단다.

끝으로 귀하게 키우신 따님을 저희 가정에 보내주신 사돈댁에 감사와 존경을 표합니다.

다시 한 번 귀중한 시간을 내어 결혼식에 참석해 주신 하객 여러분과 양가 친지 여러분께 양가를 대표하여 감사의 인사를 드립니다.
감사합니다.

신랑 아빠 권기원
2019. 05. 18.

가난과 고난을 건넌 삶의 여정과 애환
베이비부머 추억 여행

펴낸날 2025년 8월 30일

지은이 권기원
펴낸이 주계수 | **편집책임** 이슬기 | **꾸민이** 최송아

펴낸곳 밥북 | **출판등록** 제 2014-000085 호
주소 서울특별시 마포구 양화로 156 LG팰리스빌딩 917호
전화 02-6925-0370 | **팩스** 02-6925-0380
홈페이지 www.bobbook.co.kr | **이메일** bobbook@hanmail.net

© 권기원, 2025.
ISBN 979-11-7223-099-9 (03190)

※ 이 책은 저작권법에 따라 보호받는 저작물이므로 무단전재와 복제를 금합니다.